日本人は右傾化したのか

データ分析で実像を読み解く

田辺俊介 編著

keiso shobo

はじめに

本書は、現代日本社会の「右傾化」に関する重要テーマ（ナショナリズム、国への誇り、移民増加の影響の評価、排外主義、移民の権利、政党支持、投票行動、政治参加、脱原発、若者）について、その規定要因や相互の関連をデータ分析に基づいて論じるものである。それらテーマを論じる類書は少なくないが、本書の特徴としては大規模な量的社会調査データをもとに、統計解析を通じてその問いに答えていることである。ただし、統計的な正確性や手法を競うことは目的ではないため、統計に不慣れな読者にも理解できるように、基本的には図解をメインとしている。また各章の前半では、先行研究を踏まえたキーワードの概説や主要理論の説明をしているので、それら諸概念の学習の第一歩として使っていただくこともできるだろう。

さらに本書の特徴としては、二〇〇八年のリーマンショック後に誕生した民主党政権発足直後の二〇〇九年、二〇一一年の東日本大震災を経て二〇一二年末の自民党政権復帰後の二〇一三年、安倍政権が長期化した上での二〇一七年の衆院選直後という三時点に同様の調査設計で行った全国調査データを用いたことがあげられる。そのように複数時点のデータが存在することで、日本社会における人々の意識の「変化」の検証が可能となった。

今回、その変化の検証対象としたのは、タイトルにある「右傾化」である。「〜化」という現象を正確にとらえるためには、特定の時点から別の時点を比較する必要があるが、本書では前記三時点のデータを分析することによって、戦後初の本格的政権交代と言われ、当時は「左派的」な政権が誕生したと考えられた民主党政権成立直後から、「ナショナリスト」と称される安倍政権が長期化する二〇一七年までの八年間の「変化」が検証可能となった。そこで日本社会の「右傾化」を、ナショナリズムの強まりと位置づけて、各テーマに合わせて検証した。

具体的にはまず、二〇〇九年から二〇一七年の衆院選直後に至る日本社会のナショナリズムの変化について論じることで、安倍長期政権が続くなか、人々の意識としてのナショナリズムも強まっているのか否かを論じる。続いて近年の「日本礼賛番組」と称される番組が氾濫していることを念頭に、日本に関わるさまざまな領域に対する人々の誇りの感情（ナショナル・プライド）について、その実態や担い手を実証的な分析を通じて示す。また二〇一八年の臨時国会で急遽制定され、今後の日本社会の姿を大きく変える可能性を秘める「移民」受け入れ議論と関連する諸問題について論じる。具体的には外国人が増加することの影響の認知や外国人の権利への意見について実証的に論じる。さらにヘイトスピーチ問題などで日本でも論点化されつつある排外主義の問題についても、実証的な分析によってその担い手や規定要因を明らかにする。

他にも、断片的な情報から批判的に語られる若者の「保守化」の問題や、三・一一の震災以後国論を二分し続けている原発問題、さらには政治参加や自民党支持、直近の衆議院選挙の投票行動など、近年の日本の政治的議論の遡上にのぼる数々の問題について、ナショナリズムとの関連を明らかにしていく。それによって、現代日本社会においてナショナリズムがどの程度政治に影響している（あるいはしていない）のか、その実相を実証的に解明する。

また本書は、二〇〇九年の民主党への政権交代直後に行った量的社会調査データをもととし、現代社会と政治における八つの重要なキーワード（ナショナリズム、移民、多文化共生、シティズンシップ、新自由主義、政党支持、政権交代、ポピュリズム）について論じた田辺俊介編著『外国人へのまなざしと政治意識』（勁草書房刊）の続編でもある。前著と同じく、各章が取り組むテーマは、その一つ一つで一冊の本ができるし、また何冊もの本でも語り尽くせないような、大きな対象である。しかし、本書では対象の中核部分を抽出した上で、あえて一冊の本にまとめることで、その連関構造を提示したいと考えている。そのために序章では、ナショナリズムという概念を図式で理解するための概念図式を提示している。また終章では、通常別々に語られる諸現象を貫くグローバル化や社会階層に関する議論を援用しつつ、それらの関連を論じている。

もちろん、（前著と同じくであるが）本書だけでは、それらテーマを完全に解明できた、とまでは言いきれない。しかし、あえてそれら大きなテーマを同時に扱いながら、同時にその変化を検証したことによって、現代の日本社会、ひいては世界における政治意識やナショナリズムに関連する事がらの「見える化」を実践したものである。読者の皆さまもぜひご一読いただき、われわれの挑戦の成果であるさまざまな知見を共有していただければ幸いである。

目次

はじめに
序章 「右傾化」言説は何を生み出すのか 田辺 俊介 1
1 二〇一〇年代の右傾化とナショナリズム 1
2 「ナショナリズム」とは何か? 3
3 解くべき課題とその方法 14
第1章 ナショナリズム 田辺 俊介 22
●その「高まり」は本当か
1 戦後日本の「ナショナリズム」とその変化 22

2 ナショナリズム高揚論 27
3 ナショナリズムの「変化」をいかに捉えるか 30
4 ナショナリズムの「複雑化」 41

第2章 国への誇り 齋藤 僚介 44
●「日本スゴイ」の原因は不満や不安なのか
1 日本人の「国への誇り」 44
2 ナショナル・プライドは不満や不安とどんな関係にあるのか 46
3 現代日本のナショナル・プライドの実態 55
4 国への誇りと現代日本 63

第3章 「移民」の影響認知 濱田 国佑 67
●外国人増加の影響はどう考えられているか
1 外国人労働者をめぐる意見の対立 67
2 グローバル化の進展と外国人労働者 69
3 外国人増加の影響はどのように認知されているのか 77

4 外国人増加の影響認知を規定する要因 79
5 二〇一〇年代における変化 88

第4章 排外主義 ●外国人増加はその源泉となるか 五十嵐 彰 94
1 外国人増加と排外主義 94
2 排外主義の定義と規定要因 96
3 居住地における外国人と排外主義 104
4 何が排外主義を高めるのか 107

第5章 「移民」の権利 ●誰が外国籍者の社会的権利を拒否するのか 永吉 希久子 115
1 移民の権利をめぐる議論 115
2 何が社会的権利の付与を拒否させるのか 118
3 外国籍者に対する権利付与への態度とその規定要因 125
4 外国籍者に対する社会的権利の付与を阻むもの 132

第6章　**政党支持**　米田 幸弘　137
●イデオロギー対立軸はどう変化しているのか
1　政党支持と対立軸　137
2　支持政党と政治的価値志向　141
3　データからみる支持政党と価値志向　148
4　明確化する対立軸、弱まる対立軸――政権交代後の八年間の変化　155

第7章　**投票行動**　桑名 祐樹　162
●自民党への投票は右傾化によるものなのか
1　安倍政権の長期化と有権者　162
2　イデオロギーとナショナリズム――投票参加との関係　165
3　自民党投票者の特徴　171
4　自民党への投票者は変容したのか　179

第8章　**政治参加**　伊藤 理史　184
●ナショナリズムはどのように影響するのか

1　政治参加をナショナリズムから考える　184
2　政治参加の活動類型とナショナリズムとの関連　187
3　三つの政治参加の活動類型とナショナリズムの異なる影響　192
4　政治参加とナショナリズムの複雑な関連　199

第9章　脱原発　阪口 祐介　208
●誰がなぜ原発に反対するのか
1　原発事故と脱原発世論　208
2　誰がなぜ脱原発へと向かうのか　212
3　誰がなぜ脱原発を志向するのか　217
4　持続する社会集団による意識差　224

第10章　若者　松谷 満　227
●「右傾化」の内実はどのようなものか
1　注目される若者の意識　227
2　若者は保守化・右傾化しているのか　230

3 「権威に従う」若者の背景 237
4 若者の政権支持は何に起因するのか 240
5 価値観のゆくえ 243

終章 「右傾化」現象が覆い隠す格差
●多元的なナショナリズムをみつめる 田辺俊介 247
1 日本社会は右傾化していたか？ 247
2 ナショナリズムによる分極化と階層的分断 253
3 ポスト平成、ポストオリンピック、ポスト安倍政権に向けて 262

あとがき 265
参考文献
巻末付表
索引

序章

「右傾化」言説は何を生み出すのか

田辺 俊介

1 二〇一〇年代の右傾化とナショナリズム

二一世紀、とくに二〇一〇年代以降、世界各地で「右傾化」や「ナショナリズム」が強く影響したと考えられる数々の政治現象が発生している。たとえば大方の予想を裏切った二〇一六年のイギリスの「EU離脱」という国民投票の結果。その背景には、急増する移民への排外主義のみならず、ブリュッセル主導のEUに対抗したイギリスの「自主と独立」という、ナショナルな境界の再強化を求める主張が存在した。また同年のアメリカ大統領選挙における、ほとんどの専門家が「ありえない」と断言していたトランプ大統領誕生についても、トランプ氏の掲げる「アメリカ・ファースト」という標語に象徴されるような強い自国中心主義の影響は無視できないだろう。あるいはヨーロッパの各国で極右政党の勢力が急伸し、オーストリアやイタリアでは政権与党の一つとなるに至っている。その背景には、シリアからの難民急増などの社会情勢を背景とした排外主義の伸張が存在すると言われている。

日本においても二〇一二年末、憲法や教育、歴史認識などに関して復古的ナショナリズムを前面に押し出す安倍晋三が政権に返り咲いた。それ以降の安倍政権は、近隣アジア諸国（中国、韓国、北朝鮮）との外交、安全保障や原発政策などにおいて「右」とみなされる強硬な政権運営を続けている。その安倍政権が、過去五度の国政選挙に勝利し、二〇一九年八月時点で戦後一位の長期政権となっているという状況をみると、日本社会にもナショナリズムが大きな影響を与えているようにも思われる。

たしかに二〇一〇年代の日本社会では、その「右傾化」を傍証するかのような事例は少なくない。政治においては、自民党とその政策が「ナショナリズムを強調するという意味で右傾化している」（中北 2017: 105）と指摘されている。たとえば自民党が二〇一二年に発表した改憲草案は、天皇の元首化や国防軍保持など戦前回帰的・右派的な論調が目立つものであった。あるいはマス・メディアでも、ナショナリズムとの関連が強いコンテンツの流通が増加している。たとえばテレビでは「日本礼賛番組」（あるいは「日本スゴイ」系）と呼ばれる番組が二〇一二年以降に数多くレギュラー化し（早川 2017）、出版業界では主として中国や韓国への排外主義を煽る書籍（いわゆる「ヘイト本」）がベストセラーになっている。排外主義団体によるヘイトデモが新聞紙上をにぎわせるようになったのも二〇一〇年代である。また世論としても、たとえば内閣府の『外交に関する世論調査』において、中国は二〇一一年、韓国は二〇一二年に「親しみを感じる」人の割合が急減して以降、低水準が続いている（内閣府 2018）。

しかしこのような「右傾化」は、あくまで「一部」で生じている現象にすぎないとも考えられる。たとえば排外主義団体のデモに対しては、その数倍以上のカウンターが集まる。そのため価値観や政策選好は一方的に右傾化しているとは限らず、むしろ両極化や分極化している可能性もあるだろう。

そこで本書では、二〇〇九年から四年ごとに継続的に実施している全国調査（「国際化と市民の政治参加に関する世論調査」）のデータを用いて、「日本人は右傾化したのか」という問いに取り組む。本書では前述の文脈に即し、「右傾化」をとくに「ナショナリズム」の強まりと位置づける。具体的には、（1）日本社会がナショナリズムを強めたのかどうか、（2）ナショナリズムが政治とのかかわりを強めたのかどうか、が分析上の中心的な問いとなる。

とはいえ、前著（田辺編著 2011）でも示したように、ナショナリズムには多様な側面があり、それらを踏まえつつ分析を行う必要がある。そこで次節では、「ナショナリズム」の多元性について、図式を交えつつ論じていく。

2 「ナショナリズム」とは何か？

前節でも何度も登場した「ナショナリズム」という用語については、論者ごとにその定義が大きく異なり、曖昧に使われやすい概念である。その概念的な不明確さと多義性こそが、関連研究の混乱や、ひいてはさまざまな政治的議論のかみ合わなさの遠因の一つと考えられる（Smith 1991=1998）。そのようにナショナリズムの多元的な側面とその相互連関を適切に把握してこなかった結果、近年爆発的に関連する研究が増えた分だけ、その混乱もさらに深まっている部分もあるだろう。

その混乱を乗り越えるためには、ナショナリズムの多元性を理解した上で、それぞれの下位概念とその間の理論的な関連を明確にする必要がある。そのための手段として、図式的理解は非常に有益な方法であろう。そこで本書では、拙著（田辺 2016a）で提示した概念図式に基づき、ナショナリズムという多元的で曖昧な概念の理論的整理を行う[1]。

2・1　概念図式の基本的な構成

本書で用いるナショナリズムの概念図式（図表0－1）は、基本的に前著（田辺編著 2011）でも用いた「純化主義」「愛国主義」「排外主義」という三つの下位概念により構成されている（ただし前著に比べると、その中にいくつかのサブ概念を想定し、より多元的な存在としてナショナリズムを取り扱う）。

一つ目の「純化主義」は、ネイションの内外（「われわれ＝国民／民族」と「彼ら／彼女ら＝外国人／非国民」）を分ける境界設定を示す概念である。図表0－1では四角く囲む実線と破線の線分によって、この概念を表現している。

そのように「われわれ」と「彼ら」を分割することは、単一帰属を前提とするネイションを構成するために、ナショナリズムが果たす基本的な機能である。多くのナショナリズム運動は、ネイション内部を純化させ、同時にネイション外部との差異化を求める。あるいは、純粋で統一された「国民」を理想化し、国民の内実が多様で分裂していることを嫌う。そのようなネイションの構成要素の純化を求める主義主張を表現するために、（前著と同じく）「純化主義」と名付けた。この純化主義という概念によって、非常に近似した特徴を持つ集団間でこそ、むしろお互いの相違を強調する類いのナシ

図表0－1 ナショナリズムの概念図式

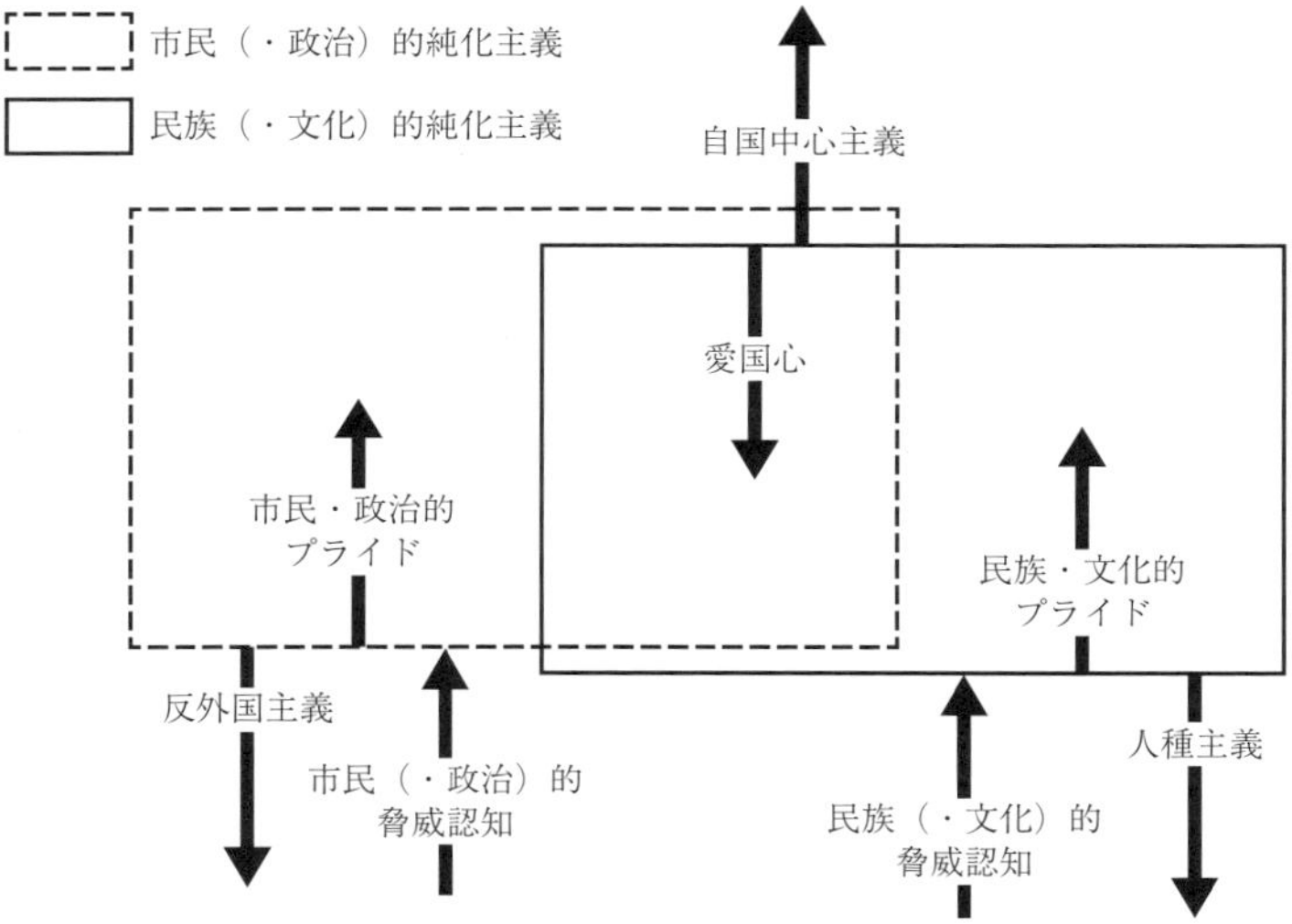

ョナリズムが強く表明されるという現象（Ignatieff 1993=1996；小坂井 2002）や、「境界線の政治」（山崎編 2015）などの表現で論じられているナショナリズムの一側面を把握できるようになる。

二つ目の要素は、境界内部の要素への働きかけを示す「愛国主義」である。図表0－1では前述の境界設定された四角く囲まれた線分内部の矢印で表されている。いわゆる「愛国心」やネイションの各領域への「誇り（プライド）」であるナショナル・プライドなどが含まれる。

最後三つ目の下位概念は、ネイションの境界の外部との関連から生じる部分で、主に移民や外国人に対する態度などであり、端的には「排外主義」としてまとめうる。外国・外国人へのネガティブな意識である「反外国主義」や外部の存在をネイションへの各種脅威とみなす「脅威認知」などが含まれる。

次項では図式に含まれる個々の概念について、図式との対応関係を確認しつつ説明していこう。

2・2　二種類の純化主義

まず純化主義は、ハンス・コーン以来の著名なネイションの類型（Kohn 1944［1994］; Smith 1991=1998, Brubaker; 1992=2005 他）である「市民的ネイション」と「民族的ネイション」に対応する形で、「市民（・政治）的純化主義」と「民族（・文化）的純化主義」の二種類に分けられる（以下本書では、「市民的純化主義」「民族的純化主義」と表記）。図表0－1では破線と実線による二種類の四角によってその二つのタイプを示す。

左側の破線で示しているのが「市民的純化主義」である。こちらの境界線は、市民的ネイションにおいてとくに必要とされる自己定義や法制度への忠誠のような業績的条件（あるいは主観的要素）をネイションの構成要素とするものである。エルネスト・ルナン（Renan 1887=1997）の言う「日々の人民投票」としてのネイション理解などは、まさにこの基準によるネイション内外の区分となる。それら基準は変更可能なものであり、後天的に加入可能であることを含意するために、本図では「破線」で示した。具体例としては、自己定義や法制度への忠誠心などが挙げられるが、各ナショナリズムの有り様によって含まれる項目は変化しうるだろう。またこの「政治」という側面が必須となるのが、他の共同性とは異なって国家（state）という政治組織と結びつくナショナリズムの特徴でもある。

一方、実線で示される「民族的純化主義」とは、民族的ネイションで求められやすい血統（祖先）や出生のような帰属的条件、あるいは客観的要素によるネイションの境界設定である。そのような帰属的条件の内容は、アントニー・スミス（Smith 1991=1998）が民族的ネイションの特徴として挙げている「共通の祖先の神話」のような民族的物語としてまとめあげられることが多い。さらに本基準は、基本的に後天的に獲得することができない変更困難な条件であることを示すため、「実線」で表現している。典型的な構成要素としては血統（祖先）や出生などであり、それら基準は当然のことながら後天的には変更不可能で帰属的なものである。

このようにコーン以来のネイションの類型論と二種類の純化主義は、理論的には対応関係にある。しかし、現実に存在するネイションのほとんどでは、二種類の純化主義が混ざり合う要素が含まれる。その要素を、図表0－1では二つの基準の重なり合う領域として示している。具体的には、「国籍（市民権）」や「言語」のような基準が布置されるが、それらが市民的基準と民族的基準の両者が重なった領域に存在する構成要素とみなせるのである。たとえば言語は、出生に伴って自然に身につく母語という側面では民族・文化的基準となる一方、とくに英語のような世界語の場合は学習によって身につけて獲得する市民・政治的基準ともなる。また大多数の国民は、基本的には後天的に変更不可能な血統や出生に伴って国籍を得ている。そのため、少なくない「ネイティブ」とされる国民は（たとえ「市民的ネイション」であっても）、国籍を持つことを民族的純化主義の基準の一つとして考えており、実際にそのように主張するナショナリスト（西欧諸国の極右政党やアメリカのクー・クラックス・クランなど）も多い。しかしながら、ほとんどの国で帰化による国籍取得を認めており、後天的な基準でもありうる。とくに市民的ネイションではその点が強調されやすく、その面では市民的純化主義の要素ともみなしうる。結果的に、「国籍」を主にどちらの基準とみなして主張するのか、あるいは基準の重なりの度合いの違いなどが、ナショナリズムの種類の相違となりうる。

たとえば日本では、九割程度の国民が実際に市民・政治的基準と民族・文化的基準のどちらも満たしている。その結果、少なくない日本人が二つの基準を明確に区分せず、日本国民＝日本民族と考えてしまう。一方で国民に占める移民の比率が高いアメリカやオーストラリアのような国では、とくに自ら移民として「アメリカ国民」や「オーストラリア国民」となった人々などの多くは、二つの基準を明確に区分した上で、市民・政治的基準のみを国民か否かの境界設定としている（田辺 2010）。

以上の純化主義については、本書では「ある人を本当に日本人であるとみなすためには、以下にあげるようなことが「重要だ」という意見と「重要ではない」という意見があります。それぞれについてあなたはどの程度重要だと思いますか」と問うた上で、「日本で生まれたこと」（出生）、「先祖が日本人であること」（祖先）、「自分自身を日本人だと思っていること」（自己主義）、「日本の政治制度や法律を尊重していること」（法制度遵守）などの項目群への回答によって測定している。(2)

2・3　愛国主義の諸相

図表０‐１では愛国主義を、「愛国心」と二種類のナショナル・プライドに分けている。まず「愛国心」（あるいは狭義の「愛国主義」）とは、市民・政治的基準と民族・文化的基準の両側面を包含したような、ネイション全般への肯定的な感情・意識を示すものである。ナショナリズムに肯定的な人々の多くが取り上げ、その必要性を主張するのが、この愛国心だろう。ベネディクト・アンダーソンもその有名な著書『想像の共同体』の中で「ネイションは愛を、それもしばしば心からの自己犠牲的な愛をよび起こすということを思い起こしておく必要がある」（Anderson 1991＝[1997] 2007：232）と論じている。

このような自然とわき上がる愛着としての愛国心（正確な意味でのパトリオティズムと呼ぶべきも

の）は、たとえば対象との反復・継続的な接触によって好感度が高まるという単純接触効果（Zajonc 1968）などによって、そのネイションに属するほとんどの人が、一定程度は抱く心情であろう。しかしながらイデオロギーとしてのナショナリズムの特徴は、そのような「愛」を他者にも強要するところにある。そのため本書で取り上げる「愛国心」とは、ネイションへの単純で自然な愛着よりも、むしろネイション内部の統合のためには「国を愛することが必要」と考えるような意識のことを指す。

実際、「ナショナリズムが強い」とみなされる状況では、特定の形のネイションへの愛を「正常」とし、それ以外の形を否定する傾向も強くなる。たとえばアジア太平洋戦争当時の日本においては、「大東亜戦争への協力」という形の愛国心のみが正当であると喧伝された。そのため、「国民の生命財産を守るためには戦争をやめるべき」という愛国心を抱く人は、「非国民」として当時の主流派ナショナリズムからは排除されたのである。

その愛国心について本書では、前著と同じく「次にあげる意見について、あなたはどう思いますか」と尋ねた上で、「国旗・国歌を教育の場で教えるのは当然である」、「日本人であることに誇りを感じる」、「子どもたちにもっと愛国心や国民の責務について教えるよう、戦後の教育を見直さなければならない」という項目への回答で測定している。とくに日本では教育の場での国旗・国家や愛国心の扱いが議論のアリーナとなっていることを踏まえてこのような質問で測定する。なお、この「愛国心」という側面について、前著（田辺編著 2011）にならい本書でも基本的に（狭義の）「愛国主義」と呼称する。

ただし、広義の愛国主義には別の側面も含まれる。そのうちの一つが、民族的純化主義によって包含される項目・内容に対する誇りの感情であり、「民族・文化的プライド」と呼ぶことができるだろう。「ゲマインシャフトの美」(Anderson 1991=[1997] 2007) と称されるような、選択不可能性に基づき自然に生じるとみなされる民族・文化的な存在に対する誇りの感情である。具体的には、そのネイションに属すると考えられる文学・芸術、科学技術、あるいは歴史などに対する肯定的感情や議論が含まれよう。

一方で、市民的純化主義によってネイションの構築物とみなされるものへの意識は、「市民・政治的プライド」と命名することができよう。その国の法や政治制度、共通の市民・政治的文化への誇りということから、具体的にはネイションの運営する民主主義や社会保障制度、集団内の公平さなどへのプライドとなろう。またこの側面の誇りこそが、デイヴィッド・ミラー(Miller 1995=2007) などのリベラル・ナショナリズム論において重視される側面である。一方でイタリアの哲学者マウリッツィオ・ヴィローリ(Viroli 1995=2007) などは、市民・政治的プライドと重なる「共和主義的愛国心(patriotism)」は肯定しつつも、実際のナショナリズムは不可避的に民族的純化主義や後述する排外主義を内包すると考え、ナショナリズムを否定する。

また前述のナショナリズムの類型論との関連で言えば、この市民・政治的プライドの内実が、民族的ネイションと市民的ネイションでは異なってくる可能性が高く、結果的に排外主義との関連の相違となってくると思われる。市民的ネイションでは、市民的基準に関わるプライドは、市民的徳性のみに波及するものであり、その徳性の中には「他者への寛容性」が含まれることが多い。その結果、市民・政治的プライドは反移民的態度などと負の関連が見いだされる(Coenders and Scheepers 2003; Raijman, Davidov, Schmidt, and Hochman 2008)。一方で民族的ネイションでは、市民・政治的基準は民族・文化的基準と混濁しており、そのために市民・政治的基準への誇りまでもが排外主義と結びつく、と考えられる(田辺 2010)。

これらナショナル・プライドについては、「あなたは、以下にあげるようなことを、どの程度誇りに思いますか」と尋ねた上で、基本的に市民・政治的プライドであれば「日本における民主主義の現状」や「日本の社会保障制度」など、民族・文化的プライドについては「スポーツの分野で日本人が成し遂げたこと」などの項目で測定している(3)。

2・4 排外主義の下位分類

本書では、ネイションの「外部」へのネガティブな感情や主義主張を、総じて「排外主義」と名付けた上で、ナショナリズムの一部とみなして論じていく。純化主義によって内外を分けることは、言い換えれば特定の社会的アイデンティティを抱くことである。そのように特定の社会的アイデンティティを抱くことが外集団に対する敵意や偏見とつながることは、社会的アイデンティティ理論でたびたび論じられている(社会的アイデンティティ理論の概説はBrown 1995=1999や本書第2章を参照のこと)。ナショナリズムにそれをあてはめれば、純化主義によって内集団として「当該ネイションの成員」という社会的アイデンティティを内面化することで、ネイションにとっての外集団(外国や外国人)への敵意や排除が生じる、と考えられる。

ただし、その純化主義による「区別」がそのまま「排除」につながるとはかぎらない。理論的には、その上で外部の存在をネイションに対する「脅威」として認知し、その結果として「排除」する、というプロセスが考えられる。そこでまず、特定の事象や外集団を、ネイションに対する危険や脅威とみなす主張や意識を「脅威認知」と呼ぼう。具体的には、ネイションの治安・秩序や雇用環境、あるいは文化・伝統などが外部の脅威によって侵犯される、という意識や政治的主張である。

この際、市民的純化主義の内容への脅威（たとえば、「ファシズムによる民主主義への攻撃」など）や、市民的純化主義の側面から外集団とされる集団（特定の外国や外国人集団）からの脅威と認知される場合は、「市民（・政治）的脅威認知」と分類できる。その一方、民族的純化主義の構成要素への脅威（たとえば、「外国文化による自国文化の浸食」など）や、その基準によってマイノリティとみなされる集団（多くの「移民」、たとえばヨーロッパにおける「イスラム系移民」など）による脅威は「民族（・文化）的脅威認知」と名付ける。

それら脅威認知のうち民族（・文化）的脅威認知については、「あなたは日本に住む外国人が増えるとどのような影響があると思いますか」との設問内の「日本社会の治安・秩序が乱れる」、「異文化の影響で日本文化が損なわれる」、「日本人の働き口が奪われる」との項目への回答で測定している（田辺 2018b）。一方、市民（・政治）的脅威認知については、「あなたは以下の権利について、日本政府は日本に定住している、または、定住する意思のある外国人に対して認めるべきだと思いますか」と聞いた設問の中で、「地方参政権（選挙権）」、「地方公務員になる権利」への回答などをその指標としている（田辺 2018b）。なお本書ではこれら脅威認知の一部の規定要因について第3章において検討している。

その上で純化主義のうち、とくに市民・政治的基準によって「外部」とみなされる外国や外国人へのネガティブな態度や主義主張を、図式では「反外国主義」と名付けた。図表0-1においては、市民・政治的基準を示す四角の破線から外部に向かう矢印で示している。特定の種類の外国が標的になることもあるが、外国人一般を排除する場合もある。また戦争時に人々を動員する際にも、この反外国主義は大いに利用されている、と考えられる。

本書ではこの「反外国主義」を、日本版総合社会調査（ＪＧＳＳ）などで用いられている項目の改変版を用いて測定した。具体的には、「あなたが生活している地域に、以下のような人々が増えることに賛成ですか、反対ですか」と尋ねた上で、「アメリカ人が増えること」、「中国人が増えること」、「韓国人が増えること」、「南米諸国の外国人（〇九年）／日系ブラジル人（一三年、一七年）が増えること」、「西ヨーロッパ諸国の外国人（〇九年）／ドイツ人（一三年、一七年）が増えること」、「東南アジア諸国の外国人（〇九年）／フィリピン人（一三年、一七年）が増えること」という項目についての回答である。なお、本書ではこれら設問で測定した「反外国主義」を、前著にならって基本的に（狭義の）「排外主義」とみなして論じていく。

なお本書では、図中に提示した「自国中心主義」と「人種主義」については、紙面の関係もあって取り上げない。ただし境界外の「他者」とみなす存在に比して自らのネイションを優越視し、優先すべきとの主義主張である「自国中心主義」や、民族的純化主義において「外部」とみなされる民族・人種的少数派に対するネガティブな態度である「人種主義」も、排外主義の一側面として無視できる存在ではなく、今後の研究において対象としていく必要があるだろう。

なお、ここまで説明してきた脅威認知と反外国主義や人種主義、それに自国中心主義については、実社会においてのみならず、研究上も混同されることも多い。しかし実証的なデータ分析の結果としては、脅威認知を原因として反外国主義や人種主義が強まる傾向（田辺 2018a）や、自国中心主義と他の排外主義が同一次元にならないことが示されており（たとえば田辺 2001）、それぞれを別概念として取り扱う必要があると考えられる。

さて本書では、以上のようにナショナリズムを複数の下位概念に分けた上で、それぞれの相互関連や規定要因、さらには他の概念に対する影響力を分析していく。このようにナショナリズムを腑分けすることで、実際の人々が抱くナショナリズムのどのような側面が、どのように現代日本の社会・政治問題と関連しているのかを明らかにすることができると考えている。

3 解くべき課題とその方法

本書では、以下に紹介していく現代日本社会における喫緊の課題である一〇個のトピックについて、「何が正しく、何が間違っているのか」という規範論ではなく、現実社会を生きる人々が「どのように考え、どのような理屈づけを行っているのか」という実態を、社会調査データの実証分析によって明らかにしていく。

第1章から第5章では二〇一〇年代までの日本社会におけるナショナリズムや外国人に対する意識について検討する。まず第1章においては、現代日本社会のナショナリズムについて、その「高まり」の有無を検証する。具体的には、日本社会におけるナショナリズムについて、民主党政権下の二〇〇九年から安倍政権が続く二〇一七年までの八年の間にどのような変化があったのか、その背景とともに検討する。続く第2章は、昨今の「日本スゴイ」系番組の隆盛などを踏まえつつ、国への誇り（ナショナル・プライド）の規定要因について検討する。具体的には、ナショナル・プライドを市民・政治的プライドと民族・文化的プライドの二つに分けた上で、それらと（個人的）不満や（社会的）不安の関連を検討することを通じて、昨今の「日本スゴイ」の隆盛の原因を明らかにする。

第3章から第5章では日本人の対外国人意識を検討した。まず第3章では、外国人増加の影響をどのように認知しているのかという問題について二〇一八年の入管法改正でも強調された「経済的メリット」という肯定的見解と、反対の否定的な懸念がどのように形成され、どのような社会意識と関連しているのかを検討している。続く第4章では、「在特会」の登場に象徴されるように、日本社会における外国人への排外意識の高まりが論じられていることを踏まえ、その排外主義の規定要因分析を行った。その中でもとくに、身近な地域への外国人の居住率や増加率の影響に着目して分析している。さらに第5章では、誰が外国籍者の権利に反対するのかを検討した。日本では、生活保護利用一般についても少なからぬバッシングが起こるが、とくに外国人の利用については、インターネットを中心として否定的な言説が広がっている。そのような生活保護利用も含む外国籍者の権利への拒否感をうながすものは何か、その要因を分析する。

第6章以降では二〇〇九年から二〇一七年までの日本社会における政治意識や社会意識の実態と変化に関する分析を行っている。まず第6章では、政党支持、とくに自民党支持層の安定性と変化について分析した。二〇〇九年に民主党が政権交代を遂げてから、自民党が政権を奪還して長期安定政権を築くに至る背景には何があったのか、有権者の支持行動の変化を分析することを通じて考察し、結果的に自民党支持の安定化の背景は何かを明らかにした。また第7章では、二〇一二年と二〇一七年の衆院選の投票行動を分析することで、憲政史上最低の投票率を記録した二〇一〇年代の選挙において、どのような有権者が自民党に投票したのか、その背景を明らかにする。

続く第8章では、近年、デモ活動などの政治参加が再び活性化しているともいわれるが、その実態と参加者の特徴について各種の政治参加への経験を類型化することで検討する。第9章では、原発事故以降、原発の是非をめぐる対立が先鋭化しているが、いかなる人々が原発に反対・賛成するのか。背後にある価値対立に着目しながら、その実態を明らかにする。最後の第10章では、最近よく取り上げられる「若者の右傾化」について、どのような点で「右傾化」しているのか、またとくにどのような若者が「右傾化」したといえるのか、その背景を明らかにする。

以上一〇にのぼる現代日本社会で論じられる諸問題について、本書は一般化可能な量的社会調査データに基づく分析を行い、その実態を解明していく。それら諸課題は法哲学など規範理論が対象とする側面も含まれるため、たしかに「べき論」的な考察も一定程度必要であろう。しかし実のところ、規範的に「正しい」と思う主張同士の争いこそが、近年の（政治的）「分極化」の背景と考えられる。そのため、実社会で起こる現象や状況を理解するためにも、理論的な理想の理解だけにとどまらず、さまざまな人々の持つ価値意識の現状と実態を知る必要があるだろう。

ただし、その分析に用いるデータについても慎重である必要がある。本書が対象にするような問題については、近年は少なからぬ人々がインターネットの掲示版やソーシャル・ネットワーキング・サービス（SNS）、あるいは動画配信などを通じて意見を表明し、多種多様な議論を展開している。それらデータを分析することによって、一定の傾向が見えてくることも少なくない（たとえば高2015）。

しかしながら、それらインターネットを通じた政治的議論は、基本的に特定の主義主張の人々が集まりやすい性質も相まって、一般化可能性については大いに疑問が残る。ましてや日本における排外主義団体の象徴的な存在に上り詰めた「在日特権を許さない市民の会」（在特会）などは、その極端さゆえにマス・メディアで取り上げられ、報道される存在となった。そのように本書で取り上げる諸問題については、目のつきやすい「ノイジー・マイノリティ（声高な少数派）」の存在があまりにクローズアップされる。そのため、前著（田辺編著 2011）でも述べたが、目立つ「特殊事例」から広く社会全体の傾向を読みとろうとすることは、菅原琢（2009）が「若者の右傾化論」の根拠薄弱性を暴露したように、往々にして解釈者が見たい社会像を投影する議論になってしまう。

そこで一般化可能な量的社会調査データの統計分析を通じて、ナショナリズムや関連する外国人や政治に対して多くの人々が抱く世界観をあぶり出す。それが本書の手法となる。社会や政治は、ネットやニュースで「目につきやすい人々」以外の、圧倒的多数の人々の意見や行動が基盤となり、作り上げられる。そのため本書では、第1章から第10章までの全章において、インターネットで政治的意見を書き込んだりせず、ましてニュース報道されることなどはない「普通」の人々の意見が大半を占める量的社会調査（いわゆるアンケート調査）によって得られたデータを分析する。それによって、一般的な人々が抱くナショナリズムや外国人への意識、政治に対する意見とそれらの関連を描き出すことができる、と考えるからである。同時に、ネットやマス・メディアなどで目立つ可視的な存在の多くが、実は割合的には非常に「マイナー」な存在に過ぎないことを確認することもできるだろう。

個々の回答を統計というフィルターを通してまとめることで、個々人を見ただけではわからない、人々の間に通底する共通性や意識同士の関連が発見できる。たとえば、現代の日本社会においては、愛国主義的な主張はどれだけ排外主義と結びつくのであろうか。たしかにある人にとって、国を愛する気持ちは外国人排除とつながるかもしれない。しかし、自らの国を愛するがゆえに、外国人への寛容性は必要だとの考えも存在し、実際に欧米の先行研究では、国の民主主義に誇りを感じる人ほど移民の受け入れに賛同するという傾向がある（Hjerm 1998 など）。そのように個々人の意識同士の関連は多様でありうるし、また社会単位でも別様の関係性が存在する可能性がある。そのため、それら意識間の連関を社会単位で集合的に捉えることで、社会で広く流通しつつも通常は見えにくい、潜在的な意識の関連構造を浮かび上がらせることができる。

その関連構造は、言うならば社会的に共有されている「世界観」である。そのような世界観については近年、認知枠組みや認知図式あるいはフレームなどの言葉で、エスニシティやナショナリズム研究においても注目されてきている（Brubaker, Loveman, and Stamatov 2004=2016）。また社会運動論における「言説の機会構造」（樋口 2014）という議論とも関連するものである。

そのような世界観はもちろん、質的調査や言説分析によって明確化させることも可能である。ただし前述のように統計解析は、当人たちも明確には意識化しておらず、言語化が難しい意識間の関連ロジックすらも、回答間の関連構造として浮かび上がらせることができる。つまり、計量分析を用いることで、当該社会で（言語化されずとも）「当たり前」として共有されている認知的図式を明確化することが可能となる。さらに言えば、人は「社会」の中で生きる以上、その考え方の類型もその社会内のバリエーションによって強く制限される。当人は意識せずとも個人は、周囲の社会的環境の影響を受け、知らず知らずのうちに社会的に流通する考え方をモデルとし、その意識を形作っている。近年の社会心理学の研究によって、本人には認知しがたく、表明することすら難しい潜在的認知は、さまざまな情報に接触する過程で形成される認知的な連合ネットワークであるからこそ、むしろ周囲の情報環境を変えることで変化しうることが実験によって確かめられている（池上 2014）。

だからこそ、いまの日本社会を生きる人々が過ごしている「情報環境」について、とくにナショナリズムに関わるような意識がどのような現況にあり、それが時代的影響を受けて変化しているのか、その検討が人々の意識変化を把握し、その今後を占うためにも必要であろう。そして、そのような計量的分析を行うために、本書では三時点の社会調査のデータを用いた。

一つ目は前著（田辺編著 2011）でも用いた、二〇〇九年の民主党による政権交代直後に日本全国を対象として行った量的社会調査のデータである。対象者は日本国内に居住する日本国籍保持者である二〇～七九歳の男女。対象地点は北海道から九州までの全国三〇市区で、各市区二五〇人（三地点の特別対象地域のみ六〇〇人）[4]を選挙人名簿から抽出した。その合計八五五〇人に対して郵送で調査票を送付し、ご自身で回答を記入してもらった上で、郵送での返送をお願いした（郵送配布・郵送回収の自記式調査）[5]。合計三六一〇名の方々から貴重な回答を得た。回収率は（転居等の理由で調査票が届かなかった調査不能票を除いて計算した結果）四三・四％であった。

二つ目は、その四年後の二〇一三年に、日本全国を対象として行った量的社会調査のデータであり、対象者は同じくその時点で日本国内に居住する日本国籍保持者である二〇～七九歳の男女である。対象地点は、北海道から沖縄までの全国五一市区で、各市区二〇〇人を選挙人名簿から抽出し、合計一万二〇〇〇人に対して郵送で調査票を配布し、郵送で回収した。結果、合計四一三四名からの回答を得ている。回収率は四二・二％（転居等で調査票が届かない調査不能票を除いて計算）であった。

さらに二〇一七年に同様の調査設計で行った調査データも用いる。ただし二〇一七年データは、二〇一五年六月の公職選挙法等の一部改正で選挙権年齢が一八歳に引き下げられていたことから、一八歳以上を対象者としている。その上で全国六〇市区から、各市区一五〇人を選挙人名簿から抽出し、合計九〇〇〇人に対して郵送で調査票を送付した。結果、三八八二名の方からの回答を得ることができ、回収率は（転居等の理由で調査票が届かなかった調査不能票を除いて計算した結果）四四・五％

である。

以上三つの調査ではいずれも四割を超える回収率となっており、郵送配布・郵送回収による調査としては比較的高いと言えよう。

調査項目は、まず外国人への意識として出身国別の増加の賛否や外国人への諸権利付与への賛成・反対、あるいは増加の影響をどのように認知しているかなどを尋ねている。政治行動や意識に関しては、国政選挙での投票先や、普段支持している政党、各種政党や政治家への好感度などを調査票に盛り込んだ。前著（田辺編著 2011）と同じくそれらの項目への回答について、本書でも「賛成何%、反対何%」という単純な分布や比率も提示する。しかしマス・メディアが行う「世論調査」などとは異なり、本書の主要な関心はそこにはない(6)。前述のように本書の主要な関心は、概念間の「関連」である。とくに近年政治との関連を強めているように思われるナショナリズムのここ八年間の変化を検討するとともに、政党支持や投票、政治参加や脱原発志向などの政治的な行動や意識との関連性を解明する。とはいえ、二〇〇九年から二〇一七年に至る日本社会を適切な方法で理解し、記述するために量的データの統計分析を用いるのであり、統計数値の緻密な正確性を競うことは本書の目的ではない。そのため分析結果の提示に関しては、数値の細かな正確さよりも読者の理解しやすさを優先し、図による表現などを多用している。しかしながら分析結果自体はできうる限り最新の、正確かつ適切な統計手法で導き出した。提示されるのはその結果に基づく結論であるため、その信頼性は高いものと考えている。

注

(1) 諸研究への適応の一例は、拙著(田辺 2016a, 2018a)を参照のこと。

(2) これら項目は、国際社会調査プログラム(ＩＳＳＰ)の「National Identity モジュール」から借用したものである。

(3) これら項目も、基本的には国際社会調査プログラム(ＩＳＳＰ)の「National Identity モジュール」から借用したものである。

(4) 日系ブラジル人の人口比率が高い二地点と在日中国人の人口比率の高い一地点を特別対象地域として選んでいる。その結果、全体サンプルでは外国人居住比率の高い地域の占める割合が母集団分布より高くなっている。しかし個別の分析の必要に応じて統計的な補正を行っているため、本データを用いた結果を「日本全体」に一般化することに大きな問題はないと考えている。

(5) 督促状を送った段階でインターネットを通じた回答も受け付け、八二名からインターネットによる回答を得た。ただし、インターネット法と郵送法ではサンプルが同一の場合は回答傾向自体には大きな差はないとの先行研究(三輪 2009a)の知見を参考に、今回はとくに両者を分けず、統合したデータを用いて分析した。なお後述の二〇一三年、二〇一七年データにも同様に一部インターネットで回収した票も含まれる。

(6) 単純な分布に関しては、とくに郵送調査では調査内容に関心を持つ人のほうが積極的に回答しやすい傾向を無視できない。たとえば二〇一七年の衆議院選挙の投票率は五三・七%であったが、二〇一七年調査で「投票に行った」と回答した人は七五%を超えている。そのため、とくに単純な分布を見る際には、政治への関心が比較的高い人々の回答が多い点に注意が必要である。しかし、本書の主題である時点間の比較としては、同様の傾向の人が回答していることから、時代による「差」を検出することは可能である。また変数の間の関連については、標準化などの効果で単純な分布の影響の多くが打ち消されるため、大きな問題はないと考えている。

第1章

ナショナリズム

●その「高まり」は本当か

田辺 俊介

1 戦後日本の「ナショナリズム」とその変化

1・1 戦後日本のナショナリズムと政治

戦後日本社会においては長らく、ナショナリズムにまつわる話題が語られる時、基本的には一九四五年までの大日本帝国に対する評価が、ほぼそのままナショナリズムの賛否と重なっていた。つまり、大日本帝国が象徴する戦前的な価値観やシステムに肯定的な人々はナショナリズムにも賛同的で、一方戦前的な価値観に否定的な人々はナショナリズムも否認するという図式である。さらに、その賛否がそのまま政治的な「右派」や「左派」に対応しているというのが、ナショナリズムと政治意識の関連の簡単な見取図とされてきた。

しかしその見取図は、そもそもいくつかの「矛盾」を内在させていた。まず「右派」を自認し、基本的にナショナリズムに肯定的な人々は、戦前の大日本帝国を肯定的に捉え、戦後社会を否定的に論じる傾向がある（典型的には安倍首相の「戦後レジームからの脱却」という標語など）。実際「愛国」という側面では、大日本帝国時代のイメージを払拭しきれない日の丸・君が代を崇えた上で、大日本帝国を称揚する歴史修正主義的な主張を展開する。ただ、その大日本帝国は、台湾や朝鮮半島の人々を「日本国民」とした多民族帝国でもあった側面は無視されがちである。現代日本の「ナショナリスト」たちの多くは、「外地」を失ったことで確立された「単一民族国家」という神話を絶対視し、日本社会の多民族化を決して認めようとはしない。その割には、その狭い意味での「同じ国民」の苦悩にもとくに共感はせず、国内のさまざまな格差問題については冷淡であったりする。

一方「左派」と呼ばれる人たちの多くは、戦後初期の一時期を除けば[1]、基本的にナショナリズムに否定的であった。具体的には、右派のナショナリストが前提とする「単一民族国家」という神話を批判する。さらにすべからく愛国心は排外主義と関連する、と主張する論者もいる（高橋 2004）。ただし、そのように日本のナショナリズムをほぼ全否定する論者たちが、同時に「同じ国民」という理由で日本国内の格差を問題視したり、あるいは近隣諸国のナショナリズムには理解を示すなど、その姿勢に一貫性がないことも少なくない。

以上のような矛盾を内包していた日本におけるナショナリズムの議論であるが、冷戦終結以降のさまざまな社会の変化によって、このような図式の前提自体、大きく揺らいでいる。

まず「単一民族国家」という神話と現実の間の乖離は、広がり続けている。一九九〇年には一〇〇万人に満たなかった外国籍居住者の人口は、その後基本的に増加を続けていた。近年その増加のペースはさらに増しており、二〇〇〇年末には約一七八万人であったものが、二〇〇九年には約二一九万人、八年後の二〇一七年には約二五六万人となり、日本の総人口の二％を突破している。その八年間の外国籍住民数の上昇率は一七％と、ちょうど二〇〇九年から人口減少社会に入った日本において、唯一人口増が認められるセクターである。

また冷戦終結後、日本では近隣諸国とのさまざまな外交問題が焦点化される機会が増えたが、それらのほとんどは「大日本帝国」時代をどうみなすか、という歴史認識に関連して発生している。たとえば大日本帝国時代の「従軍慰安婦」についての歴史認識問題は、国内での歴史教科書問題や、一部マス・メディア（とくに朝日新聞）へのバッシング、また韓国との国際問題にもなっている。さらに二〇一〇年代以降は近隣諸国との領土問題がクローズアップされている。二〇一〇年に尖閣諸島問題、二〇一二年には竹島問題などの領土問題が注目され、とくにさまざまなメディアにおいて「大問題」と喧伝されるようになってきた。それら領土問題も、「問題化」の源泉はやはり「大日本帝国」時代に存在し、個々の領土編入が「侵略」であったか否かの「認識」の対立となっている。

冷戦期に確立した五五年体制と呼ばれる安定的な政治体制も、冷戦後に崩壊していった。とくに「自民党をぶっ壊す」として二〇〇一年に登場した小泉首相が退任した後の二〇〇五年以降、一年ごとに首相が入れ替わる不安定な政治的状況が続いていた。その流れの中、戦後初の「本格的政権交代」と言われた民主党政権が二〇〇九年に誕生した。しかし、「一年ごとの首相交代」という流れを替えることはできないまま、二〇一二年末の総選挙に大敗して政権を自民党に譲り渡した。

1・2　二一世紀におけるナショナリズムの高まり？

二〇一二年一二月の総選挙の結果、諸外国のメディアからは基本的に「ナショナリスト」と評される安倍晋三氏が首相に返り咲き、本書執筆時点では、戦後最長の長期政権となる見込みである。また二〇一二年以後の国政選挙（二〇一三年参院選、二〇一四年衆院選、二〇一六年参院選、二〇一七年衆院選）でも、自民党が「連勝」中である。ただ、その首相の任期の長さや自民党の強さに比して、その「人気」については諸説ある。たとえば、その支持はとくに積極的なものではなく、あくまで野党が崩壊状態であることこそが原因と言われる（堀江 2014）。あるいは、あくまで「アベノミクス」などの経済政策で支持を獲得している（竹中 2017）とも論じられている。

とはいえ二〇〇〇年代以降、中でもとくに第二次安倍政権の成立後、日本社会の「右傾化」に警鐘を鳴らす図書が多数発売されている（たとえば塚田編 2017 など）。その右傾化論においてたびたび語られるように、現代日本社会において、各種の「ナショナリズムの高まり」と思われるような事件は少なくない。

たとえば安倍政権は、二〇一八年の出入国管理法改正についてかたくななまでに「移民政策ではない」と主張し続けていた。その背景にあると考えられるのは、現実の外国籍者人口の増加とその定住化を無視した「単一民族国家」としての日本イメージである。

あるいは英語ができず、海外生活経験がない人々が自嘲的に自己定義に使う「純ジャパ」（＝純粋なジャパニーズ）という言葉が生まれた背景には、現実社会が急速に多様化し、その変化への対応が求められる状況への違和感や反感が含まれていると思われる。また父がハイチ系アメリカ人、母が日本人という大坂なおみ選手の肌の色を「白く」描いた（いわゆる「ホワイトウォッシュ」された）広告アニメが作られたこと（同時にそれへの批判が広がったこと）は、二〇一〇年代の日本社会における純化主義の現状を物語る事件である。さらにはインターネットの掲示板やSNS上では、運動や思想において対立的な人々を（「非日本人」との意味を込めて）「在日」とみなす、いわゆる「在日認定」が横行している（山崎 2015）。以上のような出来事は現実の日本人が多様化する中で、「日本人」という定義を固定化もしくは狭小化させたい人々、言い換えれば純化主義を強めている人々が存在することをうかがわせる。

あるいは「愛国主義」という側面についてはは、たとえば日本礼賛番組、いわゆる「日本スゴイ」系番組の氾濫（富永ゼミグループ研究 2017）の背景に、視聴率という「人々の欲望」が存在するならば、日本社会における愛国主義の高まりを示す一事例と考えられる。あるいは、ある種の「ネタ」としてのそのような日本礼賛番組が、「ベタ」に人々の誇りを高めている可能性も存在しよう。いずれにせよ、世論調査の結果としても愛国主義の高まりと思われる結果が報告されている。たとえばNHK放送文化研究所が一九七三年から五年ごとに行っている『「日本人の意識」調査』の結果として、二〇〇三年に三六％と最低を記録した「日本は一流国だ」と答える人の割合が、二〇一三年では五四％まで上昇し（NHK放送文化研究所編 2015）、二〇一八年でも五二％という高水準を維持している（NHK放送文化研究所 2019）。

ここまで述べてきた純化主義や愛国主義の高まりに比べても近年問題視され、議論されることも多いのが、排外主義的な主張や運動の伸張である。二〇〇〇年代から、すでにインターネット上などでは外国人（とくに韓国人・中国人）に対する差別的・侮蔑的な書き込みは数多く存在した。しかし、それらヘイトスピーチが路上にまで出現し、とくに二〇一〇年代以降は新聞などにも取り上げられるようになったことは、日本社会における排外主義の高まりを示す象徴的な事案とみなされている。

またそのような排外主義的な動きは、日本に限らず、いや日本以上に世界の多くの国々における大問題（たとえば排外主義をベースとした極右政党の伸張）として、多くの社会科学的研究の遡上に載せられている。そのグローバル化の流れ、とくに国境を越える人の移動の増大を背景とした変化からは、当然日本も無縁ではない。日本に住む外国籍者の人口も急増中であり、そのことが影響して排外主義が高まる危険性は決して無視できないであろう。

以上のように日本社会のナショナリズムに関するさまざまな事例から、そのどの側面についても「高まり」が危惧されている状態である。

2　ナショナリズム高揚論

2・1　事例的・論壇的な論考

近年のナショナリズムに関する論考では、基本的にその高揚を「問題視」するという論調のものが多い。たとえば香山リカ（2002）は二〇〇〇年代初期に、日韓共催ワールドカップで日本を屈託なく応援する若者たちの姿を「ぷちナショナリズム」と名付け、その高まりや将来的な排外主義との結合の危険性に警鐘を鳴らしていた。その後二〇一五年になると香山は、「日本スゴイ」系番組や書籍の氾濫やヘイトスピーチの路上出現などを念頭に、日本社会が「がちナショナリズム」の段階に進んでおり、今後のファッショ化の危険性までも危惧している（香山 2015）。あるいは山崎望なども、日本も含めて世界的に（従来型とは異なる）「奇妙なナショナリズム」が、「グローバル化と新自由主義が国民国家をゆるがせているにもかかわらず、むしろ世界大で台頭している」（山崎編 2015: 9）と論じている。

また、さまざまな論者の論考が集められた『徹底検証 日本の右傾化』（塚田編 2017）において「右傾化」の事例として取り上げられるテーマの多くが、ナショナリズムと関わるものであった。たとえば、教育基本法改定や道徳の教科化に関連する愛国心教育や「誇りある歴史を取り戻す」などと主張する歴史修正主義、あるいは「日本スゴイ」ブーム（日本礼賛番組隆盛など）などは、すべて愛国主義と関連するものである。またネット上の在日コリアンへのレイシズム、在特会の出現とヘイトスピーチの隆盛などのテーマは、まさに排外主義の高まりを象徴的に示すものであろう。

2・2 データ・実証的な議論

前項では主に理論的な論考を取り上げたが、社会調査データなどに基づく議論も少なからず存在する。

その中でも多くの論者が取り上げるのが、NHK放送文化研究所が実施している『「日本人の意識」調査』における「愛国心」に関わる項目について、肯定する人の割合が上昇していることである（NHK放送文化研究所 2019）。「日本は一流国だ」という設問への肯定割合の上昇はすでに紹介したが、他にも「日本人は、他の国民に比べて、きわめてすぐれた素質をもっている」との設問に対しても、二〇〇三年の五一％の賛同率から二〇〇八年で五七％、二〇一三年で六八％と上昇していた（ただし、二〇一八年では六五％と若干の減少）。

また一九七三年から二〇〇八年までの同データで分析した永吉希久子（2016a, 2016b）は、その変化が下位概念ごとに、また世代によって異なることを指摘している。さらに国意識（自国に対する態度の総称）を類型化した場合も、世代を越えて類型はほぼ共通しており、むしろ伝統的ナショナリストの割合は世代を経るごとに減少していた（永吉 2016a）。ただこれら研究は、もっとも「高まり」が危惧されている二〇一〇年代のデータは含まれておらず、その点は未検証である。

また小林哲郎（2018）は、二〇一〇年から二〇一三年までの複数年のパネル調査を用い、本書序章の分類では「自国中心主義」にあたるような項目群を「ナショナリズム」と命名した上で、その高まりを検証している。その結果、同一パネルにおいて一定の上昇が確認され、またイデオロギー的な保守化の影響が検証されていた。しかし、ナショナリズムの定義が曖昧であったり、またパネル調査とはいえ同一の関連項目が少なかったこともあって、多くの仮説の検証は結果的に一時点データでの規定要因分析であった。そのため、二〇一〇年代の日本のナショナリズムの「変化」については、実証的には不明確な点が多いままである。

以上のように日本社会におけるナショナリズムの「高揚」については、理論的にはある程度前提視されつつも、実証的データに基づいた検討の結果は一貫したものではない。そこで本章では二〇〇九年、二〇一三年、二〇一七年の三時点のデータで比較・検討することで、その八年間の変化（あるいは不変性）を確認する。

3　ナショナリズムの「変化」をいかに捉えるか

3・1　ナショナリズムとその変化の捉え方

序章でも述べた通り、「ナショナリズム」という言葉は、その意味内容や定義が論者ごとに異なる状態であり、それが議論の混乱の原因の一つである、と論じられている（Smith 1991=1998）。そこで本章では、序章でも紹介したナショナリズムの概念図式に基づいた議論を行う。具体的には、ナショナリズムを純化主義・愛国主義・排外主義と三つの下位概念に分けた上で、その各概念内のさらなる下位概念をみていくことで、対象となるナショナリズムを峻別する。

まず純化主義については、日本社会における「社会的アイデンティティ」の中でも、とくに「単一民族国家」の神話と関わる側面を測定したものである。日本では、その「単一民族国家」というイメージを抱く人ほど、市民・政治的基準と民族・文化的基準が混合しやすいことが予想される。そのため、その関連の強弱、あるいは両方を必要と考える人の多寡などが、ある種の神話の浸透度合いを測る指標となりうる。具体的には、序章でも紹介したように国際比較調査でも用いられている「本当の日本人」の条件を尋ねた七項目で操作化している。

また愛国主義については、日本社会ではとくに論争的な「愛国心」と教育の間の関連を、（日本型の）愛国心の指標として検討する（なお、二〇〇九年データに含まれておらず、また次章で詳しく分析されることからナショナル・プライドという側面については本章では扱わない）。

排外主義については、多くの先行研究において排外主義の中心的な存在とみなされている「反外国主義」について分析を行う。もちろん排外主義の下位概念として、序章でも紹介した「脅威認知」などは反外国主義を高める要因として非常に重要であるが（田辺 2018a）、第3章で詳細な分析が行われるため、本章では論じない(2)。

3・2　データからみる可変性と不変性

まずはそれぞれの下位概念の測定指標となる各項目に対する回答分布を、年度ごとに確認していこう。また紙面の都合上図表の提示は省略するが、二〇〇九年と二〇一七年では調査間隔の八年分の対象者が入れ替わっていることも考慮し、生まれ世代（出生コーホート）ごとの変化も確認していく。

まず純化主義については、内容面でもデータ分析の面でも対応が明確な項目に絞って紹介しよう（質問文の詳細は巻末付表「使用変数リスト」参照のこと）。具体的には、民族的純化主義については「出生」と「祖先」という項目、市民的純化主義については「法制度の遵守」と「自己定義」を取り上げ、それら項目に対する各年度の回答結果を確認していこう。

出生や祖先など民族・文化的側面については、「重要」と思う人（とても重要だ＋まあ重要だ）が、二〇〇九年から二〇一三年にかけてそれぞれ一〇ポイントほど上昇し、二〇一七年も同水準を維持している。詳しい分析結果は紙幅の関係上省略するが、「出生」についてはほぼ全世代で上昇しており、一方で「祖先」という項目については上の世代（二〇〇九年調査時点で五〇歳以上の一九五九年以前の出生コーホート）で、とくに重視する人が増えていた。この点などは、社会的に純化主義的な意識が上昇したとしても、そのルーツとなるような「日本人像」については出生コーホートによる差異が存在する可能性を示唆するものである。

図表1－1　純化主義項目の分布の時点間比較（単位：%）

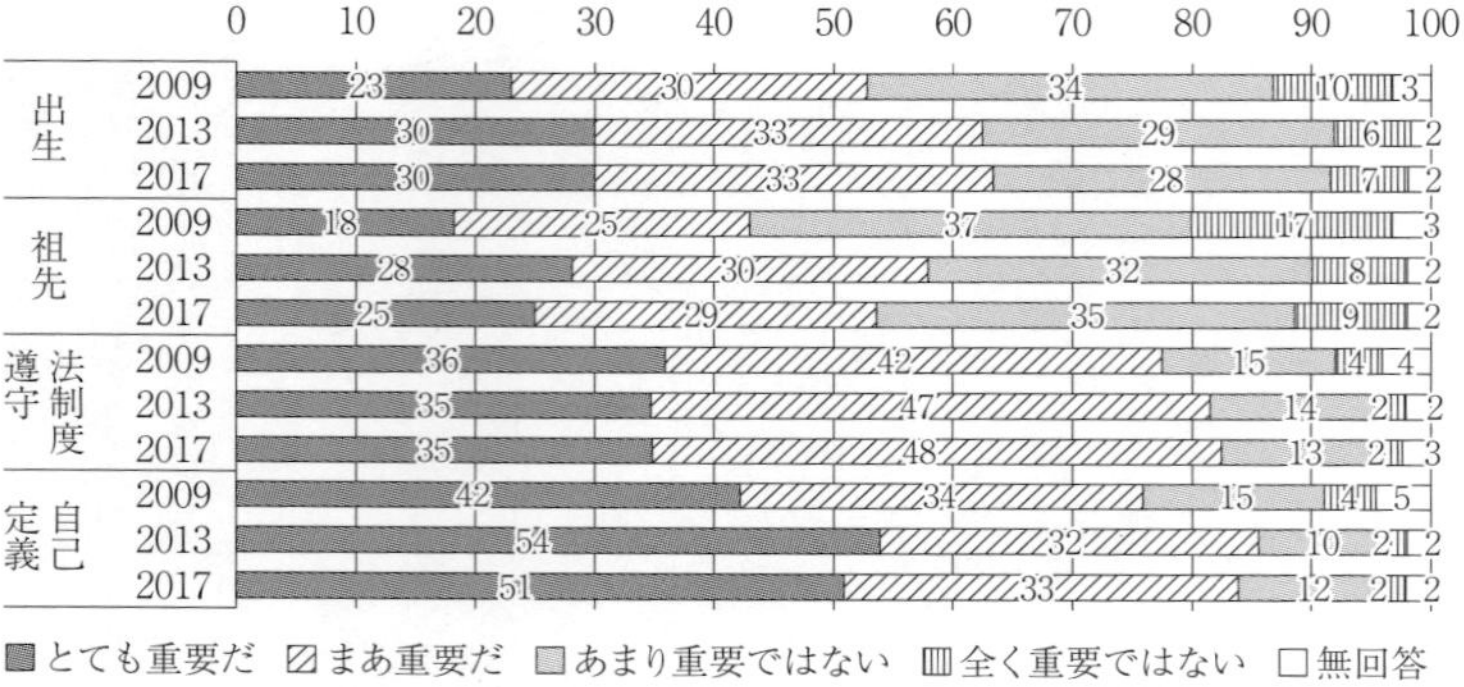

市民・政治的側面の変化について、まず「法制度遵守」については、時点間の分布にはほとんど変化がなかった。それに対して「自己定義」については、そもそも二〇〇九年でも「重要」と考える人が七五%を超えていたが、一三年や一七年では「とても重要だ」と答える人が一〇ポイントほど増え、「重要」と考える人は九割近くになっている。これは、これ以上高くはなりにくい、いわゆる「天井効果」が生じている段階である。そのため、市民的純化主義については一元的な指標だけではその強弱の弁別が難しい部分が出てきている。また市民的純化主義のみを必要と考える人と、民族的純化主義も同様に必要と考えている人が区分できないこととなる。

　そのように純化主義については、二種類の態度が線形に「強い」か「弱い」かだけでは捉えにくい部分がある。また純化主義は、上記のような一元的な強弱の問題であるだけではなく、序章の概念図式にも示したように、「ネイション内外」を分ける境界である。結果、愛国主義や排外主義の「対象」を形作るための「前提」となる存在であり、ネイションに関わる事象への意識形成の前段階となる認知枠組み（＝フレーム）や「スキーマ」のようなものともなる。そのため、

「強弱」を考えるだけではなく、「枠組み」として類型化し、その類型によって「日本」に関わることの見え方が異なり、結果としてさまざまな政治意識なども異なるか否かを検討する必要がある。

そこで、そのような認知図式のエスニシティやナショナリズム研究への応用を提唱するブルーベーカーら（Brubaker, Loveman, and Stamatov 2004=2016）の議論も参照しつつ、本書でもその認識図式の「類型化」を試みた。具体的には、三時点のデータで共通して聞いている七項目（先述の「出生」、「祖先」という民族・文化的項目と、「法制度の遵守」と「自己定義」という市民的純化主義の項目に加えて、どちらにも含まれうる「居住」、「国籍」、「日本語」）の回答に対して、「カテゴリカルな観測変数の背後にカテゴリカル潜在変数があることを仮定」（三輪 2009b: 345）する、いわばカテゴリカル変数に対する因子分析と考えられる潜在クラス分析を用いた。それによって、現代日本社会における純化主義の類型を抽出できると考えた。

分析の結果、三時点ともほぼ共通した三つのクラス（＝三つの類型）が見いだされた(3)。クラス一は、七項目を全体的に「必要」とみなし、とくに他の類型よりも祖先や出生を重視する人々が多いタイプで、日本国民＝日本民族との考え方といえる。まさに日本という国を「単一民族国家」であるという神話を内面化しており、いわば「単一民族（国家）神話型」の純化主義を抱く人々である（次章以降、本類型を「単一民族神話型」と記述）。構成比は、二〇〇九年は三三・一％、二〇一三年も三一・八％、二〇一七年は三五・六％と、どの年度でもほぼ三分の一の人たちがこのクラスに分類された。

クラス二は、法制度遵守と自己定義のような市民的純化主義の要素は必要と考えるが、他の要素、とくに民族的純化主義的な出生や祖先については、むしろ積極的に「不要」とみなす人々が抽出されている。いわば「市民・政治型」（あるいは「リベラル・ナショナリズム型」）の純化主義を抱く人々である（次章以降では「市民・政治型」と表記）。その構成比率は、二〇〇九年は一三・六％、二〇一三年は一五・八％、二〇一七年では一三・一％とどの年度でも全体の六分の一程度で、三類型の中ではもっとも少数派であった。

最後のクラス三については、どの項目も「中庸」な回答（「まあ重要だ」か「あまり重要ではない」）を選ぶ傾向がある人々で、いわば「日本人」を定義する際に強いイメージが存在しない人々である。あえて名付ければ「中庸型」（次章以降も同様に表記）と言いうる類型である。この中庸型がどの時点でもちょうど半数程度（〇九年は五三・二％、一三年で五一・三％、一七年では五一・四％）の最大派であった。

この結果は、近年の日本社会において「日本」というネイションのイメージについては、国民＝民族と考えて「単一民族（国家）」的か、「国民≠民族」として分離的か、それとも強いイメージがない、という三つの類型に分類できる、ということを示すものであろう。またその構成割合についても、取り立てて大きな変動はないものと考えられる(4)。

続いて愛国主義の中でも「愛国心」に関わる項目の回答分布をみていこう。

国旗／国歌を教育の場で教えるべきと考える人は、二〇〇九年に比べて一三年では一〇ポイント程度増えている。一方、「愛国心教育」の必要性に賛同する人は、二〇〇九年から一三年で五ポイント程度、一七年ではさらに五ポイント程度低下している。また、「日本人であることに誇り」を感じる人は、ほぼ横ばい状態である。なお、「国旗／国歌を教育の場で教えるべき」との回答は、二〇〇九年に比べて若年コーホートで順次賛同率が上がってきていた。この点は一九九九年に公布・施行された「国旗及び国歌に関する法律」により、教育現場における国旗・国歌が自分たちの経験として自明

図表1－2　愛国主義（愛国心）項目の分布の時点間比較（単位：%）

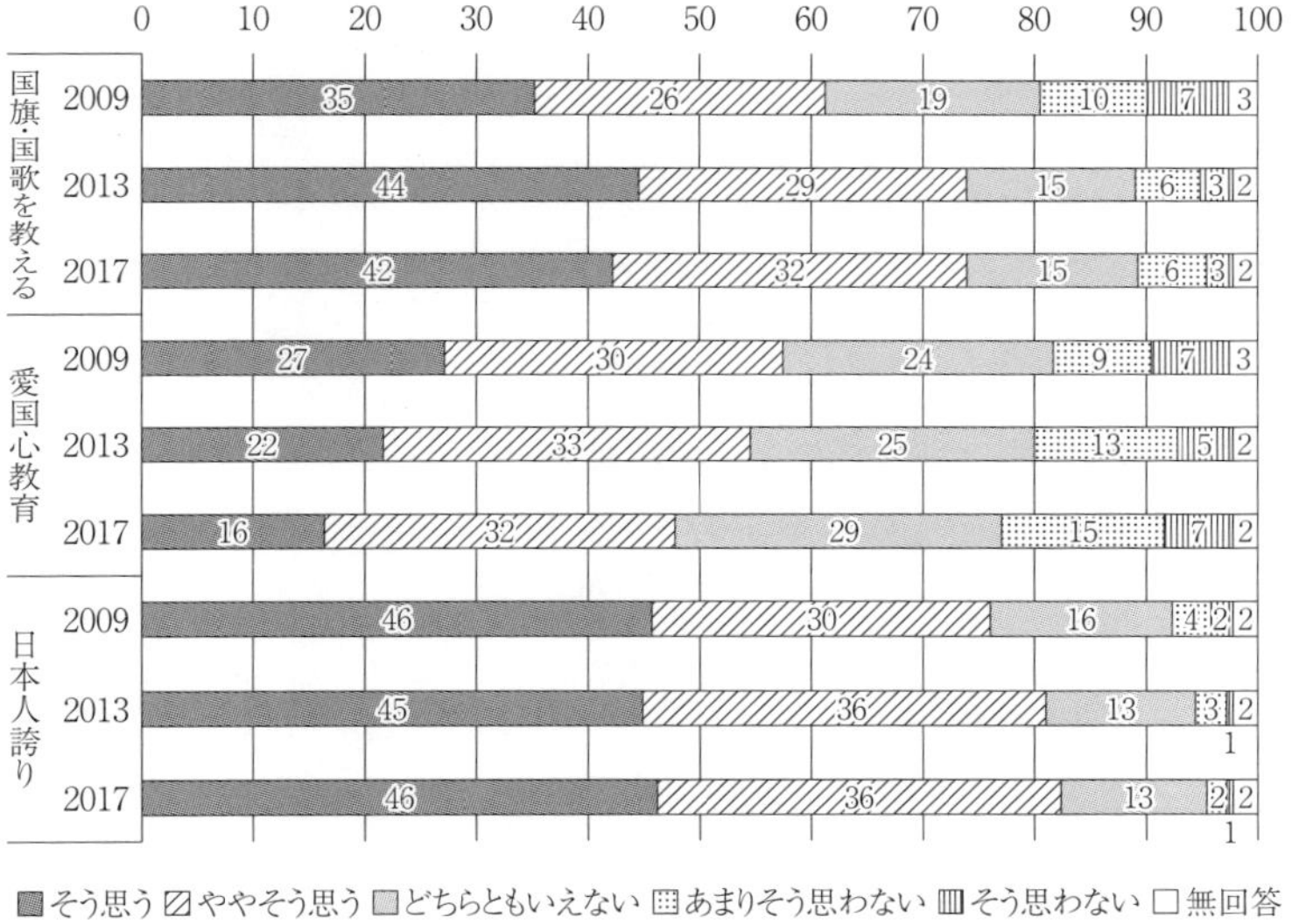

な存在と考えられてきていることを示す結果であろう。

ただし、そのような若年コーホートの多くはすでに「愛国心教育」は十分と感じているのか、とくに若年コーホートの「愛国心教育の拡充」に対する賛同率は、二〇一三年、二〇一七年と順次下がっている。このように項目ごとに世代差を伴った変化を経ており、単純な傾向として愛国心全般が高まっているとは言いにくい状況である。

最後に排外主義のうち、生活地域への増加の賛否をきいた反外国主義に関わる項目の中でも二〇〇九年から共通したワーディングを用いた三カ国の人々に対する回答分布は、以下のように変化していた（質問文等は序章一三頁を参照のこと）。

ここでも、二〇〇九年から二〇一三年の間の変化が顕著である。とくに中国人や韓国人の増加については、「反対」という回

図表1－3　排外主義（反外国主義）項目の分布の時点間比較（単位：%）

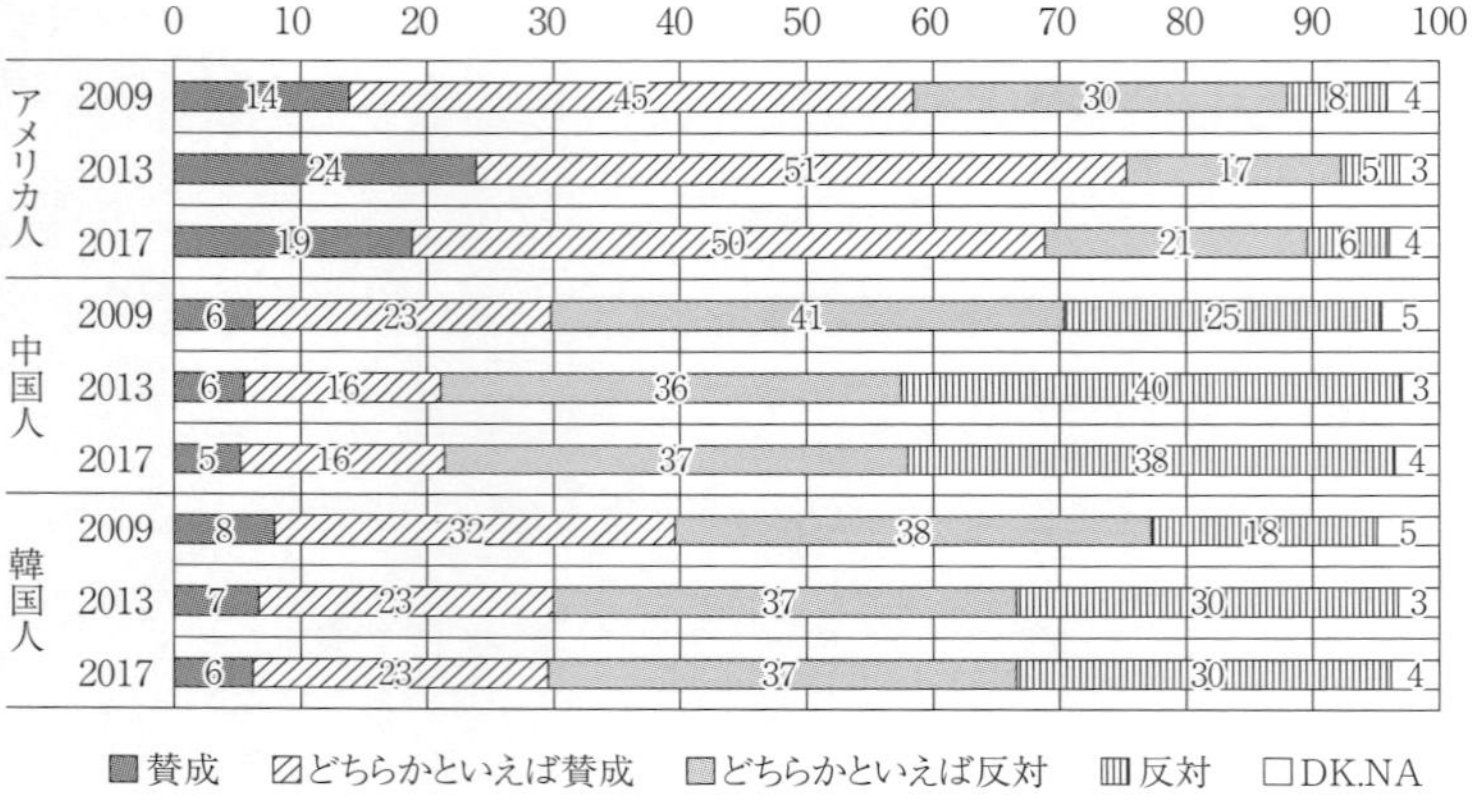

答が対中国人で一五ポイント、対韓国人で一二ポイント程度急増していた。この点については、やはり二〇一〇年の尖閣、二〇一二年の竹島という領土紛争が強く影響した結果と考えられる。その上で二〇一七年においても、「反対」との回答比率はほぼ同水準であり、もっとも交流の多い近隣二カ国（中国・韓国）に対する排外主義が高水準のまま維持されていることを示す結果である。続く章（第4章）などでも論じられるが、このような中国や韓国に対する排外主義については、樋口（2014）も論じるように東アジアにおける地政学的対立がその要因であり、国家レベルでの対立が国民間の対立に転化されてしまっているという現状であろう。

ただし、反外国主義が全面的に強まっているわけではなく、変化の傾向は対象国によって大きく異なっていた。アメリカ人に対しては、「どちらかといえば反対」が二〇〇九年に比べて二〇一三年では一〇ポイント以上低下していたのである。この点は、二〇一一年三月一一日の東日本大震災に対してアメリカ軍によって行われた「トモダチ作戦」などの影響が考えられるように、生活地域への居住者の増加の賛否に対象国への好感度がそのまま影響しているようである。

以上は単純な回答分布の比較であるが、八年間の変化を統計的に適切に捉えるために、それらの平均値の時点間比較を行った。そのために、三時点を異なる母集団とみなし、そのような多母集団間での概念測定の共通性を確認するとともに、その平均値を比較するために、構造方程式モデリングと呼ばれる手法を用いた。

その結果まず純化主義については、基本的に法制度遵守や自己定義により構成される市民的純化主義と、出生や祖先で構成される民族的純化主義の二つに分けて扱うほうが、データに適合的であった。また反外国主義についても、とくに二〇一三年以降、反中国と反韓国意識（以下「中韓排外主義」と表記）と、その他外国一般（アメリカ人・ドイツ人・日系ブラジル人・フィリピン人）に対する反外国主義（以下、「外国一般排外主義」と表記）の二つに分けることが、データをより適切に反映することが示された。さらに愛国心の項目も加え、それらの関係も含めた同時分析を行った結果[5]が図表1－4である。

まず純化主義については、両側面とも増加傾向である。とくに民族的純化主義が（二〇〇九年に比較して）一三年には顕著に上昇し、一七年でも同様の水準を維持していた。一方の市民的純化主義については微増（一七年については〇九年からの上昇は統計的に有意ではない）にとどまる。そのためこの上昇については、近年の「見た目」としての違いが顕著な外国人人口や訪日外国人が増加することによって、日常的な「外」が可視化された結果、（とくに民族・文化的側面としての）「内」という境界線が強化されているのではないか、と想像される。なお、「国籍」という条件について、日本に

図表1－4　ナショナリズムの下位概念の平均値の時点間比較
（2009年を0に固定しての比較）

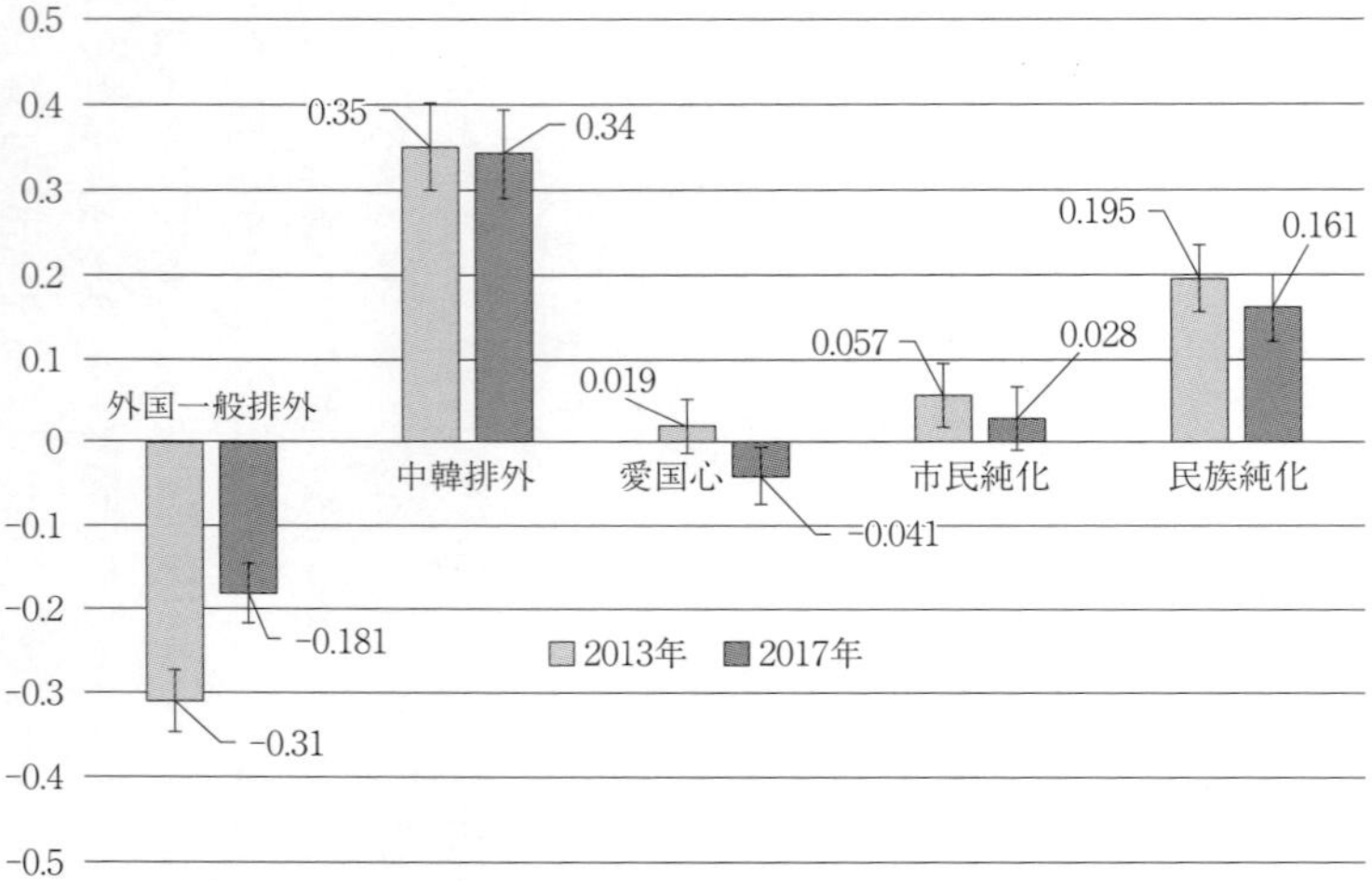

注：エラーバーは95%信頼区間を示す。

おいては市民的純化主義の側面は弱く、民族的純化主義の一要素となっている（田辺 2016b）。その点を考慮すると、たとえば二〇一七年当時野党第一党党首であった蓮舫氏に対して提起された「二重国籍」問題なども、そのような民族的純化主義の高まりと関連している、とも考えられよう。

　また愛国主義については、二〇〇九年からとくに上昇傾向は確認されず、むしろ二〇一七年は二〇一三年に比べれば、若干ではあるが低下の傾向が示された。つまり、他者にも「国を愛せよ」と強要する類いの旧来型の愛国主義については、国民の間での「高まり」は観察されなかったのである。この点は、「愛国心教育」を推進し続ける安倍政権が続いていることと、社会一般の人々の抱く愛国主義との間に強い関連がないことを示す結果とも考えられよう。

　最後の排外主義については、本章で取り上

げた三時点でその動きは異なっていた。まず中韓排外主義は二〇〇九年に比べて一三年に急上昇し、一七年もその高水準を維持している。この点はまさに、領土問題（「尖閣・竹島問題」）という国家間の紛争が人々の排外主義に強く影響した、と推察できる結果である。それに対して外国一般排外主義は、〇九年に比べて一三年には急低下し、一七年に若干上昇していた。この点は、中国・韓国への反感が、むしろ他の外国人への許容度を高めた可能性などがある。このような二つの違いは、排外主義もその内容ごとに高揚したり、あるいは沈静化する要因が異なることが推察される結果である（詳細は本書第4章や田辺（2018a）を参照）。

続いてそれらナショナリズムの下位概念同士の関連構造を確認することで、日本型のナショナリズムの構造を確認するとともに、その時点間の変化を確認しておこう。そのために、以上の分析結果を序章の図式に当てはめた結果が図表1－5である（二〇一七年は一三年とほぼ同様の図になるので省略した）。

まずどちらの時点でも二種類の純化主義の相関は〇・六～〇・七程度で、重なり合う面積はほぼ同様である。また二種類に分けた反外国主義について、二〇〇九年の相関は〇・九を超えており、前著（田辺編著 2011）のように一次元で扱ってもほぼ問題はないだろう。一方二〇一三年にはその相関は〇・七以下に低下しており、いわば外側に向かう「方向性」が二時点で異なってきているようである。さらに愛国主義（愛国心）との関連についても、二〇〇九年はどちらの排外主義（反外国主義）とも同程度に結びついていたが、二〇一三年では外国一般排外とはほぼ無関連となり、一方で中韓排外主義との関連は強まっている。以上のように、ナショナリズムの概念構造自体、時点的な変化があったとみなせるのである。

図表1－5　ナショナリズムの概念構造図の時点間比較

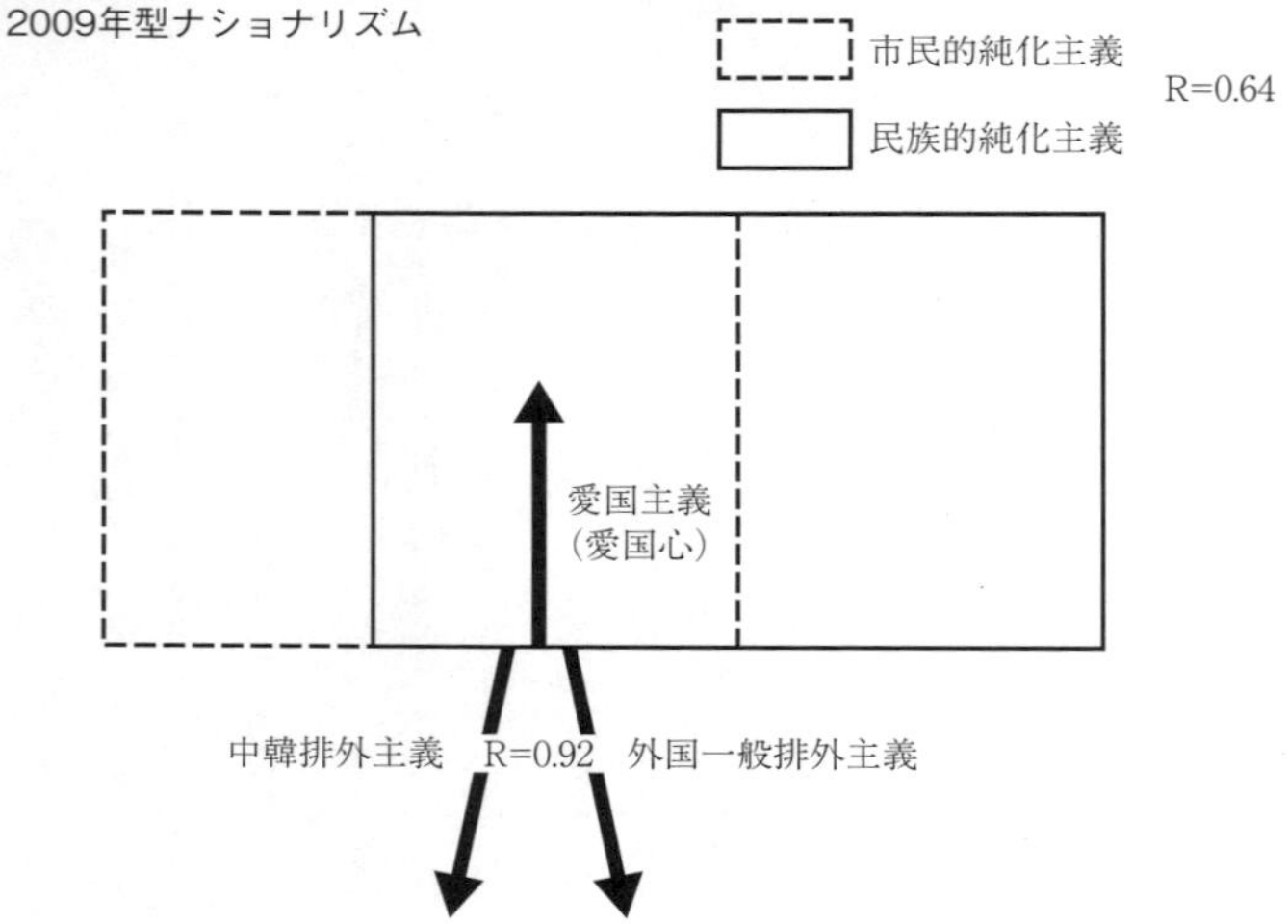

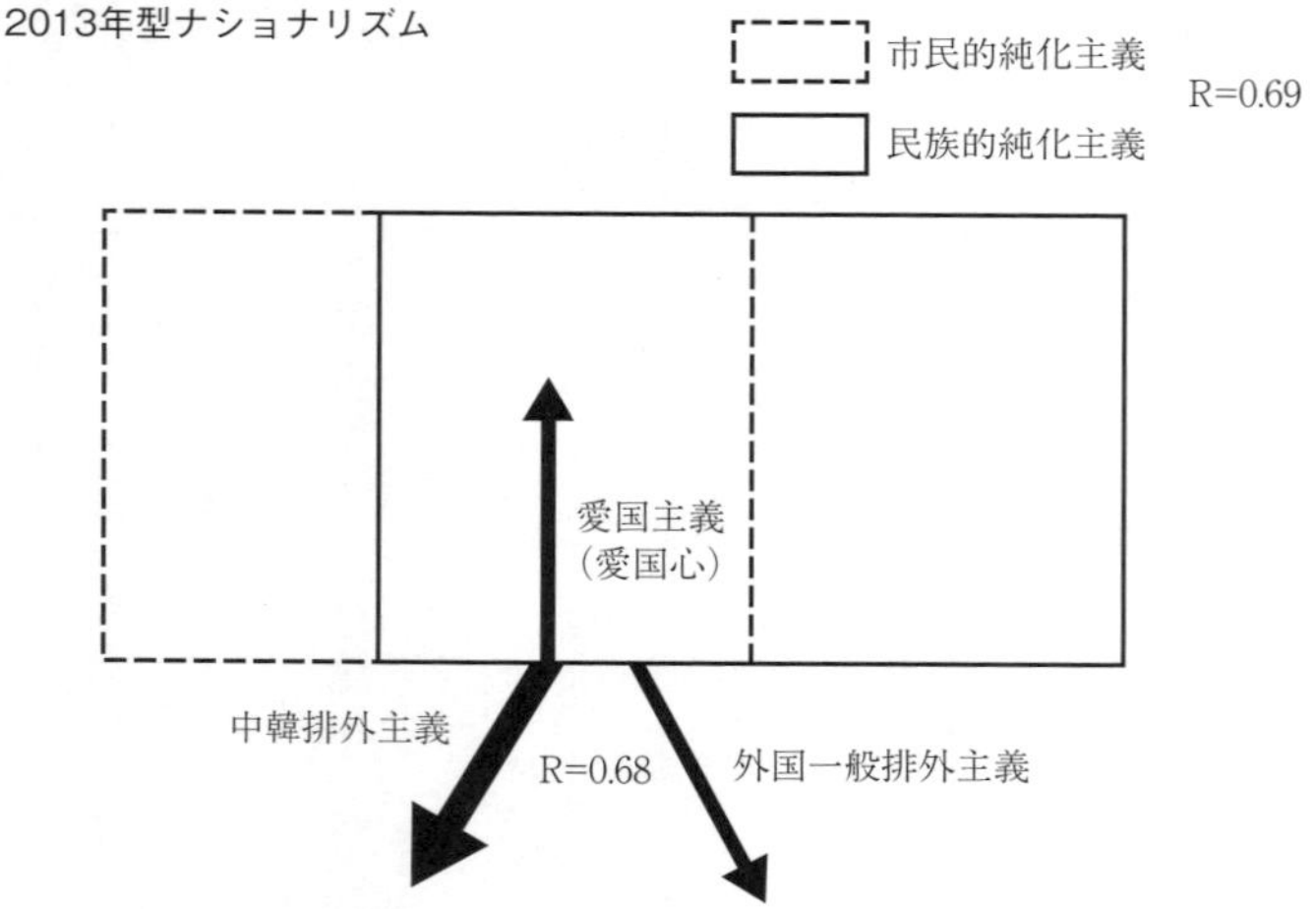

注：線の太さは強度を示している。

4　ナショナリズムの「複雑化」

前節の統計解析から明らかになった二〇〇九年から二〇一七年にかけての変化を確認しておこう。まず全体としては、民主党政権が誕生した二〇〇九年から安倍自民党の政権復帰後の二〇一三年の間の変化が大きく、安倍政権が続く二〇一七年は基本的に一三年からの変化はあまりなかった。この点については、政治的状況の変化が影響したのか、それともその間に発生した東日本大震災や領土問題（尖閣・竹島問題）などの影響であるのか、この三時点のデータでは弁別できない。そのため、この点は「次回」の政権交代などを待たないと検証できず、今後の課題であろう。

個別にみていけば、まず反外国主義の中でも中国人や韓国人に対する排外主義が顕著に強まった一方、外国人一般については二〇〇九年より二〇一三年には低下していた。この点は前掲の通り、基本的には対中国・韓国の領土や歴史認識をめぐる紛争と比べて、アメリカに対しては東日本大震災における援助などによるイメージアップのコントラストが影響していると思われる。しかし、二〇一七年でも中国や韓国に対する排外主義が高水準で維持されていることについては、長期政権となっている安倍首相の中国や韓国に対する強硬姿勢が人々の意識にも影響している可能性も存在する。

あるいは、純化主義、とくに民族的純化主義が、二〇〇九年に比べて二〇一三年・二〇一七年で強まったという傾向も示されていた。この点は、同期間に訪日・滞日外国人が急増していることなどが影響したと考えられる。しかし、日本における「単一民族国家」という神話を内面化した結果として抱かれる意識と考えられる民族的純化主義は、実際に拙論（田辺 2018a）でも示したように各種の排外主義に強い影響を持つ要因である。そのため、その上昇が排外主義の上昇に帰結する危険性は無視できない。

また、これも拙論（田辺 2016b）でも論じたが、二〇〇九年に比べて二〇一三年では中韓排外主義に愛国主義が強く影響するようになっており、その傾向は二〇一七年でもほぼ維持されていた。この点などは、特定の種類の排外主義がより「ネイション」というフレームで語られることが増える可能性を示唆するものであり、またナショナリズムの下位概念の関連構造自体が、社会・政治状況に応じて変化する可能性を示す結果である。

以上のようにナショナリズムの下位概念のそれぞれが、時によって複雑化したり、多次元化する傾向にあることが示された。つまり、ナショナリズムの多次元的な理解は、今後も注視を続けるべき課題である。また、それぞれの下位概念がどのように社会・政治的な諸現象と関連するのかについても、一時点の分析にとどまらず、時点間比較も含む、より丁寧な議論をする必要が生じていると言えよう。

注

（1）戦後初期は、対米独立としての「民族自決」と憲法九条に基づく「平和主義」を、ある種のナショナリズムとして主張していた（小熊 2002）。
（2）また人種主義や自国中心主義なども、時系列比較ができないことから本章では対象としないことをお断りしておく。
（3）分析結果の詳細は巻末資料の付表1を参照のこと。
（4）各時点のクラス構成比率が近似した理由の一つとして、同様の類型を抽出するために、今回は三時点の統合データを用いて潜在クラス分析を行ったことがあげられる。ただし、三時点のデータを別々に分析した際も同様のクラスが抽出された上で、各クラスの構成比の差は数ポイントであるため、構成比率の大きな変化はないと考えて問題ないと思われる。

(5)　五つの潜在変数の測定モデルを分析した結果、ＲＭＳＥＡは基準とされる〇・〇五を上回り〇・〇六二であったが、ＣＦＩは基準の〇・九五を上回る〇・九八五と一定水準を満たしていた。

第2章

国への誇り

●「日本スゴイ」の原因は不満や不安なのか

齋藤　僚介

1　日本人の「国への誇り」

二〇一〇年代以降、テレビでは日本を「スゴイ」と褒める番組、いわゆる「日本礼賛番組」が数多く放映されている。富永ゼミグループ研究（2017）は、一九八〇年代から二〇〇〇年代にかけてはそのような日本を礼賛する番組はほとんどみられなかったが、二〇一五年には一週間に複数の（特別番組ではない）番組が出現していることを報告している。このような「日本スゴイ」的言説の隆盛が国民のニーズを反映しているものであるならば、少なくない数の日本人が「日本スゴイ」と言われたい、あるいは言いたいということであろう。

しかし二〇一〇年代に至って、何が要因となって「日本スゴイ」が求められるようになったのだろうか。満州事変からアジア太平洋戦争に向かっていった一九三〇年代から四〇年代にも、同様の「日本スゴイ」が流行したことなどが指摘されている（早川 2016）。そのため、現在の日本礼賛番組の隆盛についても、何かしらの社会的背景が存在すると考えられる。

その問題を考察するために、現在に直接つながると思われる米ソ冷戦終結後の一九九〇年代以降、関連すると考えられる社会的事象を簡単に確認しておこう。まず一九九〇年代以降、歴史修正主義的なサブカルチャーとしての「愛国」が広がったと指摘されている（たとえば、小熊・上野 2003）。たとえば一九九八年に出版された小林よしのり氏の漫画『新・ゴーマニズム宣言SPECIAL 戦争論』（通称『戦争論』）では、「大東亜戦争肯定論」（小林よしのり 1998：37）をはじめとする複数の歴史修正主義的な主張が展開された。さらに、当時の歴史教育を（「愛国」の反対といえる）「自虐史観」として批判する「新しい歴史教科書をつくる会」（通称「つくる会」）も、一九九六年に設立され、自称「普通の市民」がその運動に参加していた[1]（小熊・上野 2003）。

以上のような「つくる会」の主張や運動は、その後の日本社会における「愛国」に関するナショナリズムの流れに、大きな影響を与える形となる（明戸 2016）。実際、二〇〇〇年代の「ネット右翼」的な主張の出版ブームの火付け役となった山野車輪氏の『マンガ嫌韓流』は、「つくる会」の運動から「反左翼」の思想を引き継いだ（明戸 2016）。また、ネットにとどまらず路上でもヘイトスピーチを拡散する「在日特権を許さない市民の会」（略称「在特会」）が誕生した背景にも、前述のような一九九〇年代以降の歴史修正主義的な主張が関係していると考えられている（安田 2012）。

それら歴史修正主義や排外主義が表明される時代背景として、二〇〇〇年代以降、さまざまな論者が「趣味的に『愛国』を消費する人々の増加」を指摘する。たとえば、精神科医の香山リカ（2002）は、日韓共催サッカーワールドカップでの盛り上がりや、当時の「日本語ブーム」を取り上げ、「屈託のない愛国」が排外主義につながる危険性があるとして「ぷちナショナリズム症候群」の存在を主張した。その症状がより広がったのか、前掲のように二〇一〇年代には「日本礼讃番組」の増加が指摘され（富永ゼミグループ研究 2017）、カルチャー化した「愛国」の暴走を危険視する声は少なくない。

以上のような「日本スゴイ」や「愛国」の高まりについて、原因として挙げられるのが不満や不安の高まりである。「日本スゴイ」を求めるのは、不満や不安といった「満たされない」心情を、自分もその一員である「日本」を称揚することで満たそうとしているからである、と主張されてきた（香山 2002; 高原 2006 など）。たとえば、社会学者の高原基彰（2006）は、グローバル化や非正規雇用の拡大といった社会流動化によって、（日本においては高度経済成長期に確立された）会社主義に包摂されない人々が増えた結果、とくに排除されやすい若者の間で不満や不安が増大し、「個人不安型ナショナリズム」を持つ人々が増えたと主張する。そこで本章では、不満や不安を持っている人々は、国への誇りや愛国的な意識を強く持っているのか検証する。

2　ナショナル・プライドは不満や不安とどんな関係にあるのか

2・1　ナショナル・プライドへの注目

「日本スゴイ」や「愛国」とは、どのようなものなのか。前著（田辺編著 2011）が指摘するように、「国を愛すること」と「国を愛することが必要と考えること」には違いがある。この点について序章の議論を用いると、前著（田辺編著 2011）で「愛国主義」として概念化したのは後者の意味である。しかし、前述の論者たちの指摘する「日本スゴイ」や「屈託のない愛国」などは、むしろ前者の意味の「愛国」が妥当し、そのような側面はナショナリズム研究において頻繁に用いられるネイションへの誇りの感情、つまり「ナショナル・プライド」であると考えられる。

簡潔に示せば、ナショナル・プライドとは、国民国家に対する誇りや自負心といった個人的な感情である（Hjerm 1998; 田辺 2001）。ナショナル・プライドは、ナショナリズムの愛国的な（patriotic）側面であり（Blank and Schmidt 2003; Citrin, Wong, and Duff 2001）、ナショナリズムの下位概念の中では有害性が低く、むしろリベラル・ナショナリズム論（Miller 1995=2007）などではネイションの成員が感じる必要がある概念とも考えられている。しかし、国に対する誇りの感情は、エスニック・マジョリティの排外主義的な感情や国を単一化しようとするような志向性を持つ可能性もある（Bonikowski 2016）。

そのようなナショナル・プライドについては、序章でも言及されているように、さらに市民・政治的プライドと民族・文化的プライドに分けられる。日本に限らず多くの国々において、ナショナル・プライドは二つの下位概念によって構成されていることが多い(2)（Ariely 2011b; Hjerm 2003; 田辺 2010 など）。ナショナリズムを、市民・政治的側面と民族・文化的側面に分析的に区別すれば、市民・政治的プライドはナショナリズムの市民・政治的側面に含まれ、民族・文化的プライドは民族・文化的側面に含まれるだろう。

2・2　ナショナリズム形成の一般理論としての社会的アイデンティティ理論

本項ではナショナル・プライドの源泉を検討するために、社会心理学における集団間関係の対立を説明する理論として多用され、ナショナリズムの形成過程の説明に用いられることがある社会的アイデンティティ理論（Tajfel and Turner 1979）を概観しておこう。

ヘンリ・タジフェルとジョン・ターナーが提唱した社会的アイデンティティ理論は、その前提として、人は自分に対して肯定的な評価を持つように動機づけられている、とみなす。その上で、社会的アイデンティティ理論は以下の三つの原理によって成り立つ理論である。「（1）個人は、肯定的な社会的アイデンティティを達成あるいは維持するように努める。（2）肯定的な社会的アイデンティティの大部分は、内集団と関係を持つ外集団との間での有利な比較に基づく。関係を持つ外集団と区別された内集団は、肯定的なものとして知覚される。（3）（所属集団のもたらす）社会的アイデンティティに満足できない場合、個人は既存の所属集団から退出してよりポジティブな別の集団と結びつくか、もしくは既存の所属集団をよりポジティブなものにする」（Tajfel and Turner 1979: 40, 和訳は筆者によるもので一部言葉を補っている）。

以上の前提と三つの原理に従えば、自らが同一化（＝アイデンティファイ）している集団への否定的な評価は、自らのアイデンティティへの脅威にもなる（小林 2018）。だとすれば、日本に対する社会的評価の高低が、ナショナル・プライドの高低にもつながってくるだろう。

このような社会的アイデンティティ理論に基づけば、同一化対象のネイション像の違いがナショナル・プライドに影響することが予想される（田辺 2016b）。言い換えれば、「内集団」と「外集団」を峻別する基準の違いが、ナショナル・プライドに影響すると考えられる。具体的には、第1章で挙げられた「市民・政治型」の純化主義を抱く人々は、自らの同一化対象である市民・政治的側面に対して強い誇りを持ちやすいと考えられる。一方で第1章で得られた「単一民族神話型」の純化主義を持つ人々は、民族・文化的側面と市民・政治的側面の両者に対して、他の人々と比較して強い誇りを持ちやすいと想定できる。

また社会的アイデンティティ理論を背景とし、不満や不平等とナショナル・プライドの関係について検討した研究（Han 2013; Shayo 2009; Solt 2011）も存在する。たとえばハン・ギョン・ジョン、モーゼス・シャヨやフレデリック・ソルトは、人々はなるべく自尊心を高める集団に同一化しようとするという前提のもとで、社会的アイデンティティの源泉となる集団として、高い階層（階級）と低い階層、ネイションの三つの集団を想定する。その想定下では、不平等が拡大すると低階層集団はその地位が低下するため、高階層集団に比べて低階層集団を同一化の対象として得られる効用（utility）が低くなる（Han 2013; Shayo 2009; Solt 2011）。そこで比較的階層が低い人々の間では、階層的な同一化対象である低階層ではなく、ネイションへ同一化する人々が増えると考えられ（Shayo 2009）、結果的に一国内の不平等はむしろナショナル・プライドを高める効果があると想定できる(3)（Han 2013）。

以上の研究では、不平等の程度にかかわらず、以下のようなネイションへの同一化のメカニズムを想定していると考えられる。自らの地位評価が低く高階層に同一化できない人々は、低階層に同一化することの効用が低いため、低階層よりも相対的に高いと考えられるネイションに同一化しようとする（Han 2013; Shayo 2009; Solt 2011）。低階層への同一化は、なるべくよい社会的アイデンティティを持つように努める個人にとっては効用が低い。それにもかかわらず、彼らは、高階層を社会的アイデンティティにすることができないために、低階層より効用が高いと考えられるネイションを社会的アイデンティティにしようとする、と考えられる。

2・3　不満と不安がナショナル・プライドに与える影響

従来から、さまざまな論者がナショナリズムや全体主義を不満や不安によって説明してきた。たとえば、フランクフルト学派の一人エーリッヒ・フロムによる著名な一冊『自由からの逃走』(Fromm 1941=1951) では、都市部の下層中産階級が、不満や不安によって、「自由」からナチズムに逃走したとしている。フロムの議論において想定されているのは、「近代化によって自由＝孤独を持った個人」といった社会と個人の関係である (Fromm 1941=1951)。そのような社会的条件の上で、「ナチのイデオロギーと実践は、民衆のある一部のものに対しては、その性格的構造から発する欲望を満足させ、また支配や従属を楽しんではいないが、人生や、自分自身の決断や、その他一切のことに信頼を失ってしまったひとびとに対しては、指導と方向とを与えた」(Fromm 1941=1951: 258-259)。ほかにも、ウィリアム・コーンハウザーの大衆社会論は、中間的関係の崩壊や社会的不景気を背景とした不満や不安を持つ大衆の全体主義的性格の存在を指摘した (Kornhauser 1959=1961)。以上のような過程で、不満を持った自由な個人はナチズムなどのナショナリズム、全体主義に取り込まれていくという。

このような「不満・不安」説は時代を超え、一九九〇年代以降に今度は新自由主義に基づく福祉国家の弱体化やグローバル化といった社会的流動化と関連して語られるようになった。たとえば、オーストラリアの人類学者ガッサン・ハージの「パラノイア・ナショナリズム」の議論では、新自由主義の広がりによって周辺化された人々が、ネイションを憂慮することによって排外主義が生まれるとされる (Hage 2003=2008)。日本でも前掲のように、新自由主義やグローバル化を背景とした不安や不満が、ナショナリズム、その中でもナショナル・プライドや排外主義を高めるといった議論（たとえば、香山 2002; 小熊・上野 2003; 高原 2006 など）は少なくない。すなわち、（1）社会的不況や中間集団の解体によって不安や不満を持つ個人が増える、（2）このような不安や不満を持つ個人は拠り所がなくなり、それを回復するために、ネイションへの帰属心を強める、との想定としてまとめられるであろう。

また、不満や不安とナショナル・プライドの関係に対して、理論的な説明を行っているのが、デイヴィッド・ブラウンの議論（Brown 2008）である。ポスト権威主義国家では、権威主義国家崩壊後、民主主義的な政治への期待が高まる。しかし、その期待は裏切られることが多く、自らの政治的主権を期待した民族的に主流派の国民たちは、政府に幻滅することになる。このような幻滅は、主流派国民が政治的なものへのプライドを持つことを抑制する一方で、エスニック・マジョリティに民族的な文化の維持や文化的なプライドを抱くように、あるいはエスニック・マイノリティの排除を行うように方向づける(4)。

権威主義国家体制によってネイションとして成立した日本でも、ブラウンが指摘するメカニズムが働いている可能性があろう。小熊（2002）によれば、「民主」と「愛国」、「市民」と「民族」は六〇年安保闘争において、戦後最高の一致をみせていた。しかしその後、とくに冷戦崩壊以後、民主と愛国を結びつけていた共産党のような政党の非主流化を背景に、日本社会では「民主」と「愛国」、「市民」と「民族」が分離していくことになったという。

この議論を前掲のブラウン（Brown 2008）の主張とあわせて考えれば、日本では高まる民主主義への期待とは裏腹な政府の行動が、人々の政治的な誇りを剥奪するように機能する。その結果、民主主義への期待を持つ国民は政治的な側面への誇りを失い、一方でそれを補償するように民族・文化的な側面への誇りを強める。したがって、純化主義の類型との関係では二つの異なる予想ができる。第一に、社会的アイデンティティ理論から想定したように、市民・政治的な純化主義を持つ人々は市民・政治的プライドを、単一民族神話型の人々は民族・文化的プライドと市民・政治的プライドを持ちやすいという予想である。第二に、ブラウンの議論から一歩進め、民主主義的な期待を持つ国民は政治的な側面への誇りを失い、一方で補償的に民族・文化的な側面への誇りを強めるという予想である。言い換えれば、民主主義の基盤となるような市民・政治的側面で日本人を定義する市民・政治型の純化主義を持つ人々は、民主主義の未達成ゆえに市民・政治的プライドは抱かず、民族・文化的プライドを持つ。それに対して権威主義国家体制に異論を持たない人々は、国家と一体化するようにすべての側面にナショナル・プライドを持ちやすくなる。

また、2・2項で考察したようなメカニズムを想定すれば、不満や不安によってネイションへのアイデンティファイが動機づけられている人々は、政治的な側面には誇りを持つことができず、文化的な側面に誇りを持つようになるのではないだろうか。なぜなら、低い階層にアイデンティファイする人々あるいは自らの地位評価が低いと考えるがゆえにネイションにアイデンティファイする人々は、現在の政治に対して不信を持っていると考えられるからである。実際、社会経済的地位が低い人々は暮らし向きが悪いと考えやすく、そのような人々は政治不信を持ちやすい（伊藤 2014）。また、主観的経済状況が悪いと「投票しなくてもかまわない」と考える（安野・池田 2002）。そのために、不満や不安を持っている人々は、市民・政治的プライドが低く、民族・文化的プライドが高くなる可能性がある。

さらに、不満や不安がナショナリズムを強めるといった言説において、たびたび言及されるのが「若者の閉そく感」や「若者の右傾化」といった、若者への注目である（たとえば、古市 2011；香山 2002；三浦 2010；高原 2006；安田 2012 など）。たとえば、香山リカ（2002）や高原基彰（2006）らの主張によれば、若者は不満や不安を抱きやすくなっており、その結果としてナショナル・プライドを持ちやすいと考えられている。これらの説に従うならば、社会流動化の負の影響をより強く受けた若者世代は、不満や不安を持ちやすくなり、それをナショナリズムに昇華させると考えられよう。古市憲寿（2011）や三浦展（2010）が指摘するように、若者が持ちやすいのは、市民・政治的プライドではなく、民族・文化的プライドであるという。そのため、若者のほうが不満や不安を感じているのであれば、それゆえに他の世代よりも民族・文化的プライドを抱く可能性はある。

このように理論的に想定される「愛国」と不満・不安の関係であるが、実証研究ではどのような結果が出ているだろうか。日本を対象とした量的な研究では、（むしろ不満の反対といえる）生活満足度が高い人や、主観的地位が高い人のほうが、強い愛国主義を持ちやすい（田辺 2016b）。あるいは、不安感もナショナリズムに対してとくに有意な正の効果を持たないと言われる（小林 2018）。同様に海外の研究でも、幸福感（Morrison, Tay, and Diener 2011；Reeskens and Wright 2011）や主観的地位（Fabrykant and Magun 2015）が高いほうが、一般的ナショナル・プライドも高い傾向が示されている。

しかし、主観的地位や生活満足度は、ナショナリズムの下位概念である純化主義の民族・文化的側面に対して負の効果、市民・政治的側面に対しては正の効果を持つことが確認されている（田辺 2016b）。ヨーロッパを対象とした研究（Reeskens and Wright 2011）でも、田辺（2016b）と同様に、幸福感は純化主義の民族・文化的側面と負の関係、市民・政治的側面と正の関係が示されている。そのため愛国主義についても、その内容を民族・文化的側面と市民・政治的側面に分けてみた場合、不満や不安の影響が異なる可能性もあるだろう。

実際、ナショナル・プライドを「一般的ナショナル・プライド」と「エリートの達成 対 大衆の達成」の二つの側面に分けた上で、主観的地位との関係を実証的に示した研究（Fabrykand and Magun 2015）では、（本章の枠組みから言えば民族・文化的プライドに当てはまる項目に強く規定される）「エリートの達成 対 大衆の達成」因子は、主観的地位が高いほど低い。すなわち主観的地位が低いほど、市民・政治的プライドよりも民族・文化的プライドを持ちやすいと解釈できる結果が導かれている。

以上議論をまとめると、まず不満や不安を持っている人々は、ネイションへの同一化が動機づけられている一方で、市民・政治的側面への誇りである市民・政治的プライドを持つことができない。その埋め合わせとして、不満や不安を持っている人々は、むしろ民族・文化的側面への誇りを持つようになる。また、若年層においてとくに不満や不安が高まっているのであれば、その不満や不安ゆえに市民・政治的プライドを持ちにくく、民族・文化的プライドを持ちやすくなると考えられるだろう。

ただし、これら「不満・不安」説を否定する実証研究も多い。たとえば議論の前提とされているグローバル化や非正規雇用の拡大といった社会流動化が、直接人々の抱くナショナリズムを高めるわけではないという量的分析の結果は複数ある（Ariely 2012; Kunovich 2009; 永吉 2016b）。また排外主義団体の成員に対する質的調査（樋口 2014）においても、強い排外主義者が不満や不安だけで集まっているとは言いがたく、不満や不安がナショナリズムを高めるメカニズムについては根拠が不明確と指摘されている。つまり不満・不安説は、その根拠の薄弱さが批判され続けている（樋口 2014; 金 2015

など）。

さらにいえば、多くの研究において、不満や不安について、社会レベルの将来性や社会的なものに対する「不安」なのか、個人的な状況や生活に対する「不満」なのか、その区別が明確にされておらず議論が混乱している点も批判が可能であろう。たとえば高原は「不安型ナショナリズム」という用語を用いているが、その若年層の不安は、基本的に社会的なレベルでの不安定性や不透明感のような文脈で議論している。一方、現状の個人の社会・経済的地位などから個人レベルでの「不満」を感じることが、（同一化対象を変えることによって）ナショナル・プライドを高める、というハン・ギュンジョン（Han 2013）などの議論を受けるならば、個人レベルの不満こそが影響力を持つと考えられる。

そこで本章では、批判の多い不満・不安説を実証的に再検討するために、「不安」については主に社会的側面として、また「不満」については主として個人的側面とみなしてその区別をした上で、さらに対象となるナショナル・プライドも二つにわけてその効果を検証する。

3　現代日本のナショナル・プライドの実態

3・1　ナショナル・プライドの現況

ナショナル・プライドは、「あなたは以下にあげる（ア）～（サ）のようなことを、どの程度誇りに思いますか。それぞれについて、あなたの意見にもっとも近い番号に○をつけてください。」「（ア）日本における民主主義の現状」「（イ）世界における日本の政治的影響力」「（ウ）日本の経済的成果」

図表2-1　ナショナル・プライド項目の度数分布表（N=3259）

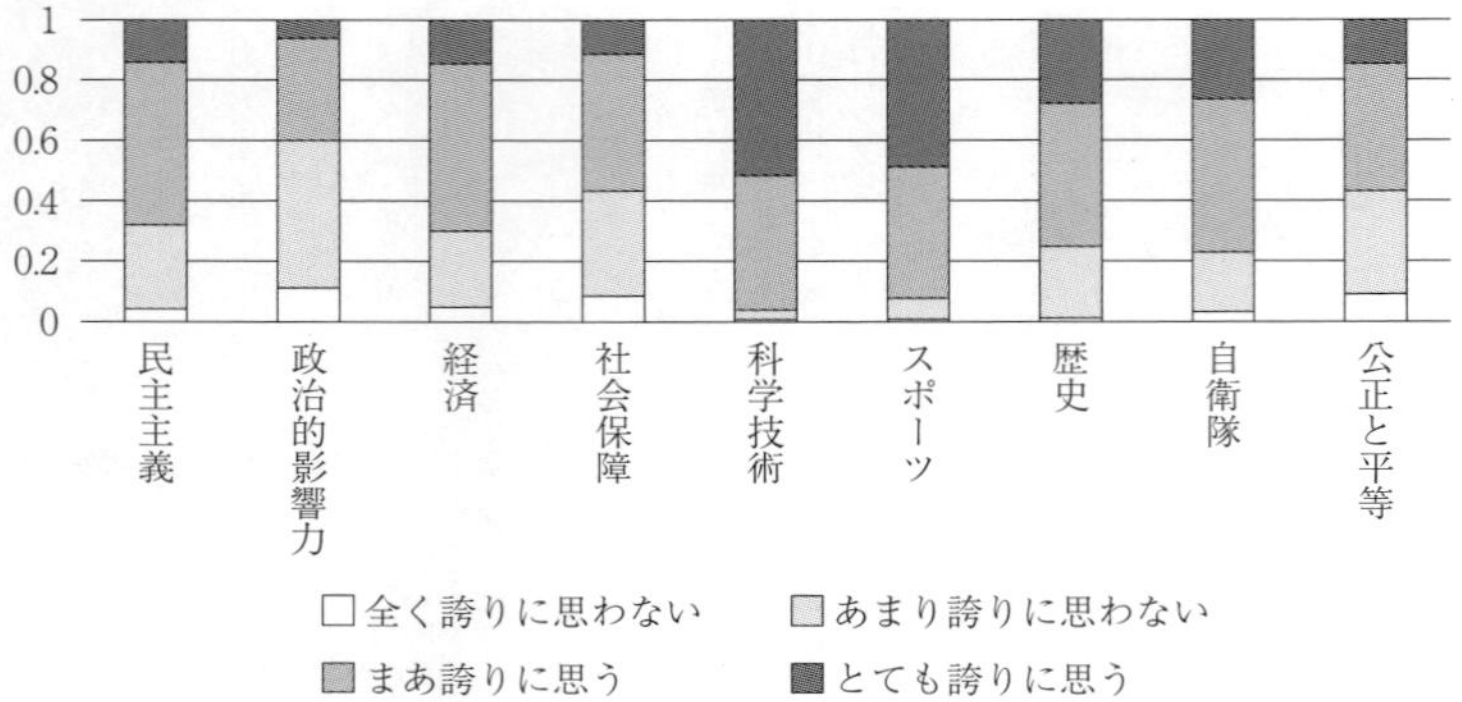

「(エ)日本の社会保障制度」「(カ)日本の科学技術」「(キ)スポーツの分野で日本人が成し遂げたこと」「(ク)日本の歴史」「(ケ)日本の自衛隊」「(コ)日本社会における公正と平等」という質問文に対し、「とても誇りに思う」から「まったく誇りに思わない」の四件尺度で回答している項目を用いる。[5]

ナショナル・プライドの実際の回答はどうなっているのであろうか。まず、そのそれぞれの度数分布を示したのが図表2-1である。序章で論じられたように、市民・政治的プライドと考えられるのが、「民主主義」「政治的影響力」「経済」「社会保障」「公正と平等」といった項目であり、民族・文化的プライドが「スポーツ」「科学技術」「歴史」といった項目である。

全体的にみれば、「民主主義」等の市民・政治的プライドでは、意見が分かれていることがみてとれる。たとえば、「政治的影響力」や「社会保障」、「公正と平等」といった項目は、「とても誇りに思う」「まあ誇りに思う」をあわせて、四〇・〇%、五六・六%、五六・九%となっている。一方で、民族・文化的プライドは、多くの人が賛同している。たとえ

図表2-2　ISSPデータにおけるナショナル・プライドの変遷

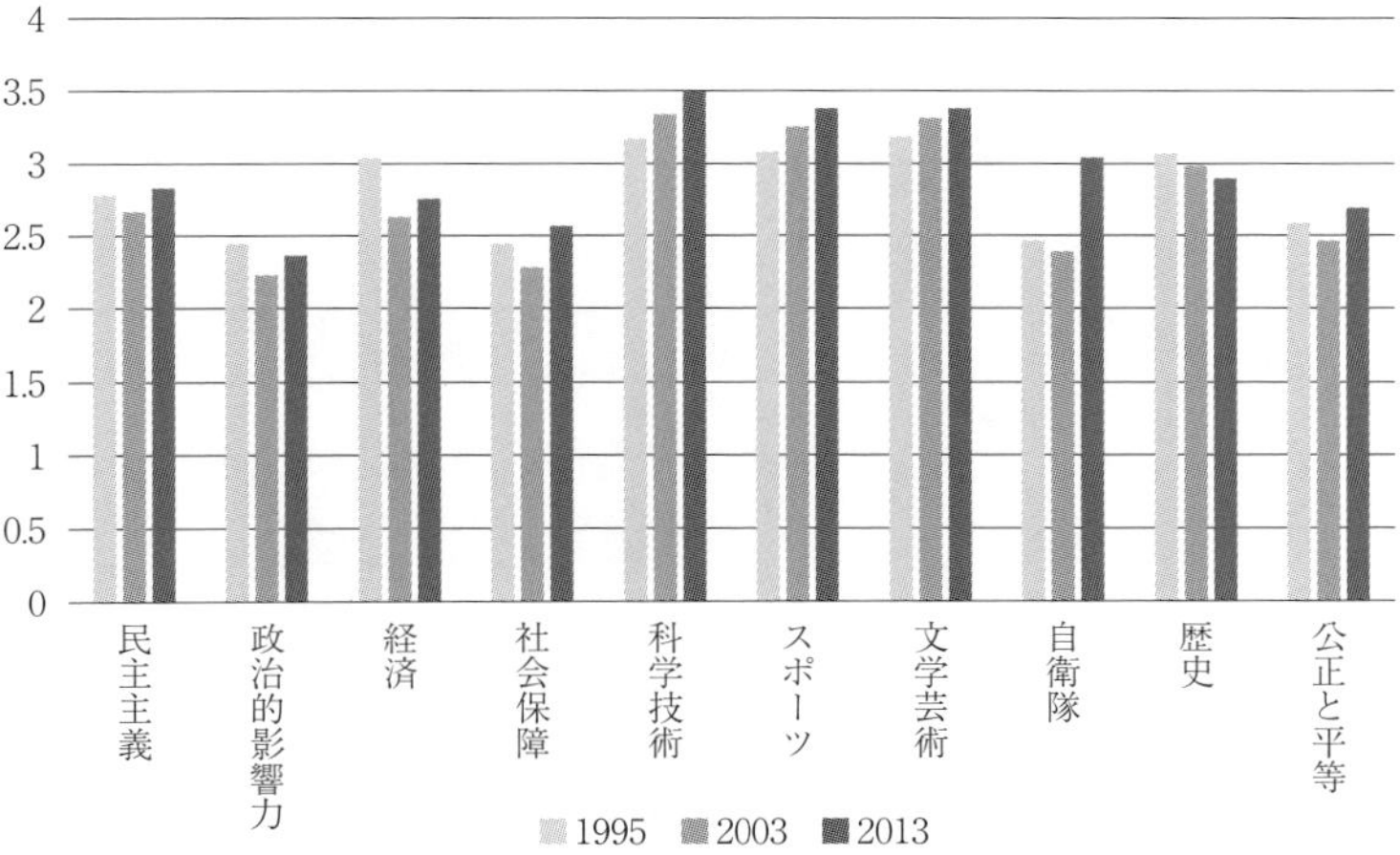

ば、「科学技術」「スポーツ」といった項目は、「とても誇りに思う」「まあ誇りに思う」をあわせて、九五・九%、九一・九%となっている[6]。市民・政治的プライドについては意見が分かれやすく、民族・文化的プライドは多くの人が持っているようである。

　さらに近年のナショナル・プライドの状況とその変化について、International Social Survey Program（ISSP）という国際比較調査に含まれる日本のデータ一九九五年、二〇〇三年、二〇一三年から確認してみよう（このデータには本書のデータにはない「文学芸術」という項目が含まれている）。続く図表2-2は、各ナショナル・プライド項目の平均値の趨勢を示した図である。

　一九九五年からの三時点の変化をみると、まず市民・政治的な項目、すなわち、「民主主義」「政治的影響力」「経済」「社会保障」についてのプライドは、一九九五年から二〇〇三年において一度下降したが、二〇一三年には上昇傾向を見せている。その一方、民族・文化的な項目、すなわち、「科学技術」「スポーツ」「文学芸術」へのプライドは、一九九五年から二〇一三年まで一貫して上昇傾向にある。ただし、ナショナル・プライドにおける位置づけが不明瞭である「歴史」(田辺 2010) は、低下傾向である。一九九〇年代以降、歴史に誇りを持てないことを「自虐 (史観)」と称して批判し、歴史を称揚しようとする歴史修正主義的主張が、文壇やネット上などで目立っている。しかしそのような人々の主張とは裏腹に (あるいはそれゆえに)、国民一般の日本の「歴史」に対する誇りの感情は高まっておらず、むしろ低下傾向すらみられる状態である。

以上のように、バブル崩壊からほどない一九九五年、「ぷちナショナリズム症候群」が主張された時期に近い二〇〇三年、さらに本章の分析データに近い、第二次安倍政権成立後の二〇一三年と、民族・文化的プライドは高まる傾向がみられた一方、市民・政治的プライドは一貫しておらず、さらに「歴史」という項目はむしろ低下傾向であるなど、時代的に一貫した変化を示してはいなかった。この結果も、ナショナル・プライドの二つの側面の規定要因が異なることをうかがわせるものである。

3・2 ナショナル・プライドの構造とその規定要因

本章では、ナショナル・プライドを政治的な側面と文化的な側面に分けて考えてきた。その想定が人々の意識においても当てはまるのか確認するために一般的に使われるのが、探索的因子分析である。しかし、一般的な探索的因子分析は偏りのあるデータを前提としていないので、先行研究 (Hjerm 1998; 田辺 2010 など) を参考にしつつも、探索的カテゴリカル因子分析を用いた。

続いて本章で用いる「不満」と「不安」の操作化を確認していこう。まず、個人的なレベルの「不満」については、「主観的経済状況」と「生活満足度」の二項目による因子得点として操作化する

図表2-3　ナショナル・プライドの探索的カテゴリカル因子分析

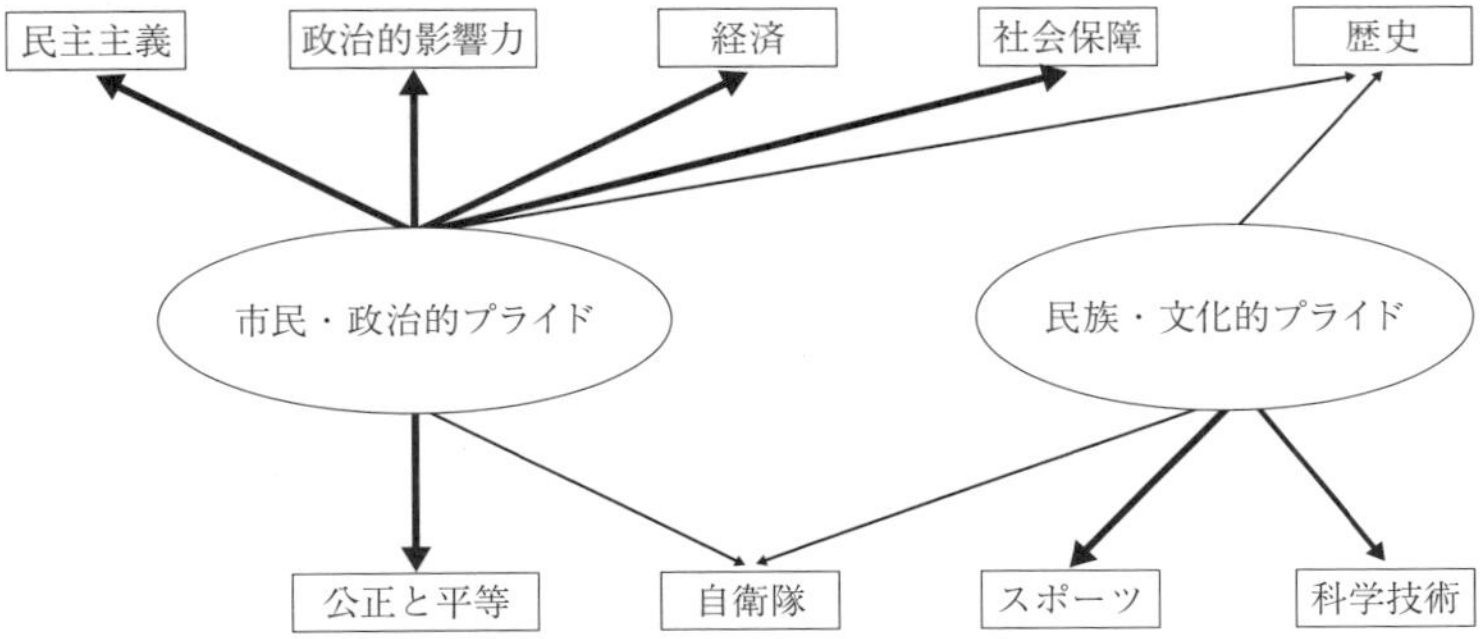

注：線の太さは関係の強さを示している。

（なお、どちらも「不満」が高いほうが高得点になるようリコードしている。またリコード後のそれぞれの変数を「主観的経済状況の悪さ」「生活不満」と表記）。一方で社会レベルの「不安」については、「日本の経済見通し」と「日本社会の未来への希望」という二項目の因子得点を用いる（こちらも、不安が高いほうが高得点になるようリコードし、リコード後のそれぞれの変数を「将来不安」「希望のなさ」と表記）。

また社会的アイデンティティの類型の影響については、第1章で示された純化主義の類型を用いる。本章の枠組みから捉えなおせば、自らの「ネイション」への枠づけが異なる、つまりネイションの同一化する側面が異なることによって、プライドを感じる側面が異なる、と考えられよう。

そのほか分析には、年齢に加え[7]、統制変数として、性別、教育年数、従業上の地位（正規雇用を参照カテゴリとした、非正規雇用、経営・自営、無職・学生・主婦・主夫のダミー変数）、対数変換した世帯収入を投入した。

探索的カテゴリカル因子分析を含む構造方程式モデルの分析[8]結果を以下に示す。分析結果における因子負荷量を図示したのが、図表2-3である。

図表２－４　探索的カテゴリカル因子分析を含む構造方程式モデル

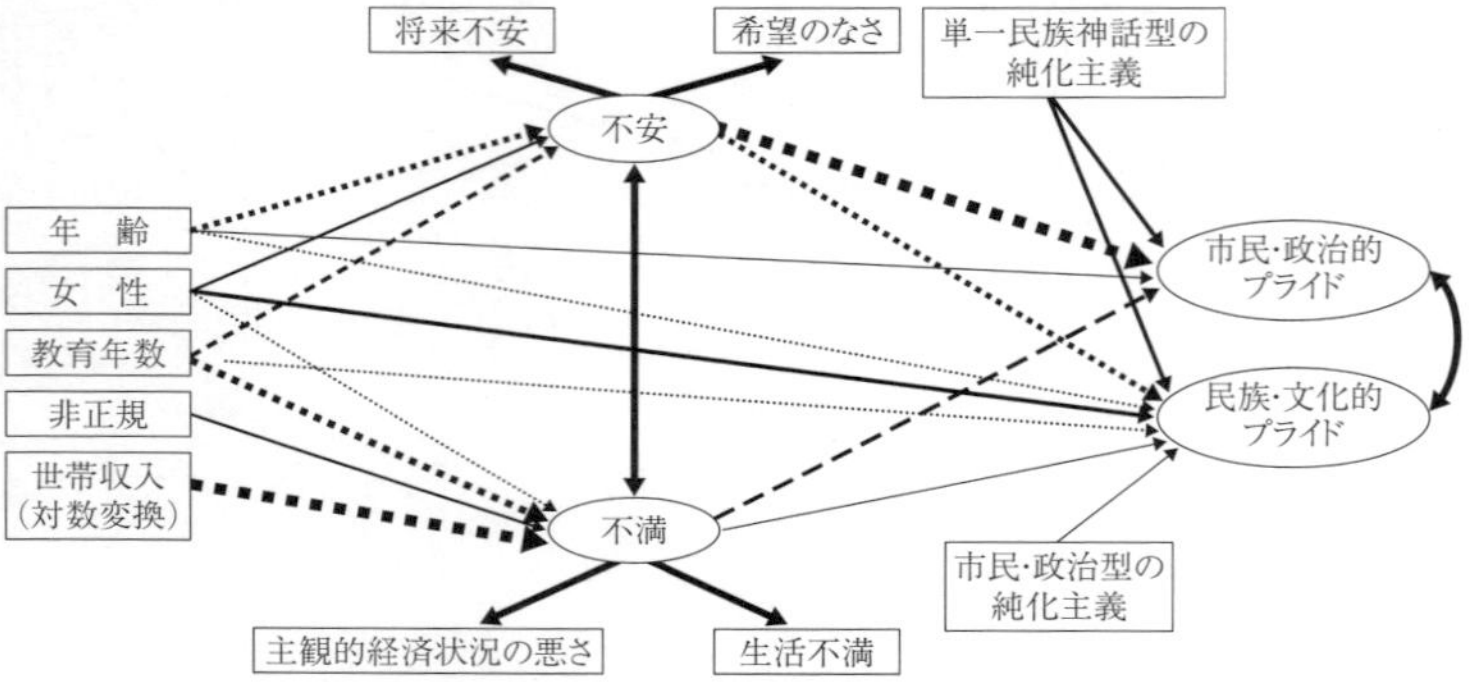

注：実線は正の影響、破線は負の影響を示しており、線の太さは関係の強さを示している。

まず左の因子について、相対的に大きな因子負荷量を持つのが「民主主義」「政治的影響力」「経済」「社会保障」「公正と平等」といった項目である。したがって、左の因子を「市民・政治的プライド」と考えることができる。一方、右の因子について、相対的に大きな負荷量を持つのが、「スポーツ」「科学技術」である。したがって、右の因子を「民族・文化的プライド」と考えることができる。これらの結果は、先行研究（田辺 2001, 2010）とほぼ同等の結果であり、ある程度安定的な因子構造を持つと考えてよいだろう。

次に、探索的カテゴリカル因子分析を含む構造方程式モデルの図表２－３の部分を省略したものが、図表２－４である（ただし、正のものを実線、負のものを破線で表現、詳しくは付表2を参照）。

純化主義の類型の効果は、（対比カテゴリの中庸型に比べて）単一民族神話型ではナショナル・プライドの両側面に正の効果を持っていた。また（中庸型に比べると）市民・政治型の純化主義を持つ人々も、民族・文化的プライドが高い傾向があるようである。この結果は、以下のように解釈できるかもしれない。ポスト権威主義体制国家の日本において、市民・政治的な国民イメージを持つ人々は、その民主主義の未達成ゆえに、むしろその市民・政治的側面には誇りを感じることができず、その補償のように民族・文化的側面に誇りを抱いている。一方、「単一民族国家」の神話を内面化した人々は、その国民イメージが狭量であるがゆえに、他の人々よりも素朴にネイションに全面的な誇りを感じやすい(9)。

続いて「不満」と「不安」の影響を確認しよう。まず（個人的な）不満は、市民・政治的プライドに負の効果、民族・文化的プライドには正の効果を持つ。つまり、不満を持っている人ほど、民族・文化的プライドが高く、市民・政治的プライドが低いといえる。個人的な不満を抱く人々は、その個人の不満を乗り越えるためにもネイションに同一化する。しかし、自身の状況を好転させてはくれない政治的側面には誇りが持てないため、文化的側面を称揚するようになる、と考えられよう。

次に、（社会的な）不安の効果を確認しよう。不安は、どちらのナショナル・プライドに対しても負の効果を持っていることがわかった。つまり、不安を抱いているほどナショナル・プライドが弱いということである。つまり、日本社会の将来に不安を持っているほど、どちらのナショナル・プライドも弱いことがわかった。不安に対する以上の結果は、小林（2018）と整合的な結果といえよう。つまり、不安の効果は、ナショナル・プライドを二つに分けても正負の違いはなく、一様に負の効果を持つ。

この結果からも、やはり（個人的な）不満と（社会的な）不安は、ナショナル・プライドに異なった影響を与えることが確認されたといえよう。さらにこの結果については、社会的アイデンティティ理論に立ち戻ることで説明可能と思われる。不満を持っている人々は、ネイションに同一化しやすいが、政治的側面には誇りが持てないため、文化的側面を称揚するようになる。その一方で、不安は、いわば個人にとっては「他人事」であり、自らの社会的位置とはあまり関係がない。実際、本章の分析では、不満に対する社会属性変数からの規定力は比較的高く（$R^2=0.305$）、不安に対する社会属性変数からの規定力は低い（$R^2=0.046$）。したがって、不満と違い、不安は政治的側面か文化的側面へのコミットメントの分岐の前段階、つまり低い階層への同一化の効用が低いからネイションに同一化する、というメカニズムを作動させないのではないだろうか。つまり、（社会的な）不安はネイションへの同一化を動機づけないため、市民・政治的プライドを持てないからといって民族・文化的プライドを持つ必要がないことが示唆される。あるいは、社会的な不安の対象であるネイションへの同一化をむしろ阻害し、ナショナル・プライドも低めると解釈することも可能かもしれない。しかし、このメカニズムは、計量的に検証されたものではなく想定である。メカニズムを実証的に明らかにすることは今後の課題といえよう。

次に、「年齢」の結果をみていこう。まず確認として、不安は、民族・文化的プライドに正の効果を持っておらず、また不満は民族・文化的プライドに対して正の効果を持っているものの、不満に対して年齢は有意な効果を持っていない。よって、若いほど不満を持っているために民族・文化的プライドが強い、との議論に実証的な根拠はないことが示された(10)。

またその不満と不安の効果をコントロールした上でも、年齢から民族・文化的プライドへの直接の負の効果、つまり、若いほど民族・文化的プライドが強いという関係が得られた。一方、若い人々は不安を持ちやすく、同時に不安があるほど民族・文化的プライドが弱いことから、若者が民族・文化的プライドを持ちやすい原因は不満や不安ではないと言える。民族・文化的プライドについては、年齢をコントロールした上でも、性別、教育年数、従業上の地位、世帯年収が、不満を経由して、それぞれ効果を持つ(11)。すなわち、男性であるほど、教育年数が短いほど、非正規雇用であるほど、世帯年収が低いほど、不満を経由して、民族・文化的プライドが高いということである。このような結果も慎重に扱われる必要があるが（北田 2018）、「若者が不況にさらされているから趣味化したナショナリズムを持つ」といった若者論よりは説得的であろう。

社会属性のナショナル・プライドへの直接効果は、市民・政治的プライドへは年齢の効果以外は有意ではないが、女性であるほど、教育年数が短いほど、正規雇用に比べ経営・自営職であるほど、民族・文化的プライドを持ちやすい傾向が示された。

4　国への誇りと現代日本

本章では、不満や不安を持っている人ほどナショナル・プライドを持ちやすいのか問うた。分析の結果、不満を持っている人ほど市民・政治的プライドが低く、民族・文化的プライドが高いことが示された。一方で、不安を持っている人ほど市民・政治的プライドも民族・文化的プライドも低いことが示された。不満や不安を持っている人ほど、おおよそナショナル・プライドが強くないが、不満と民族・文化的プライドの間にのみ正の関係が示されたといえよう。一方、若者とナショナル・プライドの関係は仮説通りではなかった。実際、若者のほうが、民族・文化的プライドを持ちやすいようであるが、その原因が不満や不安であるとは言えない。

近年、サブカルチャー化したナショナリズムや「屈託のない愛国」の広がり、「日本礼賛番組」の増加が指摘されてきた。原因として、不満や不安があげられ、とくに不満や不安が若者の間で広がっており、そのような人々は、ナショナル・プライドが高いだろう、とされてきた。本章の分析からは、不満を持つ個人においては、市民・政治的プライドを持てないために、その埋め合わせに民族・文化的プライドを持つ可能性が示唆される。一方で、不安に対しては、以上のようなメカニズムが働いている可能性は低いであろう。したがって、社会的な不安ではなく、個人的な不満によってネイションへの同一化が動機づけられている個人にとっては、市民・政治的プライドを持つことが難しいが、民族・文化的プライドを持つことによって、自らの社会的アイデンティティを維持するというメカニズムが示唆される。

現代日本において、深刻な問題になっている「在特会」等の排外主義（運動）との関連を論じよう。本章の分析から、不満や不安の排外主義への効果を推し量るのは早計であろう。香山リカ（2002）や高原基彰（2006）が想定しているのは、不満・不安→ナショナル・プライド・ナショナリズム→排外主義といった経路であろう。しかし、本章で正の関係が示されたのは、不満と民族・文化的プライドの関係のみである。田辺（2010, 2011b, 2018a）が明らかにしているように、日本においては、民族・文化的プライドと排外主義は正の有意な関係を持たない。したがって、不満や不安によるナショナル・プライドを通した排外主義の説明図式は支持されないことが予想される。では、現代日本の深刻な問題といえる排外主義の昂進はどのように説明できるだろうか。次章以降では、その点が明らかにされていくことになる。

注

（1）ただし、二〇〇〇年代初頭のネット上での「愛国」は、「ネタ的な消費」という側面が強いと指摘されている（北田 2005）。
（2）ただし、Fabrykant and Magun（2015）は、「一般的ナショナル・プライド」と「エリートの達成対大衆の達成」という因子を抽出している。
（3）そのような説明に対して、一般市民の間での不平等の拡大に対する不満が高まることを政府が危惧し、政府がそこから目を背けるためにナショナル・プライドを高めようとする、というメカニズムの存在も主張されている（Solt 2011）。
（4）以上が、ブラウンの議論（Brown 2008）の主な趣旨である。
（5）「（オ）日本の憲法」「（サ）日本社会における礼儀正しさ」という項目が含まれているが、ＩＳＳＰ調査には含まれていない変数であり、過去との比較可能性から、本章では分析には含めなかった。
（6）もちろん、二つの上位概念に縮約して考えれば、「歴史」といった項目は、その解釈から漏れてしまうことには注意が必要である。しかし、田辺（2010）が指摘するように、日本では、「歴史」といったときに、なにを念頭に置くかで回答が変わることが考えられる。たとえば、戦前の全体主義国家としての「歴史」を思い浮かべればより政治的になるであろうし、能、浮世絵といった「歴史」を思い浮かべれば文化的になると考えられる。
（7）一八歳から三四歳、三五歳から四九歳、五〇歳から六四歳、六五歳から八一歳に分けて、一八歳から三四歳を参照カテゴリとしても分析した。ほかにも、年齢に加え、一八歳から三四歳のダミー変数を加えて分析した。
（8）分析には Mplus 7.4 を用いた（N=3259）。モデルの適合度についてはほぼ基準を満たし、RMSEA=0.045、CFI=0.938となっている。
（9）ただし、社会的アイデンティティ理論から予想した結果とは矛盾している。今後のより詳細な分析の必要性があるだろう。

(10) 前述のように、一八歳から三四歳、三五歳から四九歳、五〇歳から六四歳、六五歳から八一歳に分けて、一八歳から三四歳を参照カテゴリとしても分析した。ほかにも、年齢に加え、一八歳から三四歳のダミー変数を加えて分析した。前者の分析では、年齢を線型で分析に加えた分析と同じ傾向、すなわち、年齢が有意な正の効果を持つ従属変数に対して、世代のダミー変数の正の効果が、年齢が有意な負の効果を持つ従属変数に対して、世代のダミー変数の負の効果が確認された。後者の分析では、一八歳から三四歳のダミー変数はどの従属変数に対しても有意な効果がみられなかった。

(11) ソベル検定では五%水準で有意な効果を持つ。

第3章
「移民」の影響認知
●外国人増加の影響はどう考えられているか

濱田 国佑

1 外国人労働者をめぐる意見の対立

第1章で見たように、二〇〇九年から二〇一三年にかけて、日本社会における排外主義の高まり、とりわけ韓国と中国に対する排外主義が顕著に強まっており、それが二〇一七年時点においても続いている状況が明らかになった。韓国や中国など特定の国々に対する排外意識が強まった背景には、領土や歴史認識をめぐる問題が存在すると考えられる。

このような近隣諸国との政治的対立、およびそれに起因する排外主義の高まりが問題となる一方で、近年、主に労働力不足の解消を目的とした外国人労働者の受け入れに関する議論が進んでいる。具体的には、労働力不足がとりわけ顕著な建設業、あるいは福祉などのサービス業における外国人材の受け入れが議論されており、こうした議論では、ベトナム、インドネシア、フィリピンなど多様な国籍の人々の受け入れが念頭に置かれている。

外国人の受け入れをめぐる議論において、積極的な旗ふり役を担っているのが経済界、たとえば、日本経済団体連合会などの経済団体である。こうした団体からは、労働力不足を解消し、より低廉かつフレキシブルな労働力を確保するために、外国人労働者の受け入れを求める声が上がっている。また、安倍政権や与党である自民党も、このような経済界の要望を汲み入れ、外国人の労働者の受け入れをより柔軟に認める方向で、近年、法制度の議論を進めてきた。しかしながら、保守派の中には、「単一民族国家」としての「日本」や、純粋な「日本」あるいは「日本人」が脅かされ、損なわれる可能性を危惧し、外国人労働者の受け入れに対して否定的な立場をとる人が存在する。

一方、リベラルな勢力の中でも、社会における多様性は認められるべきだという基本的な立場は守りながらも、外国人労働者に対する十分な権利保護が行われていない状況のなか、単に低廉な労働力として、外国人労働者の受け入れを進めることには反対の態度を示す人々が存在する。

このように、近年の外国人労働者の受け入れをめぐる議論においては、政府や経済界が、外国人労働者の受け入れを積極的に進める方向で動いているのに対し、保守派の中にも反対の立場をとる人が存在し、またリベラル派の中でも肯定的な立場、否定的な立場が入り交じっているような状況が存在する。つまり、外国人労働者の受け入れは、伝統的な左右の対立軸、つまり保守かリベラルかという軸では捉えきれない問題として多くの人々によって判断され、何らかの考え方や意識が生み出されていると言える。

このように、外国人労働者の受け入れに関しては、その立場を単純に賛成あるいは反対という二分法的に捉えると、その中に含まれている多様な立場をうまく捉えきれない可能性が存在する。賛成あるいは反対という立場の背景には、外国人の増加によってもたらされる、さまざまな影響の認知が存在すると考えられる。

本章では、排外主義とはまた異なる意識として、外国人の増加による影響がどのように認知されているかという問題を取り上げ、その規定要因や意識間の関連について検討を行う。

2　グローバル化の進展と外国人労働者

2・1　グローバル化とは何か

先述したように、二〇一〇年代以降、日本では外国人労働者の受け入れが議論され、制度の改正が進められてきたが、外国人労働者の受け入れという問題に直面しているのは日本だけではない。こうした動きは、一九八〇年代以降進んできた「グローバル化」の一環として捉えることができる。「グローバル化」とは多義的な言葉であるが、樽本英樹（2009）は「世界各地を結ぶ情報通信・運輸交通手段が急速に発展することで、資本、サービス、人、情報・文化が国境を越えて活発に移動し、世界各地・各国の相互関係が強まっていく社会変動過程」という緩やかな共通理解があると指摘している。つまり、資本や人が国境を越えて活発に活動し、相互の結びつきを強めている状態だといえるだろう。

資本の活動という面でいえば、一九八〇年代以降、たとえば飛行機などの交通・輸送手段の発達や情報・通信技術の革新により、国境を越えた経済活動が以前よりもはるかに容易になり、これまでには考えられないような規模で展開されるようになってきた。また、東西冷戦構造の終結による社会主義国の解体、もしくは資本主義的な「改革」の推進といった政治的な情勢の変化も、資本による国境を越えた活動の進展を後押しすることになった。

こうした経済のグローバル化は、先進国のみならず、発展途上国でも急激な経済発展をもたらしてきた。たとえば、タイ、ベトナム、インドネシア、マレーシアなどのＡＳＥＡＮ諸国は、グローバル化を推進し、海外からの投資の促進を図ることで、一九九〇年代以降、飛躍的な経済成長を遂げてきたといえるだろう。

ただし、一方で、グローバル化には負の側面も存在する。先進国の多国籍企業が、発展途上国への直接投資を行い、工場の海外移転を進めることによって、先進国における産業空洞化や都市および地域社会の衰退といった問題が顕在化することになった。また、移転先の発展途上国において、必ずしも安定的な経済発展がもたらされるわけではなく、景気変動による資本の引き揚げ、あるいはより生産コストの安い国への再移転などが容易に生じうる。

さらに、一九九〇年代以降の金融分野におけるグローバル化は、実態経済をはるかに上回る規模の金融取引を生み出した。国境を越えて活動する金融資本の活動は、「経済危機」という形でひとたびその歯車が狂うと、各国の経済、ひいては人々の生活に深刻なダメージを与えることにもなる。たとえば、投機的な資本の活動によって引き起こされた一九九七年のアジア通貨危機は、アジア各国の経済に深刻なダメージを与えることになった。タイやインドネシア、韓国などにおいて、失業率の上昇、および食糧費、医療費、教育費の支出の減少などの短期的な影響をもたらしたほか、通貨危機からの回復を果たした後もその効果が貧困層には波及せず、二極化が進んでいる可能性が指摘されている（澤田 2007, 2008）。

その後、二〇〇八年には再びリーマンショックと呼ばれる金融危機が発生し、各国の経済に大きな影響を与え、世界的な景気の後退をもたらすことになった。リーマンショック以後、たとえばアメリカ、カナダ、イギリスなどの主要先進国では、それまで五％程度だった失業率が八～一〇％に迫る水準にまで上昇したほか、とりわけ大きな影響をこうむったギリシャやスペインなどでは失業率が二割を超え、人々の生活は大きく脅かされることになった。

先にも述べたように「グローバル化」した現代社会では、国境を越えて活動するのは資本だけではなく、人もまた、国境を越えた移動が促進される。サスキア・サッセン（Sassen 1988）によると、海外からの投資が進むことにより、移民送り出し国における伝統的労働構造が解体され、労働力の余剰が生まれる。また、二国間の「実体的およびイデオロギー的紐帯」が強化されることにより、移民が促進されると述べている。こうしたサッセンの理論に従えば、経済のグローバル化は必然的に、人的なグローバル化をもたらすと言える。

実際、国際連合の集計によると、一九九〇年代以降、移民の数は大きく増加しており、一九九〇年には一億五〇〇〇万人程度であったが、二〇一七年には約二億六〇〇〇万人の規模になっている（United Nations 2017）。二〇一七年時点において、移民の送り出し国として上位を占めているのは、インド、メキシコ、ロシア、中国、バングラデシュ、パキスタンなどの国々であり、一人当たりのＧＤＰが相対的に低い、いわゆる発展途上国がその多くを占めている。一方、移民の受け入れ国として挙げられているのは、アメリカ、サウジアラビア、ロシア、ドイツ、イギリスなどの国であり、先進資本主義国、もしくは原油などを生産する資源産出国において、外国人労働者に対する需要が高く、移民の数が多くなっているといえる（United Nations 2017）。

このように、とりわけ一九九〇年代以降、国境を越えた資本の活動の活発化、経済的なグローバル化が進む中で、発展途上国における投資が行われ、経済発展が進んできたといえる。また、それと同時に発展途上国から先進国に向かう人の流れ、つまり人的なグローバル化も、軌を一にして増えてきたように思われる。サッセン（Sassen 1988）が説明するように、この間、総体としてみれば、経済的なグローバル化に呼応する形で、人的なグローバル化も進んできたといえるだろう。

ただし、個別的な局面においては、当然、各国家の特殊的な事情や意思が、移民の動向に対して大きな影響を与えていることは言を俟たない。スティーブン・カースルズとマーク・ミラー（Castles and Miller 1993）が指摘しているように、あくまでも「移民の入国を許可したり制限や禁止したりするのは、とりわけ移民が移動しようとしている地域の政府」だといえる。

たとえば、アメリカ合衆国では、近年、外国から移民を受け入れることに対する世論の反発が厳しくなっており、移民をより厳しく制限するような方向に舵を切ろうとしている。二〇一六年の大統領選挙において、トランプ候補が、メキシコとの国境沿いに「壁」を作るという政策を公約として提示し、大きな議論を巻き起こした。トランプによるこうした発言は、メキシコやアメリカ国内のリベラル派やエスニック・マイノリティたちから大きな批判を浴びる一方、中西部の「ラストベルト」と呼ばれる地域では、移民に対する強硬な姿勢を好意的に受け止めた人々も多く（金成 2017）、トランプが当選する大きな要因となった。伝統的に製造業が盛んであった「ラストベルト」では、移民の増加によって仕事が奪われているという懸念が強いため、移民を制限して「アメリカを再び偉大にする」

というトランプのスローガンが支持されたといえるだろう。

2・2 日本における外国人労働者の受け入れ

日本でも、一九九〇年代以降グローバル化が急速に進展し、外国人労働者の数は増加し続けてきた。また、この間の外国人の受け入れに関しては、日本の入国管理政策が大きな影響を与えている。日本における外国人の受け入れ政策は、どのような変遷をたどってきたのだろうか。

日本において、外国人労働者の存在が初めてクローズアップされたのは、一九八〇年代後半のバブル経済の時期だと考えられる。この間の景気の拡大により、有効求人倍率は一九九〇年七月に一・四六倍にまで上昇し、日本における労働力不足が深刻化することになった。その結果、いわゆる３Ｋ労働が忌避されるような風潮があったことが指摘されている[1]。

その一方、日本政府は、外国人労働者の受け入れに関して非常に厳しい態度をとっており、外国人に対する滞在許可は、高度な専門的知識や技能を有する人材にのみ認められるという状況が続いていた。こうしたなか、一九八〇年代の後半には、アジア各国から来日した外国人たちが正規の滞在許可を持たず、非合法的な形で、日本における労働を担うという状況が生まれており、これがメディアなどによって報道され、社会問題化したと言える[2]。

こうした状況を受け、政府は一九八九年に改正された入管法において、新たに「不法就労助長罪」の規定を設け、雇用者側にも罰則が適用されるような形で「不法就労」対策の厳格化を図ることになった。しかしながら、同時に、日系外国人（日系三世）を対象にした「定住者」、あるいは「研修」といった在留資格も新たに設けている。これらの在留資格の新設は、いずれも表向きは外国人労働者の受け入れを意図するものではなかったが、[3] この法改正により、結果として日本においていわゆる「単純労働」を担う外国人労働者の数が増加することになった。たとえば「定住者資格」の設置目的として、自らのルーツとなる国を訪問して見聞を広げる、親族訪問などが掲げられていたものの、実態としては南米諸国からの「デカセギ」を目的とする来日がそのほとんどを占めていた。また、「研修」に関しても、本来は日本における技能の習得が、その主な目的とされていたものの、もっぱら低廉な労働力として利用され、時に人権を侵害されるような形で働かされてきたことが明らかになっている（安田 2010）。

このように、一九九〇年代以降、実態としてはある程度の規模で外国人労働者の受け入れが行われてきたものの、日本政府としては、「単純労働」を担う外国人労働者の受け入れに対して否定的な態度を取り続けてきた。たとえば、一九九九年に閣議決定された「第九次雇用対策基本計画」、さらには二〇〇八年に発表された「雇用政策基本方針」において、専門的・技術的分野の外国人労働者については、雇用対策法の第四条にも明記されているように、積極的に受け入れを推進するという姿勢が示されているものの、いわゆる「単純労働」を担う外国人労働者については、「慎重に検討」するという態度が貫かれている。

その一方で、二〇〇〇年代の初頭ごろから、外国人労働者の受け入れ拡大を求める声が、主に経済界から挙がっていた。日本経済団体連合会は、二〇〇四年に「外国人受け入れ問題に関する提言」と題する文書を発表し、その中で「とりわけ若者が働きたがらない仕事が存在」していること、「日本人では供給が不足する分野は、今後さらに増えていくことが予想される」ことを指摘した上で、「現場で働く外国人の受け入れをめぐる問題をいつまでも先送りにすることはできない」として、外国人労働者の受け入れを検討するよう求めている。

外国人労働者の受け入れ拡大を求める声は、二〇〇八年に発生したリーマンショックによる景気後退を受けていったんは沈静化した。しかし景気が回復基調に向かい、建設業や福祉などの分野における人手不足が目立つようになると、日本経済団体連合会は以前にも増して、外国人労働者の受け入れをより強く求めるようになっている。二〇一六年には「外国人材受入促進に向けた基本的考え方」を発表し、より具体的な政策について踏み込んだ言及をしており、建設分野などにおける外国人労働者を「社会基盤人材」、介護などを担う外国人労働者を「生活基盤人材」と位置づけ、受け入れ枠の拡大や受け入れ期間の延長などの対応を政府に求めている。

こうした経済界の提言に呼応する形で、与党自民党においても、外国人受け入れの法整備に関する議論が進められてきた。二〇一六年には、自民党政務調査会から「『共生の時代』に向けた外国人労働者受入れの基本的考え方」（自由民主党政務調査会、二〇一六年五月二四日）と題する提言が発表され、「必要性がある分野」については、外国人労働者の受け入れ拡大を進めるべきとの見解が示された。

また、自民党政務調査会の方針を受け、政府でも外国人労働者の受け入れ策について検討が進められてきた。「経済財政運営と改革の基本方針二〇一八（骨太方針）」（二〇一八年六月一五日閣議決定）では、「真に必要な分野に着目し、移民政策とは異なるものとして、外国人材の受け入れを拡大する」ことを目的として、新たな在留資格の創設が提起された。その後、「特定技能一号」「特定技能二号」といった在留資格の新設、出入国管理庁の新設などを含んだ入管法の改正議案が国会に提出され、二〇一八年一二月に可決・成立することになった。

二〇一八年の入管法改正に対しては、保守系のメディアが若干の「懸念」を表明してはいるものの、ある程度肯定的な評価を与えている。一方、リベラルと位置づけられる政党やメディアは、批判的な論調の記事や文書を相次いで発表した。では、外国人労働者の受け入れ拡大を目指したこの法改正に関して、どのようなことが懸念されているのだろうか。

たとえば立憲民主党は、外国人の受け入れに関する新しい制度・枠組みを整え、外国人労働者の権利が日本人の労働者と同等に守られるようにするべきとした上で、受け入れの上限を定める「総量規制」の設定を提案している（立憲民主党 2018）。

保守系のメディアでは、読売新聞が、日本社会における人材不足が深刻になるなか、外国人労働者の受け入れを「単純労働の分野にも広げることはやむを得ない」とした上で、今後人口減少のペースはさらに加速するため、外国人労働者をどう位置づけるのかという全体像に関する議論を深め、「中長期的な戦略を描くことが必要」だと指摘し、外国人労働者のさらなる受け入れ拡大とその枠組みの整備を暗に求めるような論調の社説を掲載している（読売新聞二〇一八年一二月九日付）。一方、同じ保守系メディアの産経新聞は、二〇一八年一〇月一五日付社説（「主張」欄）において、外国人労働者の受け入れの「拙速な拡大は禍根を残す」と指摘し、外国人労働者の増加に対するさまざまな「危惧」を表明している。具体的には「永住者」の外国人の増加により「地方参政権を求める声も高まる」のではないか、「人口が激減する地域」では「永住者の方が多くなる危うさもはらむ」、「日本社会は大きく変質する」などの懸念を挙げて拙速な法改正を批判し、安倍首相に総合的なビジョンを示すよう求めている。

このように二〇〇八年に発生したリーマンショックによる景気後退と、これに伴う労働力需給の悪化により、外国人労働者の受け入れを求める声は一時的に弱まったものの、二〇一〇年代以降、経済界を中心として外国人労働者の受け入れを求める声は再び強まり、政府もそれに応える形で、徐々に法制度の整備を進めてきた。しかし、保守およびリベラルの双方から、外国人労働者の受け入れ拡大を進めることに対する「懸念」が少なからず表明されている。

3 外国人増加の影響はどのように認知されているのか

以上のように、外国人労働者の受け入れに関して、メディアや政党がさまざまな反応を示すなか、多くの日本人は、外国人労働者を受け入れ、その人数が増えていくことの影響についてどのように考えているのだろうか。また、外国人の増加による影響に対する捉え方は、二〇一〇年代以降、変化してきているのだろうか。

外国人の増加によって「経済の活性化」という肯定的影響、あるいは「治安の悪化」「日本文化が損なわれる」「仕事が奪われる」という否定的影響が、どの程度生じるかについて三時点（二〇〇九年、二〇一三年、二〇一七年）で尋ねた質問に対する回答の結果を図表3-1に示した。

これをみると、外国人の増加による肯定的な影響の認知に関しては、二〇〇九年と比べて二〇一三年、二〇一七年のほうがより強まっていることがわかる。具体的に言うと、外国人の増加による「日本経済の活性化」という影響については、二〇〇九年から年を経るごとに、肯定の割合が高まるという傾向が顕著にみられ、次第に多くの人が、外国人の増加によって日本経済が活性化すると考えるようになってきたと言える。

図表３－１　外国人増加の影響に対する認知の推移

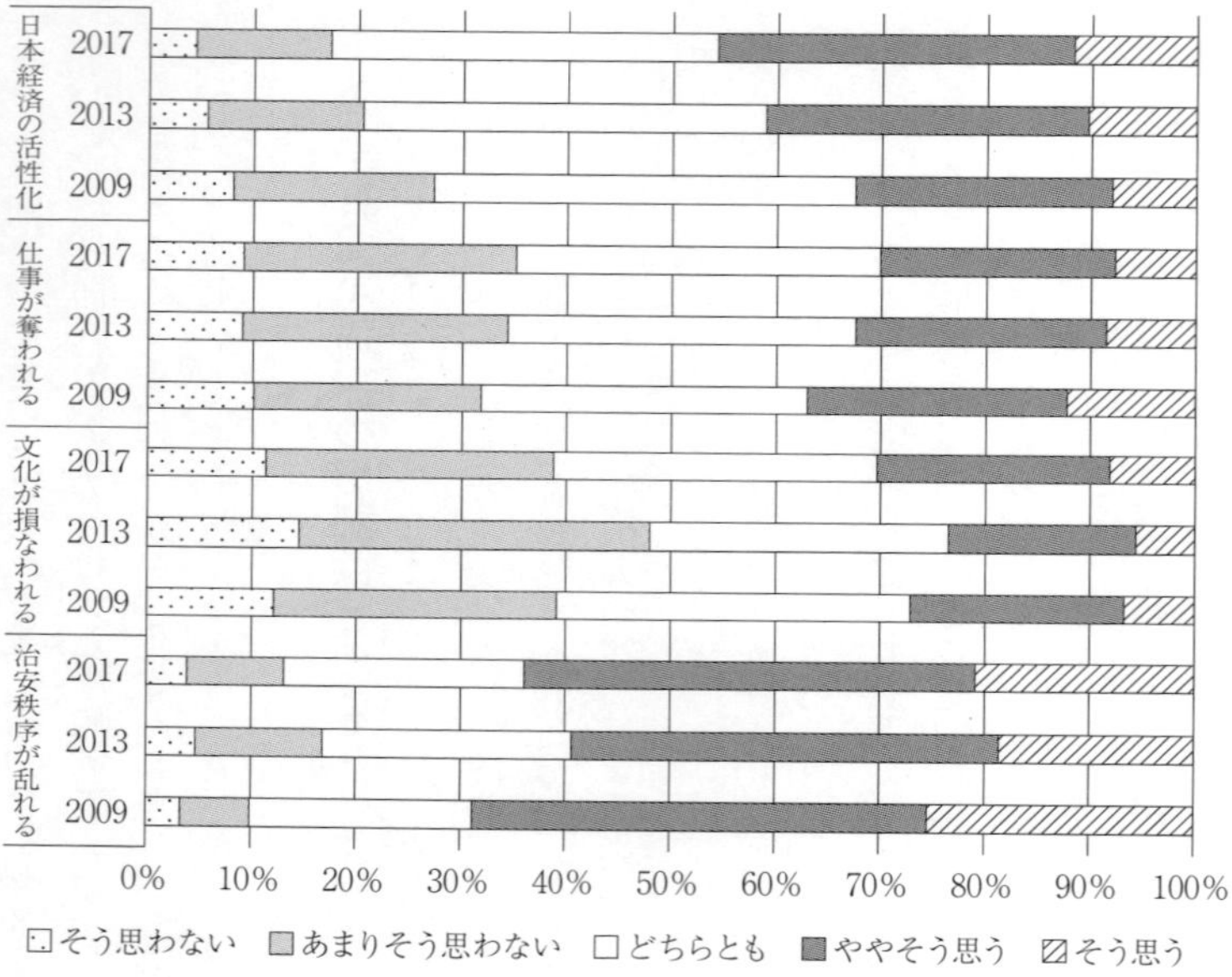

一方、否定的な影響の認知を確認すると、まず「外国人の増加によって仕事が奪われる」という影響に関しては、年を経るごとに「そう思う」もしくは「ややそう思う」とする回答が少なくなっている。この間、日本社会における労働力不足が問題化してきたため、外国人が増えることによって仕事の競合が生じるとは、あまり認識されなくなってきたと言える。しかしながら、「日本社会の治安・秩序が乱れる」という影響の認知、あるいは「日本の文化が損なわれる」という影響の認知については、二〇一七年時点においても、二〇〇九年時点と同じか、むしろやや強い水準にとどまっており、こうした悪影響の認知が決して弱まっているわけではないことも確認される。

このように、外国人の増加によって「日本経済が活性化する」という肯定的な影響の認知はかなり強まっており、また否定的な影響の認知に関しても、「仕事が奪われる」という意識については、二〇〇九年から二〇一七年にかけて弱まっている。外国人の増加による影響の認知は、第1章でみたような、韓国や中国に対する排外主義の趨勢とは、明らかに異なる様相を示しているといえる。

4　外国人増加の影響認知を規定する要因

先にも述べたように、外国人労働者の受け入れをめぐっては、経済界を中心にその推進を求める声が強いものの、他方で外国人の受け入れについて、慎重な立場、あるいはより明確に反対の立場をとる者も決して少なくない。また、外国人の受け入れに否定的な立場をとる場合でも、外国人が増えることによる治安の悪化を懸念する人々、そもそも外国人や異文化の流入をこころよく思わない人々、労働市場における競合や賃金水準の低下を懸念する人々、来日した外国人労働者に対する人権侵害や悪質な企業による過度な搾取を懸念する人々など、多様な立場が存在する。

このような外国人の増加による影響の認知は、どのような要因によって規定されているのだろうか。

外国人の増加に対する否定的な反応や脅威の認知を説明する枠組みとして、「集団脅威理論（Group threat theory）」と呼ばれる理論が存在する（Blumer 1958）。集団脅威理論は、外国人が増えることにより、支配的集団が保持していた特権が外集団によって脅かされるという恐れや疑いが生じるため、排外意識が引き起こされると説明する。また、脅威の認識は、社会経済的地位が低い場合により強まるとされる。

こうした客観的な社会経済的地位だけでなく、社会の不透明さや将来的な不安が、脅威の認知に対して影響を与えているとも考えられる。たとえば高原基彰（2006）は、社会流動化の進行による「不安」や「不透明感」がナショナリズムを生み出すと指摘している。つまり、個人が不安定な状態に置かれ、将来に対する見通しが持てなくなっているからこそ、異質な他者である「外国人」への否定的な感情が強まっているのかもしれない。こうした将来不安は、外国人の増加による影響の認知にも、何らかの影響を与えていると考えられる。

ただし、こうした社会の不透明さや不安による影響については、否定的な見解を示す研究も多い。樋口直人（2014）は、近年の日本におけるナショナリズムの特徴について、「不安」は主要な説明要因にはなりえないと述べた上で、東アジアにおける地政学的な影響を指摘している。つまり、韓国や中国との政治的対立、具体的には領土問題や歴史認識をめぐる問題が、日本におけるナショナリズムの主要な規定要因ということになる。このように考えると、外国人の増加による脅威の認知は、愛国主義的、あるいは保守的なイデオロギーとも強く関連すると想定される。

また、「日本人」の成員条件に関する認識（純化主義）が、外国人の増加による影響の認知と関連しているかもしれない。スティーブン・コーネル（Cornell 1996）によると、グループは、認識された集合的利益、社会的機関、規範の共有などを通して、紐帯を発展させる。また、グループとしてのアイデンティティの形成は、人々の世界観と結びついている。

こうした成員条件の認識（純化主義）は、「市民的」側面と「民族的」側面の二つの次元で捉えることができる（Jones and Smith 2001）。クノヴィッチ（Kunovich 2009）によると、純化主義における市民的条件を重視する人（市民的ナショナリスト）は、移民に対してより寛容であり、リベラルな政策を選考する傾向が存在する。第1章で作成した類型に即して述べるとすると、純化主義における市民的側面を重視する人、すなわち市民・政治型の純化主義を保持している人は、単一民族神話型の純化主義に分類される人、中庸型に分類される人よりも、外国人の増加による脅威の認知は弱いと考えられる。

さらに、外国人の増加による影響の認知は、回答者の政治意識とも関連しているかもしれない。先に見たように、二〇一〇年代以降の日本における、外国人受け入れの議論は、経営者層を中心とする経済団体が旗ふり役を担い、その後、与党である自民党などにより法制化が進められてきた。こうした経緯を考えれば、専門家や政府などの権威ある人・機関が決めたことには従うべきだと考える権威主義的態度の強い人々の間で、外国人労働者の受け入れによるメリットがより強く認識されているかもしれないし、逆に、政治に対して不信感を持っている人々は、政府が進めようとしている外国人労働者の受け入れに対してより懐疑的な態度を示しているかもしれない。また、外国人労働者の受け入れの拡大は、とりもなおさず労働政策あるいは出入国管理に関する規制の撤廃を進めることを意味しており、新自由主義的な政策を好む人々において、外国人の受け入れによるメリットが認識されているかもしれない。

こうした個人レベルにおける要因のほかに、地域的な影響も考えられる。二〇一〇年代以降、外国人労働者の受け入れが本格的に議論されるようになった背景には、日本の社会における労働力不足の深刻化、とりわけ大都市部における労働力需給の悪化という状況が存在する。こうした地域に暮らしている人々は、労働力不足を実感することも多く、外国人の増加による経済活性化のメリットをより強く認識しているかもしれない。サッセンやマニュエル・カステルなどの議論によると、グローバル化によって生じた世界都市（グローバル・シティ）では、高学歴の専門技術者や管理職の就労が増える一方、こうしたグローバル・エリートの生活を支えるサービス業などの低賃金の労働に対する需要も高まることになる（Sassen 1991=2008; Castells 1989）。これらの相対的に低賃金な労働は、主に移民によって担われることになるため、高学歴層が多い地域では、外国人の増加による経済活性化という肯定的な影響を、より強く認識しているのではないかと考えられる。

一方、先述したように、アメリカの「ラストベルト」のような伝統的に製造業が盛んだった地域、ブルーカラー労働者が多い地域では、移民が増えることに対する否定的な反応が強く、トランプが掲げるような反移民政策が好意的に受け止められ、「偉大なアメリカ」の復活を待望するような状況が存在した。

日本においても、グローバル化が進展する中で工場の海外移転などが進んでおり、製造業が少なからず衰退している。また、一九九〇年代以降、「定住者」資格によって来日した日系外国人や「研修」や「技能実習」の制度で来日したアジア各国からの外国人たちが、ブルーカラー労働者として、いわゆる「単純労働」をある程度の規模で担ってきた。したがって、ブルーカラー労働者が多い地域では、外国人の増加による否定的な影響をより強く認識しているかもしれない。

以上で挙げたような予想が正しいかどうかを、全国調査のデータを分析することによって、確かめてみることにしたい。

4・1　「経済活性化」認知の規定要因

すでに見たように、外国人の増加による肯定的な影響については、二〇〇九年、二〇一三年、二〇

図表３－２　外国人の増加による「経済活性化」認知の規定要因（2017年）

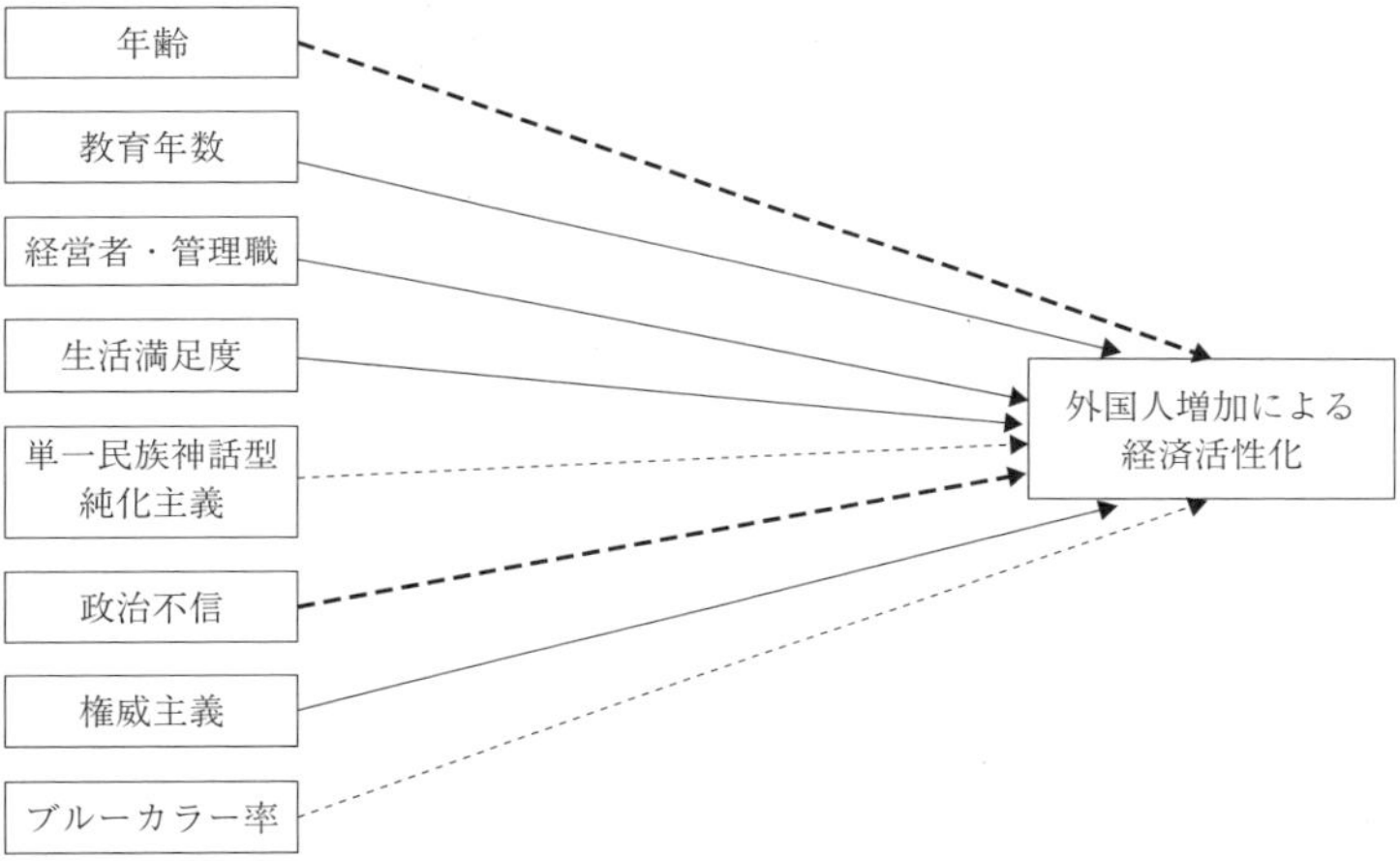

注：実線は正の影響、破線は負の影響を示しており、線の太さは関係の強さを示している。

一七年と年を経るごとにより強く認識されている。とくに経済的なメリットがある程度認識されるようになり、人々の間に浸透しつつある状況だと言える。

以下では、まず、こうした外国人の増加による経済活性化という影響の認知が、どのような要因によって規定されているかについて確認してみることにしよう[4]。二〇〇九年と二〇一七年の二時点のデータを用いて分析を行い、図表３－２に二〇一七年データを用いた分析の結果を示した。図中の実線は、外国人の増加によって経済が活性化するという認知を強める効果があることを意味しており、逆に破線は認知を弱める効果があることを示している。なお、影響があるとは確認されなかった要因については図に含めず、記載を省略している。

結果をみると、まず年齢が負の影響を与えており、年齢が高いほど、外国人の増加による経済活性化という影響に対して否定的な捉え方をしていると言える。先にみたように、外国人の増加によって経済が活性化すると考える人は、二〇〇九年から二〇一七年にかけて全般的には増えてきているものの、高年齢層に限っては、こうした肯定的な影響の認知がそれほど広がっていないことを示しているといえるだろう。

次に、教育年数が正の影響を与えており、教育年数が長いほど、すなわち高学歴層ほど外国人の増加によって経済が活性化するというメリットをより強く認識していると言える。

職業に関しては、「経営者・管理職」であることが、プラスの影響を与えている。つまり、「経営者・管理職」という立場にある場合、基準となるホワイトカラーの正規労働者と比べて、外国人の増加による経済活性化という影響がより認識されやすいということになる。「経営者・管理職」に就いている人々は、日本社会における少子高齢化やそれによって引き起こされる労働力不足という「問題」をより強く認識し、外国人労働者という相対的に安価な労働力の流入が、日本経済の活性化につながると考える傾向にあるといえる。

ナショナリズムとの関連については、まず単一民族神話型の純化主義を保持している人は、中庸型の人と比べ、外国人の増加によって日本経済が活性化するというメリットをあまり認識していないことがわかる。日本人の条件として民族的な純粋さを重視している場合、外国人の増加それ自体が否定的な評価の対象となり、経済活性化などの肯定的な影響があるとは考えないのだろう。

そのほかの要因としては、政治不信が負の影響を与えており、政治に対して不信感を持つ人は、外国人の増加による経済活性化のメリットをあまり認識しない傾向があるといえる。より具体的にいうと、政治に対して不信感を持っている人は、与党である自民党や安倍内閣によって進められている外国人労働者の受け入れに対しても否定的な見方をしており、経済団体や政府与党が強調する「経済活性化」というメリットを、必ずしも信用していないのだと考えられる。

その一方で、権威主義が、外国人の増加による経済活性化という肯定的な影響の認知を強めており、権威を持つ人々が決めたことには従うべきだという考えの人が、政府や経済界などによって進められている外国人労働者の受け入れを支持しているという側面もみられる。

最後に、地域的な影響に関しては、回答者の居住地域におけるブルーカラー労働者率が、負の影響を与えていた。つまり、ブルーカラー労働者の多い地域では、外国人の増加によって経済が活性化するという認識があまり広まっていないということになる。ブルーカラー労働者が多い地域では、工業・製造業が中心的な産業となっており、こうした地域では、外国人労働者の受け入れよりも、日本人労働者の雇用条件の改善やこれまで日本経済を牽引してきた製造業の復活、地域経済の活性化が優先されるべき課題と考えられているのだろう。

このように、二〇一七年の調査データを用いた分析では、外国人の増加による経済活性化の認知に対しては、年齢や教育年数、「経営者・管理職」であることや政治不信、権威主義などが影響を与えていることがわかる。それでは、こうした外国人の増加による経済活性化の認知の強さを規定する要因は、二〇〇九年と比べて変化しているのだろうか。

二〇〇九年と二〇一七年の分析結果を比較すると、全体としては二〇〇九年と二〇一七年の両時点において一貫した効果を持つ変数が多いものの、いくつか時点間の変化がみられる(5)。具体的には二〇一七年時点においてのみ「単一民族神話型」の純化主義、および権威主義の影響がみられる一方、外国人との接触は、二〇〇九年時点においてのみ影響を与えており、二〇一七年時点ではその効果がみられなくなっている。

図表３－３　外国人の増加による否定的影響認知の規定要因（2017年）

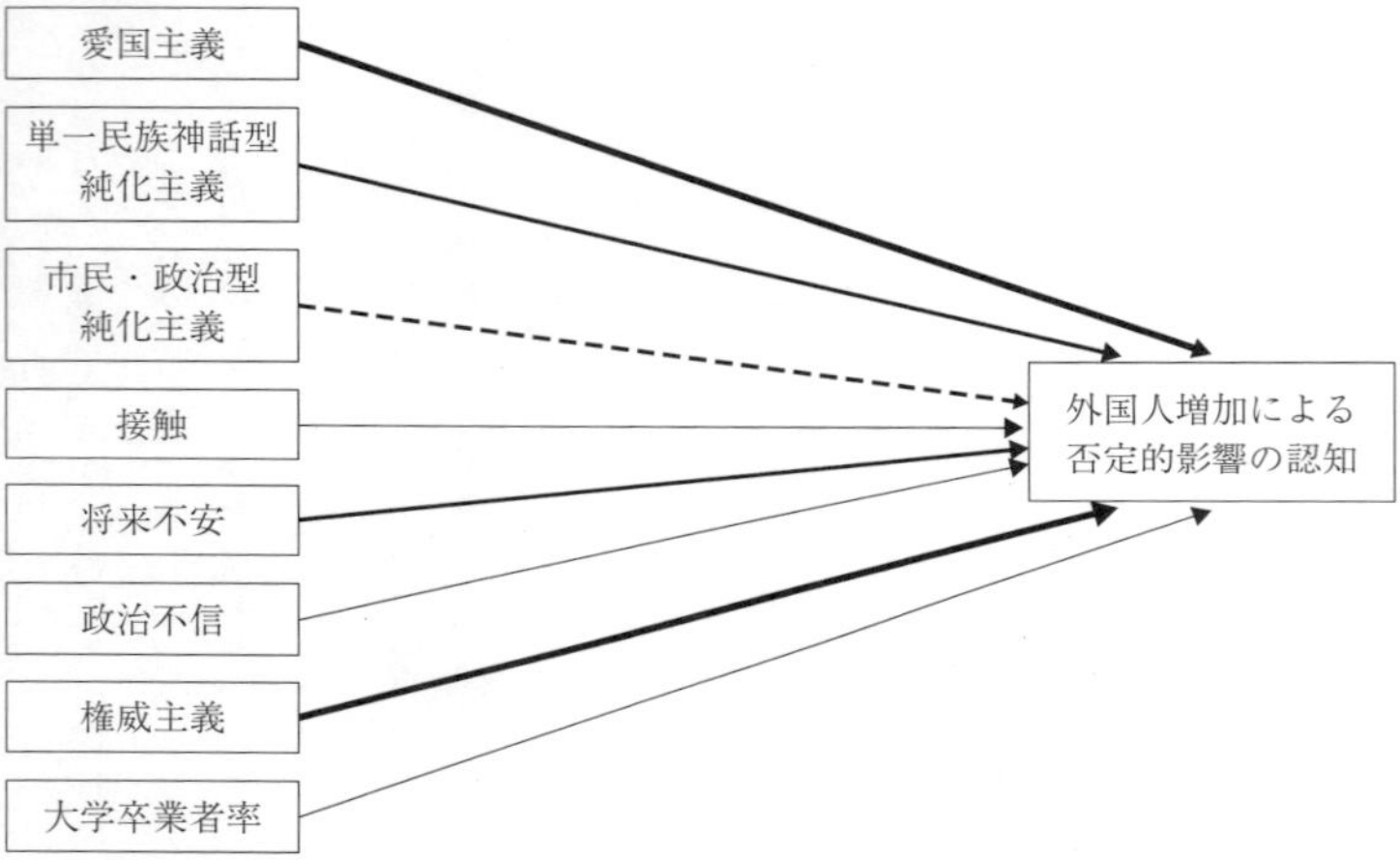

注：実線は正の影響、破線は負の影響を示しており、線の太さは関係の強さを示している。

４・２　否定的影響の認知の規定要因

次に、外国人の増加による否定的影響の認知の規定要因について、確認してみることにしよう。二〇一七年の調査データを用いて、分析した結果を図表３－３に示した(6)。図表３－２と同様に、影響を与えていない要因については図に入れず、記載を省略している。

結果をみると、経済活性化の影響認知の場合とは異なり、年齢、教育年数、職業など回答者の属性に関わる要因が、影響を与えていないことがわかる。

その一方、「愛国主義」、「単一民族神話型純化主義」「市民・政治型純化主義」などのナショナリズムに関する変数が、否定的影響の認知に対して相対的に大きい影響を与えている。外国人の増加による経済活性化の影響認知は、外国人の受け入れというイシューに対する、それぞれの社会的な立場からの態度表明という側面があったのに対し、否定的影響の認知は、ナショナリズムとより密接に関連した意識になっていると言える。

その他の意識変数の効果を確認すると、将来不安が否定的影響の認知を強める傾向が確認される。外国人労働者の受け入れが進み、外国人労働者の数が増えることによって、将来に不安を持っている層が、外国人の増加に対する否定的な反応をとりわけ強く示しているものと考えられる。

さらに、権威主義が、外国人の増加による否定的影響の認知を強めているという点も、注目すべき点として挙げられる。先に見たように、権威主義は、二〇一七年時点において、肯定的影響（経済活性化）の認知を強めるという効果を持っていたが、同時に否定的な影響の認知も強めている。権威主義的な人にとって、外国人の増加という事態が、一方では経済活性化というメリットをもたらすものとして、同時に他方では、日本文化を損なう、あるいは治安・秩序を乱すものとしても捉えられているといえるだろう。

地域的な影響を確認したところ、地域の大学卒業者率が、否定的影響の認知を強める効果を示していた。つまり、高学歴層が多い地域ほど、外国人の増加による否定的な影響の認知が強いということになる。個人レベルの属性である教育年数や職業は、否定的な影響の認知に影響を与えていないことから、外国人の増加に対する脅威の認知は、個人レベルだけでなく、地域的なレベルでもある程度形成されていることが示唆される。

時点間の差異を確認すると、二〇〇九年から二〇一七年にかけて職業や性別など個人の属性に関わる変数や生活満足度の効果がなくなる一方で、ナショナリズムに関する変数の効果が全般的に強まっている。先にも述べたように、外国人の増加による否定的影響や脅威の認知は、よりナショナリズムと密接に関連した意識になっているといえる。

5　二〇一〇年代における変化

すでにふれたように、二〇一八年一二月に入管法が改正され、二〇一九年四月から新しい法律が施行されることになった。政府は、今後五年間で、最大三四万人程度の外国人労働者受け入れを見込んでいる。また、建設など特定の分野ではすでに規制緩和が行われ、外国人労働者の実質的な受け入れがかなりの程度進められている。

こうした状況のなか、本章では、日本人が外国人の増加によってどのような影響があると考えているのか、外国人の増加による影響をどのように認知しているのかという点について明らかにしてきた。その結果、外国人の増加によって経済が活性化するという肯定的影響の認知と、外国人の増加による否定的な影響の認知では、その規定要因にかなり差異がみられた。

日本経済の活性化という肯定的な影響の認知について、どのような要因がこうした意識を強め、また弱めているのか、さらに二〇〇九年から二〇一七年にかけてその要因がどのように変化したのかを確認すると、まず二〇〇九年時点においては、外国人との接触があることが、外国人の増加による経済活性化という肯定的な影響の認知を強めていた一方、二〇一七年時点においてその効果は失われていた。

先に見たように、二〇〇九年から二〇一七年にかけて肯定的な影響の認知が全般的に強まっている。この間の変化をより詳細に確認すると、外国人との接触がある層でも、肯定的な影響の認知はわずかに強まっているものの、外国人との接触がない層において、肯定的な影響の認知がより顕著に強まっていたため、外国人との接触の有無による影響の認知の強さの差異が微細なものになり、結果として接触の影響が消えたと考えられる。

その一方で、二〇〇九年から二〇一七年にかけて権威主義や単一民族神話型純化主義の影響は強まっていた。

二〇一〇年代以降、与党である自民党や政府によって、外国人労働者の受け入れに向けた議論が進められるなか、専門家や権威ある人々には従うべきだと考える権威主義的な人々に、その議論がある程度肯定的に捉えられ、外国人の増加による肯定的な影響の認知がより強く認識されるようになっているといえる。

このように全般的には外国人の受け入れによる経済活性化というメリットがより強く認識されるようになっているものの、他方で単一民族神話型の純化主義を保持している人々については、肯定的な影響の認知が二〇〇九年と比べて、あまり強まっていないため、二〇一七年時点において、肯定的影響の認知が他の類型の人々と比べて弱いという傾向がより顕著に現れるようになっている。

このような変化がみられる一方、二〇〇九年および二〇一七年のいずれの時点においても、地域におけるブルーカラー労働者率が経済活性化という影響の認知を弱める効果を示していた。すでに見たように、アメリカでは「ラストベルト」と呼ばれる工業地域において、移民の増加に対する懸念が強く、反移民政策を全面に押し出したトランプへの支持が集まる大きな要因になったと言われている。先に示した分析結果をみると、日本においても少なからずこうした傾向が存在しており、ブルーカラー労働者が多い地域では、外国人労働者の受け入れの推進を図る人々が強調する、経済の活性化というメリットに対して疑念が抱かれていると言えるだろう。

次に、否定的な影響の認知を確認すると、二〇〇九年から二〇一七年にかけて、回答者の職業や学歴、生活満足度などの影響が弱まり、愛国主義的な意識や単一民族神話型の純化主義を保持していることが、相対的に大きな影響を与えるようになっていた。外国人の増加による否定的な影響の認知は、よりナショナリズムと密接に関連した意識であるといえる。

ただし、個人レベルのナショナリズムだけでなく、地域的な要因も一定の影響を与えている。具体的には、二〇〇九年時点において、地域のブルーカラー労働者率が外国人の増加による否定的な影響の認知を強める効果を示していた。また、二〇一七年時点では、ブルーカラー労働者率に代わって、大学卒業者率が否定的影響の認知を強めるようになっていた。

この間の外国人労働者の受け入れをめぐる状況を考えると、二〇〇九年時点では「定住者」資格を得て来日した日系南米人、あるいは研修・技能実習生としてアジア各国から来日した外国人が、主に製造業の現場において、いわゆる単純労働を担っていた。したがって、ブルーカラー労働者が多く、製造業が盛んな地域においては、外国人労働者の増加がある程度現実的な「脅威」として受け止められていたのだと考えられる。しかし、二〇〇八年に発生したリーマンショックを受けて、日本における外国人労働者の数は、一度減少傾向に向かうことになる。その結果、製造業の盛んな地域における「脅威」は後景化し、二〇一七年時点では効果を持たなくなったのだと考えられる。

一方、現在議論されている外国人労働者の受け入れは、製造業の労働者に限らず、サービス業など多様な分野における労働者の受け入れが念頭に置かれている。二〇一七年時点において、大学卒業者率が高い地域ほど、外国人の増加による否定的な影響の認知が強いという傾向がみられるのは、おそらくこうした地域において、特定の外国人像を念頭に置いた直接的な「脅威」が存在するためではないだろう。むしろ、「外国人」の増加が日本社会における治安の悪化をもたらすのではないか、低所得の外国人が増えることによって、自分たちの地域の生活と「秩序」が乱されるのではないかという想像上の「脅威」が生じており、これが否定的な影響の認知を高めているのではないだろうか。

先に述べたように、二〇〇九年から二〇一七年にかけての一つの変化として、政府などが外国人労働者の受け入れを進める中で、権威主義的な人ほど、外国人の増加によって経済が活性化するというメリットをより強く認識するようになっていた。しかしながら、権威主義は、外国人増加による否定的な影響の認知も強めるという効果もあわせ持っている。つまり、権威主義は、外国人の増加による肯定的な影響の認知、否定的な影響の認知のどちらも強めているのである。

二〇一八年の出入国管理法の改正にあたっては、このような「ねじれ」がさまざまな形で顕在化した。外国人労働者の受け入れの是非をめぐる議論は、単なる保守―革新という軸では捉えられない、複雑な様相を呈することになったと言える。このような「ねじれ」が生まれた背景には、それぞれが独自の「外国人労働者」像を想定し、それに基づいて受け入れの是非、およびその影響について議論がされていたという事情が少なからず存在するように思われる。

今後、おそらく数十万人規模の外国人労働者の受け入れが進められると想定されるなか、より正確な情報に基づいて、外国人労働者受け入れの影響やその是非について議論することが求められるだろう。

注

(1) たとえば、一九九〇年一〇月八日付の朝日新聞朝刊では、「製造、建設、土木など」の「日本人が嫌がる『3K(きつい、汚い、危険)仕事』をいわゆる「不法」就労の外国人が担っており、労働市場の「重層」化が進む状況に関する記事が掲載されている。

(2) 一九八八年四月一〇日付の朝日新聞朝刊では、観光ビザなどで入国して非合法的に就労する外国人労働者が急増していることが報じられている。具体的には、ホステスなどの仕事に従事する「ジャパゆきさん」のほか、単純労働を担う男性の外国人労働者も急増しており、その賃金水準は日本人労働者の賃金と比較して二割から三割安いという労働省による調査結果を報じている。

(3) ただし、一九八九年の入管法の改正が、労働力不足の解消を目的としたものであったかについては、さまざまな見方が存在する。梶田・丹野・樋口(2005)は、一九九〇年の入管法改正は、労働力不足の解消を目的としたものではなく、日系南米人の増加と製造業における就労は「意図せざる結果」であったと指摘している。

(4) 外国人の増加により「日本経済が活性化すると思うか」という質問に対する回答(「そう思う」「ややそう思う」「どちらともいえない」「あまりそう思わない」「そう思わない」の五択による回答)を従属変数として用いた。個人レベルの独立変数として、年齢、性別(男性ダミー)、教育年数、職業(「経営・管理」「正規ブルーカラー」「自営・家族従業」「非正規」「主婦・学生」「無職」、基準は「正規ホワイトカラー」)、階層帰属意識、生活満足度、愛国主義、純化主義類型(「単一民族神話型」「市民・政治型」、基準は「中庸型」)、中韓好感度、外国好感度、外国人との接触、将来不安、新自由主義支持、政治不信、権威主義の各変数、地域レベルの独立変数として、ブルーカラー率、大学卒業者率、外国籍住民率を用い、マルチレベル分析という手法を用いて分析を行った。

(5) 二〇〇九年および二〇一七年の二時点における規定要因の詳しい変化については巻末に掲載した付表3-1および3-2を参照されたい。

(6)　外国人の増加により「仕事が奪われる」「治安・秩序が乱れる」「日本文化が損なわれる」という三つの質問に対する回答（「そう思う」「ややそう思う」「どちらともいえない」「あまりそう思わない」「そう思わない」の五択による回答）の主成分得点を算出し、これを従属変数として用いた。独立変数には、「経済活性化」の認知を従属変数にした分析で独立変数として用いたものと全く同じ変数を用いており、同様にマルチレベル分析という手法で分析を行った。

第4章

排外主義

●外国人増加はその源泉となるか

五十嵐　彰

1　外国人増加と排外主義

日本人と日本に住む外国籍者との関係は、この一〇年で大きな転換点を迎えたといえるだろう。二〇一〇年前後から、「在日特権を許さない市民の会」（以下、在特会）を中心とした在日韓国・朝鮮人に対するヘイトスピーチ・ヘイトデモが日本各地で巻き起こり、日本社会における排外主義的な社会運動が見られるようになった。脅迫的な発言に特徴づけられたヘイトデモは（明戸 2018a）、その対象が安心して暮らせる状況を損なうといわれている（Waldron 2012=2015）。こうした状況に対し、二〇一六年にはいわゆるヘイトスピーチ規制法が成立したものの、同法に罰則規定がないことも一因となり、現在に至るまでデモ活動が沈静化したとは言いきれない状況となっている（明戸 2018a；人権教育啓発推進センター 2016）。また二〇一八年には、朝鮮学校への補助金を求めた弁護士らにブログ「余命三年時事日記」の読者一〇〇〇人弱から根拠のない懲戒請求が届くという事件も発生しており、ヘイトスピーチが形を変え新たに派生し続けているともいえるだろう。

こうしたヘイトスピーチなどを含む攻撃的な行為の背後には、外国人に対する排外主義的な意識があると言われている（明戸 2018b；高 2015）。ホスト社会の住民の排外主義的な意識は外国人の生活に悪影響を及ぼすことがたびたび指摘されてきており（Carlsson and Eriksson 2017 など）、日本もその例外ではない。たとえば二〇一六年に行われた法務省の委託調査では、日本在住の外国人のうち二六％が、過去五年間で「職場や学校の人々が外国人に対する偏見を持っていて、人間関係がうまくいかなかった」と回答している(1)（人権教育啓発推進センター 2017）。また外国人であることを理由に入居を断られた人は三九・三％、就職を断られた人は二五・〇％おり、外国人が外国人であるがゆえに日本における生活が不当に脅かされていることがうかがえる(2)。

しかしながら、国内の排外主義の高まりに反し、労働人口の減少・高齢化に伴う人手不足などを背景に、日本社会への外国人移住者の数は拡大し続けている。二〇一三年には、世界金融危機や東日本大震災などの影響で減少傾向にあった外国人割合が増加に転じ、二〇一八年九月現在日本に住む外国人数は二六三・七万人、人口の約二％を占めるほどになっている。さらに、第3章で触れられた改正入管法のもとでは、施行から五年間で最大約三四万人の受け入れが想定されている（日本経済新聞 二〇一八年一一月一三日付）。こうした背景のもと、今後少なくとも短期的にはほぼ間違いなく日本に居住する外国人割合が拡大すると予想される。

では、外国人割合が増加した結果、外国人に対する排外主義的な態度はどのように変化するだろうか。日本では、将来的な外国人増加が排外主義を増大させると懸念されている。ナショナリズムを研究する社会学者の佐藤成基は、移民に反対する保守的論者の多くが「異なった人種・エスニック集団の共存・接触が不可避的に敵対心につながる」（田辺 2015: 321）という考え方に暗黙裡に従っていると論じたが、この考え方に基づけば、外国人の割合が増加すれば、当然ながら排外主義も高まると想定される。またこの考え方は、一般の人々の自然な発想にも近いものだと思われる（村田 2017; 山田 2018）。

しかし、外国人割合と排外主義的な態度との関連については、アメリカやヨーロッパでは多くの研究蓄積があるものの、いまだに結論は出ていないというのが実情である（Pottie-Sherman and Wilkes 2017）。外国人割合の影響については、（保守派の採用する素朴な「本質主義」とは異なる）排外主義を規定する二つの代表的な対立する理論、すなわち集団脅威仮説と集団間接触理論の対立として議論されてきた。そこで本章ではこれら二つの理論を概観した後、従来から議論されてきた個人的属性やイデオロギーなどの影響も加えた分析を行うことで、二〇一七年時点の日本の排外主義の現状を捉える。その上で、日本における外国人割合の多寡と排外主義との関連について、市区町村やその下の町・字といった詳細な地理レベルを用い、身近な地域における外国人割合に着目した分析を行うことで、外国人増加が排外主義の源泉となるのか否か検討する。

2　排外主義の定義と規定要因

2・1　排外主義の定義

排外主義についてはさまざまな定義があるものの（田辺 2018a 参照）、本章では外国人に対する反感、非好意的な感情と定義して議論を進める。アメリカやヨーロッパで反移民感情（anti-immigrant/immigration attitudes）などと名付けられ、多くの研究蓄積がある対象である（Ceobanu and Escandell 2010; Hainmueller and Hopkins 2014; Paluck and Green 2009 参照）。排外主義は、たしかにあくまで人々の意識や意見に過ぎず、それが何らかの行動として表明されなければ問題がない、とも考えられる。しかしながら強い排外主義を持つ個人は、外国人に対して差別的な扱いをしやすく（たとえば Carlsson and Eriksson 2017）、外国人の権利を認めず（たとえば Raijman, Semyonov, and Schmidt 2003）、外国人との友人作りや結婚を忌避するようになるという（たとえば Jugert, Noack, and Rutland 2011）。

なお第1章でも述べられているように、本章では排外主義を中国人や韓国人に対する「中韓排外主義」と、その他代表的な外国人に対する意識を捉える「外国一般排外主義」に分けて分析を行う。

2・2　集団脅威仮説

前述の通り、集団脅威仮説と集団間接触理論の二つは、外国人と国民との間の集団間関係を規定する主要な理論的視座である。集団脅威仮説では、内集団（自分が所属している集団）が保有する希少で価値のある資源が、外集団（自分が所属していない集団）によって脅かされると認識した結果、その外集団に対してよりネガティブな態度を形成すると想定している（Blumer 1958）。

ここでいう資源とは、伝統的には経済的なものや文化的なものを指していた（Stephan and Stephan 2000）。たとえば、経済的な脅威は外国人によって日本人の職が奪われたり、外国人の増加によって日本経済全体が疲弊したりするといった認識である。[3] こうした認識は経済的なパイが有限であり、それを外国人が脅かすという認識から発生している（Esses, Jackson, and Armstrong 1998）。日本において、濱田国祐（2008）は外国人と競合しやすいブルーカラー従事者や低収入の個人がより排外的であることを示した。さらにこうした客観的な属性に加え、職に対する脅威認識も同様に排外主義を高めることがわかっている（濱田 2013）。他方、文化的脅威は外国人によって自国の文化や価値観が損なわれるという認識をもとにしたものである。日本では、外国人を多く受け入れている自治体において、外国人が地域のルール（たとえばゴミ捨てなど）やマナーを守らないことに対して反感を覚える人も、大勢ではないものの存在する（奥田・田嶋 1991）。またたとえばオランダでは、オランダ人の自由主義的な価値観が、「非自由主義的」なムスリム移民によって損なわれるという認識がある（Sniderman and Hagendoorn 2007）。当然これらの価値観は脅威を感じる側の一方的な価値判断にすぎないが、[4] 排外的態度形成における文化的脅威の重要さは複数の研究において強調されている（McLaren 2003; Sniderman and Hagendoorn 2007）。

これらに加えて、近年では安全や福祉に対する脅威の重要性も指摘されている（Canetti-Nisim, Ariely, and Halperin 2008; Helbling and Kriesi 2014; Reeskens and van Oorschot 2012）。それぞれ外国人の増加に応じて犯罪が増える、福祉負担が増えるといった認識である。こういった認識は日本においても共有されており、たとえば在特会は在日韓国・朝鮮人の特権的な（ただこれは当然誤った認識であるが）社会福祉の受給を糾弾し、また日本人全体で外国人を治安や秩序に対する脅威として捉えるという傾向も少なからずみられている（濱田 2013）。これらの脅威認識は外国人に対する態度に先行して形成されることが示されており（Schlueter, Schmidt, and Wagner 2008）、脅威に対する認知が排外主義的な意識を規定するといえるだろう。

脅威は集団レベルの脅威と個人レベルの脅威とに分けることができる。個人レベルの脅威とは個人が保有している資源が外集団によって脅かされるという認識であり、個人間の資源の競合である。代表的な事例として、職をめぐる対立とそれに伴う排外主義の形成が挙げられる（たとえば Lancee and Pardos-Prado 2013）。外国人によって自身の経済的地位が脅かされると感じる（もしくは感じやすい）個人は、外国人に対してより排外的になるといえる。他方、集団が保有している資源に対して外集団が脅威をもたらすと捉える場合もある。国全体の福祉や経済、集団が共有している文化・価値観、国家レベルの安全保障などが競合する資源にあたる。(5) 仮に経済的に不利な状況にある個人でなくとも、自身が所属している集団全体に対して外集団が脅威をもたらすと認識したり、集団全体の資源が減少している場合、それらに反応して外集団に対してより排外的になるといえる（たとえば Meuleman, Davidov, and Billiet 2009）。

2・3　集団間接触理論

集団間接触理論は、外集団の構成員との接触が、外集団全体に対する排外主義を減少させるというものである。(6) 接触には会話や友人の有無などが含まれ、たとえば、日本人が中国人と会話などをした場合、中国人全体に対して非排外的になるといった効果を指す。接触が排外主義を減少させるメカニズムとして、接触は①外集団に関する知識を獲得する契機となり、②外集団に対する不安を減少させ、③外集団に対する共感や外集団の視点獲得をもたらすためだということが示されている（Pettigrew and Tropp 2008）。

集団間接触理論は六〇年以上前にゴードン・オルポートによってまとめられているが（Allport 1954）、接触に関する研究数は近年増加傾向にある（Pettigrew, Tropp, Wagner, and Christ 2011）。理由の一つとして、効果が成立するための前提条件が緩められたこと、そして因果関係についての検証が多く行われてきたことが挙げられる。まず前者について、オルポートは集団間接触が排外主義を減少させる要件として、接触状況にある集団間の平等、共通の目標、集団間の協働、そして制度による接触の支持を挙げており、これらを満たさない接触は排外主義に効果を持たないと論じていた（Allport 1954）。しかしながら、トマス・ペティグリューとリンダ・トロップ（Pettigrew and Tropp 2006）は過去に行われた五一五の研究を用いてメタ分析を行い、これらの条件が満たされなくとも接触と排外主義の間に関連が見いだされることを示した。他方で、それでもなお接触の質的側面（すなわち、好意的な接触かどうか）は、接触が排外主義に与える影響を左右するものとして重視されており（Barlow et al. 2012; Pettigrew and Tropp 2006）、頻度が高くとも接触の質が非好意的なものであればより排外的になる可能性もある。

次に、接触は排外主義を低減するというのが集団間接触理論の想定であるが、外集団に対して好意的な個人が外集団構成員とより接触をとりたがるという逆の因果も同時に想定される（たとえば Martinovic, van Tubergen, and Maas 2009）。こうした懸念に対し、研究者はさまざまなアプローチによって研究を行ってきた。厳密な意味での因果関係の検証は非常に困難であるが、それに近づくための努力は行われている（たとえば Levin, van Laar, and Sidanius 2003; van Laar, Levin, Sinclair, and Sidanius 2005）。同一個人を対象に、過去の接触と将来の好意的な態度との関連を分析する縦断的研究も行われている。たとえばイギリスに留学した日本人を対象に、イギリスに到着した直後における日本人以外との接触と、八カ月後の同集団に対する態度との関連を分析した研究では、接触が排外主義を低減するという関連がみられた（Greenland and Brown 1999）。

日本においても集団間接触理論は実証されている。大槻茂実（2006）は外国人との挨拶程度の接触や外国人を見かける機会が高い場合、外国人に対してより好意的であることを示した[7]。同様の傾向は複数の研究で示されており（Nukaga 2006；田辺 2011c）、日本においても接触の好意的な効果は観察されうるといってよいだろう。他方で外国人住民が少ない日本においては、接触が複合的な効果をもたらすという研究結果もある。外国人という存在が日常において顕在化しておらず、そのため接触経験がない個人は外国人に対する印象を一面的（全面的に肯定的もしくは否定的）に捉える傾向にある。他方で外国人との接触は、そうした一面的な認識を、より多面的で、否定的側面も肯定的側面もあわせ持った認識に更新すると考えられる（永吉 2008；大槻 2007）。

2・4　外国人割合と脅威・接触

集団脅威仮説と集団間接触理論はそれぞれ独立して発展してきた。しかし、国や地域における外国人住民の割合と排外主義との間の関連を考察する上で、これらは理論的に対立するものとして捉えられるようになった。

集団脅威仮説は、外国人を自集団の資源に対する脅威として認識することにより、外国人に対してより非好意的な態度を形成すると論じている。外国人が自集団の資源を脅かすのであれば、外国人が増えれば、より外国人に対して排外的になると考えられるだろう（Blalock 1967）。すなわち、外国人割合が高い地域においては、より排外主義的な個人が多いと考えられる。さらに、集団脅威仮説に則った外国人割合の研究は、一時点における外国人数の分析に加えて、外国人の急激な増加にも着目している。ドイツを対象にした研究では、五年間の外国人増加率のほうが、一時点における外国人割合よりも排外主義を高める効果があることがわかっている（Coenders and Scheepers 2008）。外国人が急激に増加している地域に居住する国民は、外国人の存在がより顕著に感じられるため、強固な排外主義を形成すると考えられる。

他方で、高い外国人割合は外国人との接触確率を上げるといえる。接触の規定要因としてさまざまなものが考えられてきたが、機会がなければそもそも接触には至らない（Martinovic, van Tubergen, and Maas 2009）。国民と外国人とが同一の機関に所属したり、そもそも外国人が周りにいるかどうかで接触の多寡は大きく変動する。そのため、居住地域における外国人割合が高ければ、外国人との接触はそれだけ増加し、結果的に外国人に対してより好意的になるという可能性も考えられる。

こうした理論的な対立を解消するため、多くの実証研究が行われてきた。これらの研究は一貫した結果を示しているわけではなく、ある研究では移民に対する態度が好意的になり（たとえばLaurence and Bentley 2015）、ある研究では非好意的になることが示されており（たとえばQuillian 1995）、また多くの研究が外国人割合と排外主義の間に関連がないとしている。結果が混在する理由の一つとして、分析に用いる地域ユニットの差が挙げられる。これらの研究では国家レベル、州レベル、市区町村レベル、またさらにその下の地域レベルなどさまざまな地域分類を用いて分析が行われてきた。これらの研究を概観すると、国家レベルや州レベルの外国人割合は排外主義を高める効果を持ち、郡や投票地区レベルの外国人割合は排外主義を低減する効果を持つような傾向にある（Pottie-Sherman and Wilkes 2017 参照）。接触は個人間で行われるものであり、より小さい区画における外国人割合が重視される。他方で、脅威認知は必ずしも対面の接触を必要としておらず、外国人の存在がより顕著に感じられることにより喚起される。外国人割合は国家レベルや州レベルといったより大きな区画においてメディア等で問題視されることが多いため、こうしたより広域な地域レベルにおいて脅威が感じられやすいと考えられる。(8) しかしながら必ずしもこういった理屈にかなう結果ばかりが出ているわけではなく、いまだに結論が出ているとはいいがたい。

ひるがえって、日本の計量研究においては外国人割合の研究はほぼすべて都道府県レベルの効果を検討している（Green 2017; 永吉 2009; 中澤 2007; Nukaga 2006。例外として濱田 2011）。これらの研究では外国人割合の高い都道府県に居住している住民は、外国人に対してより排外的になるという比較的一貫した結果を示しており、また都道府県レベルにおける外国人の急激な増加も排外主義と正の関連を持つということが示されている（Green 2017; 永吉 2009）。しかしながら、より低次の、たとえば市区町村や町・字において外国人割合がどのような影響を持っているかはいまだに不明である。たとえば町・字レベルは居住者にとって生活圏としての性格が強く、外国人の数が増えた結果、脅威というよりは外国人との直接的な接触に結実するだろう。他方、市区町村レベルなどのより大きな区画ではこうした接触は増えず、かえって外国人に対するネガティブなイメージが市区町村のメディアなどを通して共有される可能性がある。本章では、市区町村レベルと町・字レベルを対象に、これらの地域における外国人割合と外国人増加率とが排外主義に与える効果について検討する。外国人割合が排外主義を高める効果が現れると脅威認知の媒介メカニズムが働き、低める効果が現れると接触の媒介メカニズムが働いていると解釈できる。

3　居住地における外国人と排外主義

居住地における外国人と排外主義の関係を検討するために、本章で用いているデータにおける居住地情報について確認しておこう。まずデータに含まれる市区町村レベルのサンプルサイズは六〇で、町・字レベルは九〇九となる。それぞれに対して、市区町村レベルと町・字レベルの外国人割合・増加率を説明変数として用いる。まず居住比率は、二〇一五年版の国勢調査の結果を用い、それぞれのレベルで総外国人数を総人口で除した値に一〇〇をかけたものである。次に外国人増加率は、二〇一五年と二〇一〇年の外国人割合の比を用いる。値が一定であれば一、減少していれば一未満、増加していれば一よりも大きい値をとることとなる。

被説明変数は、先述のように対中国人・韓国人への態度と外国人一般への態度の二つである。これに加え、年齢、性別、最終学歴、従業上の地位、生活満足度を用いる。さらに、序章でも検討された純化主義および愛国主義を用いる。また分析結果の確認のため、脅威認知と接触を追加で分析した。分析手法はマルチレベル分析を用いた(9)。結果をまとめたのが、図表4－1および図表4－2である。

図表4－1、4－2では従属変数と有意な関連を持つ変数のみ実線もしくは破線で示した。本章でとくに検討した外国人割合や増加率であるが、明確な有意差はみられなかった。これは個人レベルの脅威・接触を投入したモデル（付表4のモデル1）でも同様の結果であった。まず市区町村レベルおよび町・字レベルの外国人割合と、中韓排外主義および外国一般排外主義との間に有意な関連はみられなかった。これは、外国人割合が高い地域とそうでない地域において、住民の外国人に対する態度

図表4－1　中韓排外主義の規定要因

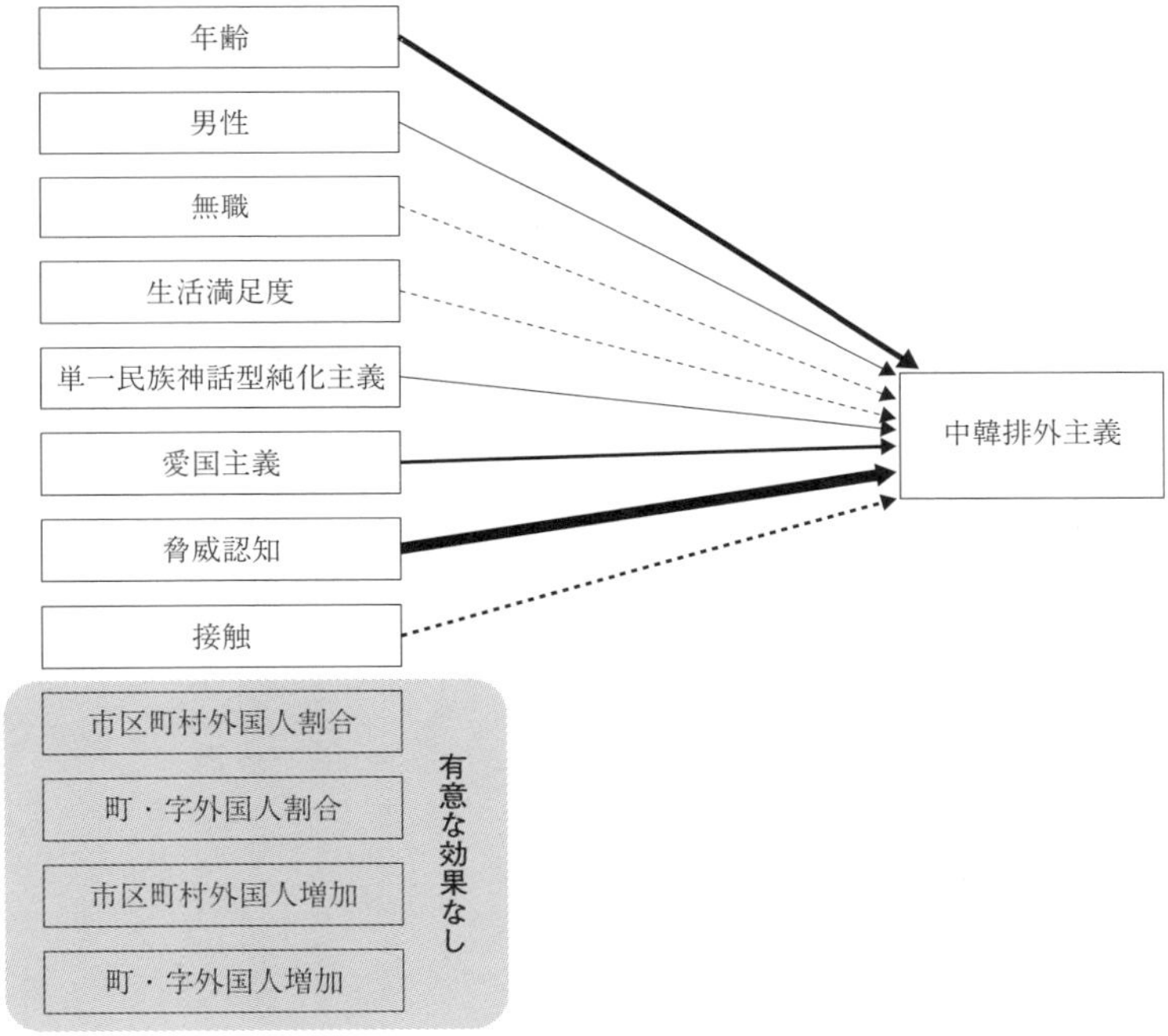

注：実線は正の影響、破線は負の影響を示しており、線の太さは関係の強さを示している。

は異ならないことを意味する。確認のために、市区町村レベルの外国人割合変数を、従属変数に対応する国籍別外国人割合（すなわち、中韓排外主義であれば中国人・韓国人割合）に入れ替えた分析も行ったが、それぞれのモデルで有意差は得られなかった[10]。

　二〇一〇年から二〇一五年にかけての市区町村、町・字における外国人の増加率も同様に、中韓排外主義と外国一般排外主義との間に有意な関連はなかった。ここから、外国人が急激に増加した地域であっても、外国人に対しより排外的になるということはないと考えられる。

　ではなぜこのような結果が出

図表4－2　外国の一般排外主義の規定要因

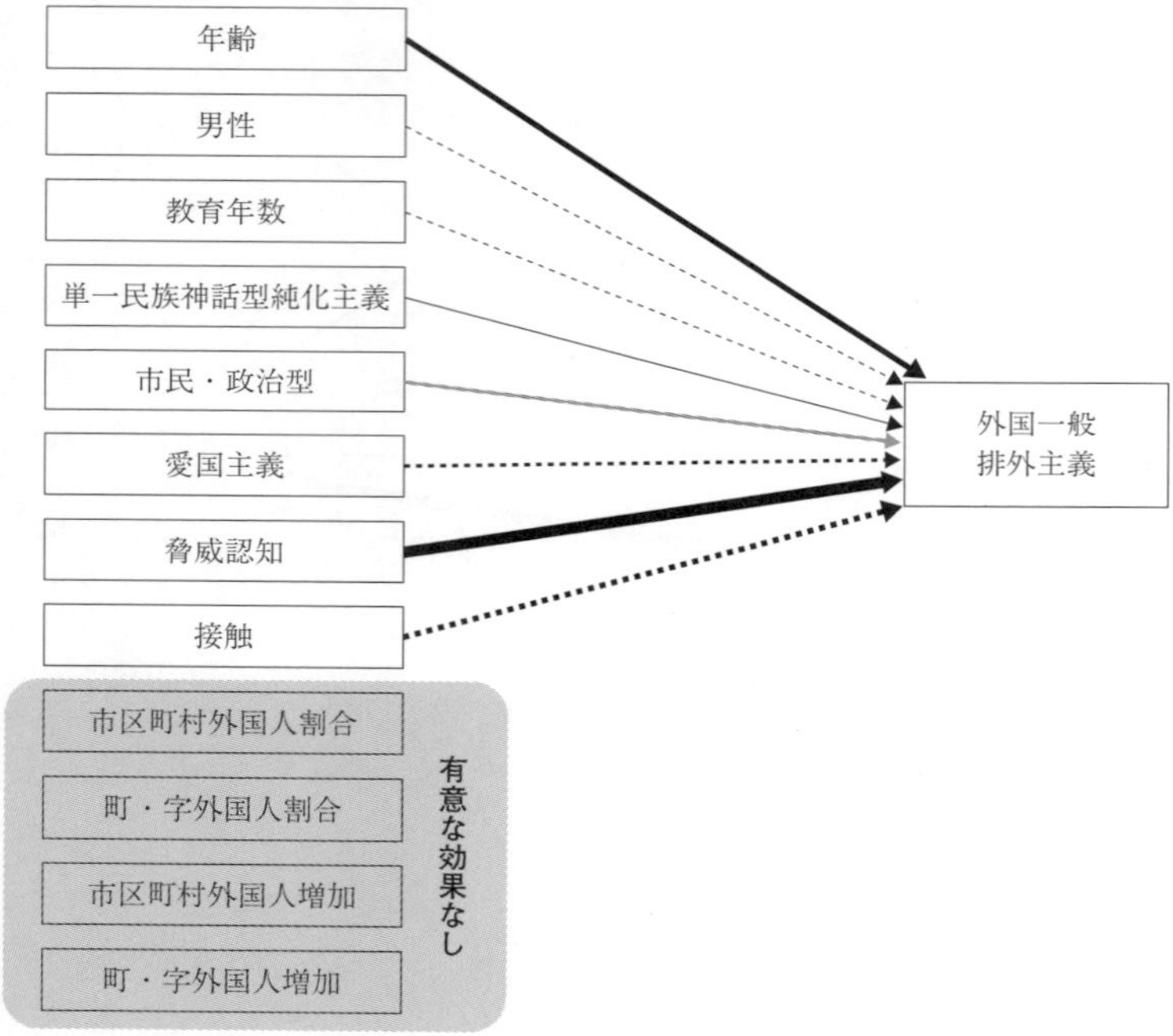

注：実線は正の影響、破線は負の影響を示しており、線の太さは関係の強さを示している。

たのか。詳細な分析は注に譲る[11]が、日本の市区町村、町・字における外国人割合や増加率は、排外主義を左右するほどの影響力がないといえる。ひとつの理由として、いかに外国人割合が高くとも、脅威を感じるほどその存在を感じていたり、もしくは排外主義的態度を減じるほど頻繁に接触するわけではないといえる。

外国人割合に加えて、その他の変数についてもいくつか特筆すべき結果が得られた。まず中韓排外主義と外国一般排外主義に共通して効果を持つ変数は年齢、単一民族神話型純化主義、脅威認知、接触だった。年齢が高くなれば外国人に対してより排外的になることがわかったが、これは海外の先行研究と合致する（たとえばCeobanu and Escandell 2010）。次に、純化主義のうち、中庸型と比較して、単一民族神話型の信念を持つ個人はより排外的であることが明らかとなった。外国人による脅威をより強く認識していれば、また外国人を見かける頻度が低ければ、外国人に対してよりネガティブになるといえる。しかしながら、市区町村や町・字における外国人割合が排外主義に影響を持たなかったことから、脅威認知や接触は外国人割合とは独立して排外主義と関連しているといえる。

次に、二つの従属変数に対して異なる関連を持つ変数について取り上げる。男性であればより中国人・韓国人に対して非好意的になるといえるが、外国人一般に対しては女性のほうがネガティブである。この点については、たとえば韓流の主要な担い手が女性であるという議論（黄 2007）など、外国人との関係性構築における性差の影響が考えられよう。次に、学歴は中韓排外主義に対して効果を持たない一方で、外国人一般への態度をよりポジティブにする効果を持つ。また、無職であれば正規ホワイトカラーと比べて中韓排外主義が低い一方で、生活満足度が高ければ中韓排外主義が低くなるという、相反する結果が得られた。これらの結果は、たとえ階層に関連する変数であっても、認識と現実との効果が異なっていることを意味しているだろう。最後に、愛国主義は中韓排外主義と正の関連があるが、他方で外国一般排外主義とは負の関連があることが明らかとなった。

4　何が排外主義を高めるのか

二〇一八年、入管法改正案が可決し、外国人労働者の受け入れが今後ますます拡大していくだろう。

こうした状況下で、日本人の排外主義はどのような影響を受けるのだろうか。一般的には、外国人の増加に伴い排外主義も高まると論じられてきた（村田 2017; 山田 2018）。しかしながら、外国人割合と排外主義の関係は必ずしも自明ではなかった。集団脅威仮説に基づけば、外国人が増加した結果、外国人と資源をめぐる争いをより知覚しやすくなるため、排外主義が高まるといえる。他方集団間接触理論に基づけば、外国人が増えると外国人との接触機会が増え、排外主義が減少するだろう。本章では、生活の場により近い、詳細な地理区分（市区町村と町・字）の外国人割合と増加率を用い、二〇一七年時点における外国人の増加と排外主義との関連を検討した。

本章における分析の結果、市区町村レベルおよび町・字レベルにおける外国人割合および外国人の急激な増加は排外主義と有意な関連を持たないことが明らかとなった。日本を対象にした先行研究では継続して都道府県レベルの外国人割合と排外主義との間に有意な正の関連を示しているため（Green 2017; 永吉 2009; 中澤 2007; Nukaga 2006）、より広い地理区分であれば排外主義をより高めるものの、狭い地理区分においては排外主義とは関連がないとまとめられる。ではなぜ市区町村や町・字レベルでは排外主義が高まらなかった一方で、都道府県レベルの外国人割合は排外主義と正の関連を持ったのか。理論的には、狭い地理区分では集団間の接触が増加すると思われ、実際に接触それ自体は増えていることが本章の分析でもわかっている（注11参照）。しかしながら、こうした接触はおそらく外国人を見かけるといった程度のものであり、排外主義を低めるほど十分なものではなかったといえるだろう。他方、先行研究から都道府県レベルの外国人割合は排外主義を高めることがわかっているが、本章の研究から市区町村や町・字など生活圏における外国人の多寡は脅威認知と関連しないことも同時にわかっている。ここから都道府県レベルの外国人割合と排外主義との関連は、外国人との直接的な対峙によるものというより、外国人に関する間接的な情報や印象によるものであると推測できるだろう。可能な解釈の一つとして、メディアにおける外国人のイメージが間接的に排外主義に影響を与えていると考えられる。新聞やテレビなどのメディアは都道府県を単位として発信していることが多く、たとえば李容玲（2009）は都道府県レベルにおける外国人の犯罪報道が日本人の外国人との共生意識を下げることを示している。外国人が増加することにより、メディアにおける外国人の注目度が高まったり、非好意的な取り上げられ方をすることで、都道府県を単位とした排外主義の増加に影響している可能性が考えられるだろう。

市区町村や町・字の外国人割合は排外主義と関連を持たないことが明らかとなったが、こうした地域レベルの変数の他に、排外主義を説明する上で特筆すべき結果がいくつか得られた。まず中韓排外主義・外国一般排外主義の双方にみられる特徴的な傾向として、純化主義の影響が考えられる。「日本人」のイメージについて単一民族的な側面を重視する個人であれば、外国人全般に対してより排外的になることが明らかとなっている。こうした傾向は必ずしも日本のみにみられるわけではないもの（Kunovich 2009）、排外主義を説明する上で、国民の境界に関する認識の重要さが再認識できよう。しかしながら、必ずしも国民や国に関わる認識がつねに排外主義と関連があるわけではない。とくに愛国主義は中韓排外主義と正の関連がある一方で、外国一般排外主義とは負の関連があった。田辺俊介（2018a）は、尖閣諸島／釣魚島や竹島／独島をめぐる国家間の衝突（とくに二〇一〇年や二〇一二年の漁船衝突事件や領土上陸事件）を契機として、中国や韓国と日本との間に領土問題が生じているという認識が日本社会において強固なものとなり、結果として日本人の間に「国対国」というレベルで中国・韓国の認識が形成されたと論じている。こうした認識を背景に、愛国心が中国人や韓国人に対する態度に大きな影響を与えているといえるだろう。他方で、愛国主義が高い個人は、一般外国人（アメリカ人や日系ブラジル人など）に対してより好意的であった。これはおそらく、愛国主義がもたらす自集団への高い結束や連帯が、相対的に好意的にみられている（そのため日本人集団により近いと認識されやすい）外国人（五十嵐 2015b）に対しても波及したものと考えられる。

脅威認知や接触は、地域の外国人割合にかかわらず、中韓排外主義や外国一般排外主義と関連を持っていた。これはすなわち、外国人が社会に対して悪影響（たとえば犯罪率を悪化させたり、日本文化を損なうなど）を与えると認識した結果外国人に対してより排外的になり、一方で外国人を見かける頻度が高ければ排外主義の程度が低まることを意味している。日本においてはとくに脅威認知と排外主義との関連に懐疑的な見方があるが（たとえば樋口 2014）、本章ではあらためてこれらの関連が示されたといえる。しかしながら、脅威はあくまで認識上のものであり、必ずしも外国人が社会に対してつねに悪影響を与えるわけではない。海外の研究では、外国人の増加が犯罪を増やさなかったり、賃金低下をもたらさないことを示したものもある（たとえば Bell, Fasani, and Machin 2013; Foged and Peri 2016）。外国人が社会に与える影響については、こうした好意的な結果を示す研究ばかりではないものの（たとえば Borjas 2003; Borjas and Monras 2017; Piopiunik and Ruhose 2017）、あくまで脅威は認識に過ぎないという点は強調しておく必要があるだろう。

調査の時点や社会情勢が異なるため安易な一般化は当然できないものの、本章の結果は今後の日本における外国人増加にある程度の示唆を与えるだろう。改正入管法のもとでは今後さらに外国人住民の数が増えると予想されているが、こうした増加に反応して日本人の外国人に対する態度が急激に悪化するとはいえない。排外主義は外国人住民に対する差別などに帰結するため、高い外国人割合や外国人の急増に伴い排外主義が促されないという結果は、外国人住民にとって好意的な結果であるといえるだろう。ただここで示した結果はあくまで排外主義が高まらないという消極的なものに過ぎず、日本人と外国人との集団間関係を改善するというものではないことに注意が必要である。つまり、現在日本人住民によって差別的な扱いをされている外国人がいるとすれば、外国人割合の増加に伴う接触は彼らにとっての解決法にならないということである。では排外主義を低める要因としてどのようなものが期待されるのか。ヨーロッパにおける先行研究では、外国人の文化を保持・保護するような多文化施策や、労働市場や学校などの社会参加を促す統合政策などの効果に注目が集まっている。こうした政策の対象は基本的に外国人であるものの、結果として国民にとっても多様性を尊重する意識を育んだり、外国人との交流を促すことによる好意的な態度の形成が期待されている（たとえばSchlueter, Meuleman, and Davidov, 2013; Whitley and Webster 2019）。二〇一八年の改正入管法はあくまで入り口の政策のみにとどまっているが、排外主義を抑止する効果も見据え、今後はこうした国内政策も同時に検討することが望ましいだろう。

注

（1）「よくある（三・四％）」と「たまにある（二二・六％）」を足し合わせた値である。

（2）差別的な扱いは、ある個人に関する不十分な情報しか得られない際に、集団に関する経験的なデータをもとにその個人の行動や特徴を推測し、不当に扱う「統計的差別」と、個人の排外主義的な態度や偏見をもとにした不当な扱いである「選考による差別」とに分けられる。そのため、これらの差別に関する数値が必ずしも排外主義や偏見に基づくものとは限らないが、一定の示唆は与えるだろう。

（3）なお近年では職の競合をもとに排外主義を形成するといったメカニズムが疑問視されている。Hainmueller and Hiscox（2010）のアメリカを対象にした研究では、個人の能力にかかわらず、高技能の移民を好むという傾向が示されている。理由の一つに、高技能移民は社会保障に過度に頼らないといったものが挙げられている（Helbling and Kriesi 2014）。しかしながら、その後の研究では個人レベルの経済的脆弱性と経済的脅威との関連を示す結果も出ている。たとえばドイツで行われた研究では、職を失った個人がその後外国人に対する懸念を高めることをパネルデータを用いた分析で示している（Lancee and Pardos-Prado 2013）。また労働供給要因（すなわち移民の数やスキル）ではなく労働需要要因（すなわち個人のスキル転換可能性）によって態度が形成されるという研究結果も示されており（Pardos-Prado and Xena 2018）、労働市場における職をめぐる競合についてはいまだ結論が出ていないといえるだろう。

（4）Sniderman and Hagendoorn（2007）はムスリムから見た文化的脅威とオランダ人から見た文化的脅威を比較検討している。

（5）ただ、対象となる集団のスケールが大きければ必ずしもそれに比例して脅威が上昇するわけではない。たとえば安全に対する脅威をグローバルレベル、国家レベル、コミュニティレベル、個人レベルに分けて提示した研究では、どちらかといえばコミュニティや個人レベルの脅威のほうが強い影響力を持っていることが示されている（Stevens and Vaughan-Williams 2016）。

（6）集団間接触理論の研究史についてはPaluck, Green, and Green（2018）が詳しい。

（7）大槻はこれを日本型接触と論じている。Allport（1954）が掲げる五つの前提条件を満たさない接触（軽い挨拶程度）でも排外意識に負の影響を及ぼすからである。しかしながら本文に記したように、Pettigrew and Tropp（2006）のメタ分析ではこれらの条件は必ずしも必須ではないことが示されており、そのため日本でなくとも簡単な挨拶程度で接触の効果が現れると考えられる。

（8）ここで注意しておかなければならないのは、使用する地域レベルにかかわらず、先行研究のうち半分以上の研究において外国人割合は排外主義と有意な関連を持たないという点である（Pottie-Sherman and Wilkes 2017）。くわえて、同調査では、実際の割合よりも認識上の外国人割合のほうが効果があるとしている（たとえばHjerm 2007）。しかしながらこの点には注意が必要で、排外的な個人ほど外国人の数を多く見積もる「数学オンチ（innumeracy）」という概念もある。すなわち、外国人割合が多い地域において、外国人数を多く認識するため排外的になるという可能性と、排外的であるため数を多く見積もるという逆の因果の可能性とがあるということである（たとえばAlba, Rumbaut, and Marotz 2005）。

(9)　個人をレベル1とし、町・字をレベル2、市区町村をレベル3としたマルチレベル分析を用いた。分析手順として、最初に個人レベルの脅威・接触変数をモデルに入れずに分析をし（巻末付表4のモデル1参照）、外国人割合・増加率の直接効果を検証する。その後個人レベルの脅威・接触変数をモデルに投入し、外国人割合・増加率の効果の再検証を行った（巻末付表4のモデル2参照）。モデル2では、脅威変数と接触変数以外の媒介変数の可能性を考慮し、個人レベルの脅威・接触変数を投入した。仮に脅威変数や接触変数で完全に媒介されていないとすると、個人レベルの脅威・接触の投入により、外国人割合や増加率の効果が現れると想定しての分析である。

(10)　追加分析として、中国人、韓国人、日系ブラジル人、フィリピン人、アメリカ人、ドイツ人それぞれの増加に対する態度を従属変数とした分析も行ったが、外国人割合や増加率は市区町村、町・字それぞれで有意な関連がなかった。

(11)　この結果には複数の可能性が考えられる。一つには、接触と脅威の効果が打ち消し合っており、そのため見かけ上は外国人割合と排外主義に関連がないようにみえるという解釈である。これはつまり、外国人割合が接触を通して排外主義を低める効果と、脅威を通して排外主義を高める効果とがほぼ同じ影響力を持っている場合、二つを足し合わせるとゼロに近くなり、有意差が現れないという理屈である。この可能性の検討方法として、脅威変数および接触変数をそれぞれ別個にモデルに投入し、外国人割合の有意差が変動するかを検証する（MacKinnon, Krull, and Lockwood 2000）。脅威変数および接触変数を一つずつ投入した結果、市区町村レベル、町・字レベル双方の外国人割合の有意差は変動しなかった。ここから、接触と脅威の効果が打ち消し合っているという可能性は成り立たないと考えられる。

しかしながら、外国人割合が高い市区町村や町・字において接触がないとは言いきれない。「外国人を見かける機会」という変数を従属変数とした分析を行った結果、外国人割合が高い市区町村や町・字ではより見かける機会があるということがわかった。そのため、排外主義を減少させるほどの関連が三者間（つまり外国人割合—見かける機会—排外主義）にはないといえる。

外国人割合が一部の住民に対してのみ排外主義に効果があるという可能性も考えられる。とくに集団脅威の理屈から、経済的に脆弱な個人や、保守的な態度を持つ個人は脅威により反応しやすいといった個人差があると考えられる。この可能性を検証するために市区町村および町・字レベルの外国人割合と生活満足度、従業上の地位、愛国主義それぞれとの交互作用を分析に投入した。しかしながら、外国人割合の有意な効果はみられなかった。すなわち、個人の経済的脆弱性や政治的傾向にかかわらず、外国人割合は排外主義的態度と関連を持たないといえる。

第5章 「移民」の権利

●誰が外国籍者の社会的権利を拒否するのか

永吉 希久子

1 移民の権利をめぐる議論

二〇一八年、外国人労働者の受け入れを広げる出入国管理法の改定を受けて、政府は「外国人材の受け入れ・共生のための総合的対応策」の方針を提出した。しかし、この対応策の中心は日本語教育や生活・就労に関する多言語での情報提供の充実、子どもの教育のための制度整備などに限られ、より包括的に、外国籍者が居住者としてどのような権利を持つのかというところには及んでいない。

国民国家においては、国籍を持つことが市民的権利、政治的権利、社会的権利の資格とされてきた（たとえばMarshall 1992=1993）。市民的権利とは言論・思想・信条の自由や、財産権、正当な契約を結ぶ権利、裁判に訴える権利など、個人の自由を守るために必要とされる権利を指す。政治的権利とは参政権や被選挙権などの政治的権力の行使のための権利である。社会的権利とは、「経済的福祉と安全の最小限を請求する権利に始まって、社会的財産を完全に分かち合う権利や、社会の標準的な水準に照らして文明市民としての生活を送る権利に至るまでの、広範囲の諸権利」(Marshall 1992=1993: 16) を意味し、教育を受ける権利や社会保障を受給する権利などを含む。

国籍が諸権利を付与する際の基準となるのであれば、居住国の国籍を持たないことは、諸権利を付与される資格を持たないことを意味する。しかし、移民の増加と国際的な人権保護の規範の広がりによって、受け入れ国は外国籍を持つ居住者に対しても一定の権利を保障することを要請されている(Soysal 1994)。(1)

ただし、外国籍者への権利付与は、国際機関やNGOの働きかけによって影響を受けるだけでなく、国内世論によっても影響を受ける。政治家にとって世論に沿わない政策の導入は、支持の喪失と選挙での敗北につながる可能性があるからだ。とくに社会的権利については、外国籍者にも提供される傾向にあるが、それが市民から支持されているとは言いきれない。ヨーロッパにおける研究では、移民は失業者や障碍者、高齢者と比較しても、社会保障の受給の対象として望ましくないと市民から考えられやすいことが指摘されている(van Oorschot and Roosma 2017)。このような、社会保障の給付の対象は「私たち」ネイティブ住民に限定されるべき、という福祉愛国主義 (welfare chauvinism) は、北欧諸国を中心に極右政党の政策として掲げられている(Andersen and Bjørklund 1990)。

日本で外国籍者の社会的権利が認められたのは、一九七九年の国際人権規約への批准、一九八一年の難民の地位に関する条約への批准による。それまで日本では、外国籍者は国民健康保険や国民年金、児童手当など、さまざまな社会保障の対象外であった。しかし、これらの条約は社会保障制度について、外国籍者と自国の国籍を持つ人を同等に扱うことを求めていたため、批准後、日本政府は制度の改革を余儀なくされ、公営住宅入居、国民年金、児童手当、児童扶養手当、国民健康保険などの国籍による制限は徐々に撤廃されていった（二階堂 2004）。

しかし、すべての社会的権利が外国籍者に認められたわけではない。たとえば生活保護制度は日本国籍者に対してしか認められておらず、生活保護の受給は永住者や特別永住者、定住者、日本国籍者や永住者の配偶者などの、一部の在留資格を持つ外国籍者に限って準用されているにとどまる。準用であるために、受給が認められなかった場合にも不服申し立てをすることができない(2)。教育を受ける権利についても、外国籍生徒に対しては「就学義務はないが、公立の義務教育諸学校への就学を希望する場合には無償で受け入れを行い、日本人生徒と同様に教育の機会を保障する」という方針をとっている（近藤 2009: 22）。結果として、外国籍者の就学をどの程度促すかは自治体によって異なり、一部の熱心な自治体では多言語による通知によって積極的な働きかけが行われているが、日本語での通知にとどまる自治体も少なからず存在する（太田・坪谷 2005）。つまり現状の日本社会では、これらの社会的権利は、あくまでも日本国籍者に本来限定されているものを「恩恵」として付与しているにとどまる。

では、今日の日本において、外国籍者を社会的権利から排除することはどの程度の広がりをもって支持されており、その支持は何によって生じているのだろうか。本章では、外国籍者の受け入れ増加と定住化を経験している日本において、人々の外国籍者に対する社会的権利付与への支持の状況を示すとともに、その支持が何によって規定されるのかを明らかにする。

2　何が社会的権利の付与を拒否させるのか

前節で見たように、外国籍者への社会的権利の付与はしばしば拒否される。これを説明する理論として、前章で挙げた集団脅威仮説がある。国民国家において国籍が諸権利を保有するための資格とされてきたことを考慮すれば、社会的権利を外国籍者に付与するということは、国籍を持つ人にのみ認められた「特権」を外集団に奪われる脅威として認識されうる。そのため、移民がもたらす脅威を認識しているほど、外国籍者に対する権利の付与を否定する（Ariely 2011a; Gorodzeisky 2013; 永吉 2014）。

集団脅威仮説は、「外国籍者に対する態度」が外国籍者に対する権利付与への支持を規定していると想定している。つまり、外国籍者に対して否定的な意識を持っているから、彼ら／彼女らに対して権利を付与することを否定する、と考えている。しかし、権利付与を認めるかどうかは、それだけで規定されるわけではない。権利付与への支持は、外国籍者をどうみるかということだけでなく、社会的権利をどのようなものとして考えるか、権利を共有する「国民」をどのような共同体としてみるかによっても規定されると考えられる。以下では、先行研究を概観しつつ、これら二つの要素が外国籍者への権利付与の支持を規定するメカニズムを検討する。

2・1　社会保障制度の影響

福祉給付に対する支持についての研究によれば、社会保障制度によるある対象への給付を支持するかどうかは、その対象のイメージに加え、対象に給付することの望ましさ、そして社会保障制度の設計によって規定される（van Oorschot and Roosma 2017）。第二の要素である「対象に給付することの望ましさ」は、その対象の互酬性、必要性、アイデンティティの共有、状況への責任がないこと、態度という五つの要素によって決まるとされる（van Oorschot 2000）。互酬性とは、受給者が別の時点では社会保障制度を支える側になるということを、必要性とは受給者が給付を本当に必要としていることを指す。アイデンティティの共有とは、受給者を「われわれ」の一人とみなせることを、状況の責任がないとは受給者が給付を必要とする状況になった原因は本人以外にあるということを指す。態度とは、受給者が好ましく、従順であることを指す。まとめれば、受給者が過去または将来に社会保障制度を支える側となり、受給を必要としており、「われわれ」の一人としてみなされ、状況に責任がなく、給付に感謝している場合、その対象への給付は望ましいものと考えられる。

ウィム・ヴァン・オーショットらの一連の研究によれば、移民[3]はこれらの条件を満たしているとみなされにくい（Kootstra 2017; van Oorschot 2007）。滞在期間にもよるものの、移民は受け入れ国の社会保障制度に貢献してきた経験が限られるため、互酬性の規範を満たしにくい。また、（実際はどうであれ）自発的に移住してきたと認識されやすく、本人の責任によって現在の状況が生じているとみなされるため、「状況への責任がない」という条件を満たしにくい。さらに、アイデンティティを共有しないと認識されることによって、アイデンティティの条件を満たしにくくなる。この結果、移民に対する給付は望ましくないと考えられやすい。

ただし、これらの条件を満たすことがどの程度重要と考えられるか、また、移民がこれらの条件を満たしていると考えられるかどうかは、制度設計によって異なる。とくに、資力調査を伴う選別主義

図表5－1　社会保障制度が社会的権利の付与に影響を与えるメカニズム

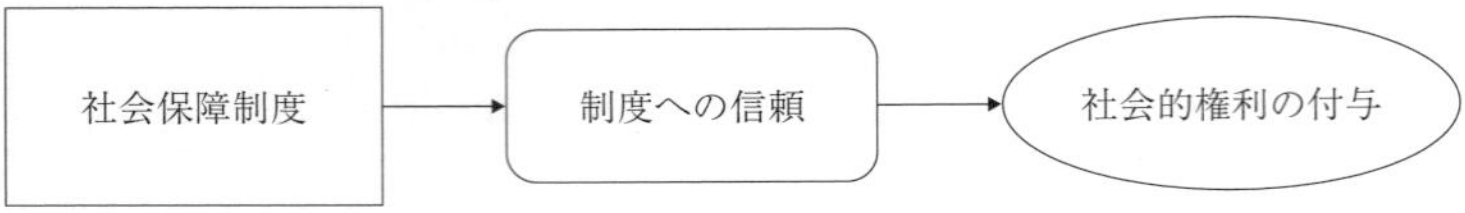

的な制度であるのか、普遍主義的な制度であるのかは、ある対象に対する福祉給付の支持に影響を与えることが指摘されている（Andersen 2006; Laenen 2018; van Oorschot and Roosma 2017）。前者のもとでは、福祉は限定的な対象にのみ与えられるため、「彼ら」に対する「われわれ」の支払いであるとみなされやすい（Andersen 2006）。この場合、「われわれ」が生活を支えている「彼ら」は本当に給付を必要としているのか、甘えているだけで本人が努力すれば仕事が見つかるのではないかなどの疑念が生じやすくなる。

また、選別主義的制度は制度の運用にコストがかかりやすいことや、ルールが複雑であることも、望ましさの認識に影響を与える（Laenen 2018）。コストがかかりやすい場合、よりいっそう「われわれ」の負担は大きく認識される。さらに、複雑なルールによって運用される制度では、市民にとってのわかりやすさや明快さがないため、十分に機能していないと考えられる場合がある。運用が複雑で厳守すべきルールが多ければ、不正受給に対する懸念が生じやすくなる（van Oorschot and Roosma 2017）。したがって、選別主義的制度のもとでは、対象が「望ましさの基準」を満たすかどうかが問題となりやすい。

このようなロジックで考えると、選別主義的な社会保障制度が、ある対象への福祉給付への支持に与える影響の一部は、制度への信頼を通じたものと考えられる（図表5－1）。選別主義的な制度は、制度の公平性や手続きの公正性への疑念が生じやすく、制度への信頼が低下しやすくなる。そして、制度への信頼が低くなると、給付の対象となる人々が本当に「望ましい」のかが厳格に審査され、結果として「望ましくない」と思われやすい対象（たとえば外国籍者）の制度への包摂（＝社会的権利の付与）に対して否定的になりやすくなると考えられる。ヨーロッパのデータの分析によれば、福祉給付の対象によって「望ましさ」が異なると考える程度は、福祉国家の諸制度への信頼感に影響を受けており、福祉国家の諸制度を信頼していないほど、対象によって「望ましさ」の程度に差をつけやすくなることが指摘されている（van Oorschot 2006）。

以上からは、外国籍者に対する社会的権利の付与は、社会的権利にかかわる制度（社会保障の諸制度など）に対する不信感が高い人ほど、否定する傾向にある、と考えられよう。

2・2　国民の境界について影響

外国籍者に対する社会的権利の付与の支持に影響を与えうる第二の要素として、国民の境界についての認識が挙げられる。福祉愛国主義は、福祉国家の恩恵を「われわれ」に限定することを求めていた。しかし、この「われわれ」が誰を意味するのかは、「われわれ」と「彼ら」の境界線の引かれ方によって異なる。たとえば「われわれ」がある土地への居住を条件として定義されるのであれば、国籍を持たなくとも長期間その地に居住する人は権利の所有者として認識されうる。市民権の成立が国民の成立とかかわることを考えれば（Marshall 1992=1993）、「われわれ」と「彼ら」の境界線の引かれ方を問うことは、国民が何を共有する共同体として想像されるのかを問うこととして捉えられる。

国民の定義のされ方は、おおまかに民族的共同体としてのものと、市民的共同体としてのものに分けることができるとされる（Brubaker 2004; Kohn［1944］1994）。民族的共同体とは、祖先や伝統、宗教などの民族文化を共有する共同体を指す。これに対し、市民的共同体とは、領土や法律、政治的共同体、構成員の法政治的な平等、自由や民主主義などの市民文化や価値を共有する共同体を指す（Smith 1991=1998）。

このような国民の定義は、国籍制度との間に密接な関連を持つ[4]。具体的には民族的国民観は、国籍付与に親の国籍を条件とする血統主義的な国籍制度と、市民的国民観は、国籍付与に当該国での出生を条件とする出生地主義的な国籍制度と関連が深いと考えられる（Brubaker 2004; Weldon 2006）。この区分のうち、民族的共同体への帰属が生まれによって決まるのに対し、市民的共同体への帰属は本人の民族や出身地によらず可能である。したがって、市民的国民定義は、民族的国民定義に比べ、包摂的なものと考えることができる。

ただし、このような民族―市民という二分類は、市民的共同体の中の文化的多様性の取り扱いの違いについて考慮できていないという批判も存在する（たとえば Castels and Miller 1993=1996; Koopmans and Statham 2000）。この批判は、「文化の取り扱い」がマイノリティの権利とかかわるとする多文化主義の考えを反映したものである。たとえ制度的に「平等」に取り扱われていても、その制度がある特定の文化（多くの場合はマジョリティの文化）を反映したものであれば、そこに属さない人にとっては抑圧となりうる。たとえば、クリスマスが祝日となっている一方で、他の宗教の記念日が祝日となっていないのであれば、そこには文化の取り扱いの不平等がある。そのほかにも学校や職場の制服が、ある宗教や民族文化においては規則に反するものとなる場合もあるだろう。祝日や制服などはマジョリティにとっては文化を反映していることに気づかないほど生活に溶け込んでいるため、そこにある「不平等」に気づきにくい。多文化主義者はこのような一見して平等な取り扱いの中に「地位のヒエラルキー」があることを指摘し、その改善のためにマイノリティの文化を維持する権利を承認すべきと主張した（Kymlicka 2002=2004; Taylor 1994=1996）。多文化主義の観点に立てば、市民的国民観は、文化的多様性を認める複数文化的－市民的国民観と、公的な場においてはマイノリティの文化を承認しない単文化的－市民的国民観に分けることができる(5)（Castels and Miller 1993=1996; Koopmans and Statham 2000）。

このような国民の定義についての認識が、外国籍者への権利の付与の支持に影響を与えることは、既存の研究においても指摘されている。これらの研究は大きく分けて二つのアプローチで両者の関連を分析している。第一のアプローチは、国籍制度や文化の取り扱いをもとに国を分類した上で、その分類によってその国に暮らす人々の外国籍者への権利付与に対する支持がどの程度異なるかを調べるというものである。この場合、国の制度がそこに暮らす人々の意識に影響を与えていることが想定されている。たとえば、スティーブン・ウェルドンはヨーロッパの一五カ国のデータを用いた分析を行い、出生地主義による国籍制度を持つ国の市民は、血統主義による国籍制度を持つ市民よりも、外国籍者に市民的・政治的権利を付与することを支持しており、複数文化主義的な国の市民は単文化主義的な国の市民よりも、同じく外国籍者に対する市民的・政治的権利の付与に肯定的であることを示している（Weldon 2006）。

もう一つのアプローチは個人間での国民の定義の違いに目を向けたものである。このアプローチをとる研究では、同じ国の市民の中で、国民を民族的な共同体として想像するか、市民的な共同体として想像するかによって、移民の受け入れやエスニック・マイノリティに対する態度が異なるのかを検証してきた。その結果、民族的な共同体として国民を想像する人ほど、移民の受け入れや、マイノリティが文化的な権利を持つことに否定的であることが指摘されている（Hjerm 1998; Pehrson, Vignoles, and Brown 2009; Verkuyten and Martinovic 2015; Wright, Citrin, and Wand 2012）。一方で、市民的国民観を持つ人の態度については、国民の境界をいかなる形でも重視していない人と比べると移民に否定的との知見がある（Hjerm 1998）一方で、移民に対して肯定的な態度を促すとの知見もあり（Kenda, Lantos, and Krekó 2018）、関連は明確ではない(6)。

日本の国籍制度は血統主義的であり、日本社会には「血統」、「国籍」、「言語」のすべてを共有するものとしての「日本人」像が存在する（Befu 2001）。国民の定義について人々が持つ認識を調べた場合には、民族的要素は市民的要素と比べ重視されているわけではない（五十嵐 2015a）。しかし、国際比較調査データの分析からは、他の国の市民と比べた場合には、日本人は民族的要素を国民の定義において重視する傾向にある（Jones and Smith 2001）。また、石田は実験手法を取り入れた調査を実施し、両親の国籍や本人の国籍、言語能力をランダムに組み合わせた架空の人のプロフィールを対象者にみせ、その人を「日本人」だと思うか答えてもらっている。その結果、「両親が日本人」という「血統」要素がある場合にはほとんどつねに「日本人」とみなされる傾向にあることを示した（石田 2017）。つまり、「日本人」の核として血統的な要素は存在し（このため血統を共有すれば日本人とみなされる）、外延をどの程度まで伸ばすかの程度が、人によって異なっていると考えられる。

以上の議論をまとめれば、民族的国民観を持つ人のほうが、市民的国民観を持つ人よりも、外国籍者の社会的権利の付与に否定的になる、と考えられる。

本章では以上の議論から外国籍者への権利付与に対する支持との関連が想定される、社会的制度への不信感や国民観の影響を、社会意識調査データの分析を通じて検証する。

3 外国籍者に対する権利付与への態度とその規定要因

3・1 使用データと変数について

本節では基礎的な分布の変化を序章で紹介した三時点のデータを用いて確認した後、二〇一七年のデータを用いて詳細な規定要因分析を行う(7)。

従属変数は、外国籍者に対する社会的権利付与の支持である。具体的には「あなたは、以下の権利について、日本政府は日本に定住している、または、定住する意思のある外国人に対して認めるべきだと思いますか」という質問に続く「公営住宅への入居の権利」と「困窮した際に生活保護を受ける権利」への回答を用いる。回答は「そう思う」から「そう思わない」の五点尺度で与えられており、値が大きいほど権利付与を支持することを示すよう得点化した（「そう思う」＝五、「ややそう思う」＝四、「どちらともいえない」＝三、「あまりそう思わない」＝二、「そう思わない」＝一）。これら二つの権利への支持の相関は〇・六四と高いため、二つの変数の値の平均値を社会的権利付与の支持の変数として用いた。

独立変数については、まず脅威認知の指標として、「あなたは、日本に住む外国人が増えるとどのような影響があると思いますか」に続く、「異文化の影響で日本文化が損なわれる」（文化）、「日本社会の治安・秩序が乱れる」（治安・秩序）、「日本人の働き口が奪われる」（雇用）、「生活保護などの社会保障費用が増える」（社会保障費用）、「犯罪発生率が高くなる」（犯罪率）を用いる。回答は「そう思う」、「ややそう思う」、「どちらともいえない」、「あまりそう思わない」、「そう思わない」の五点尺

図表５－２　脅威認知の分布

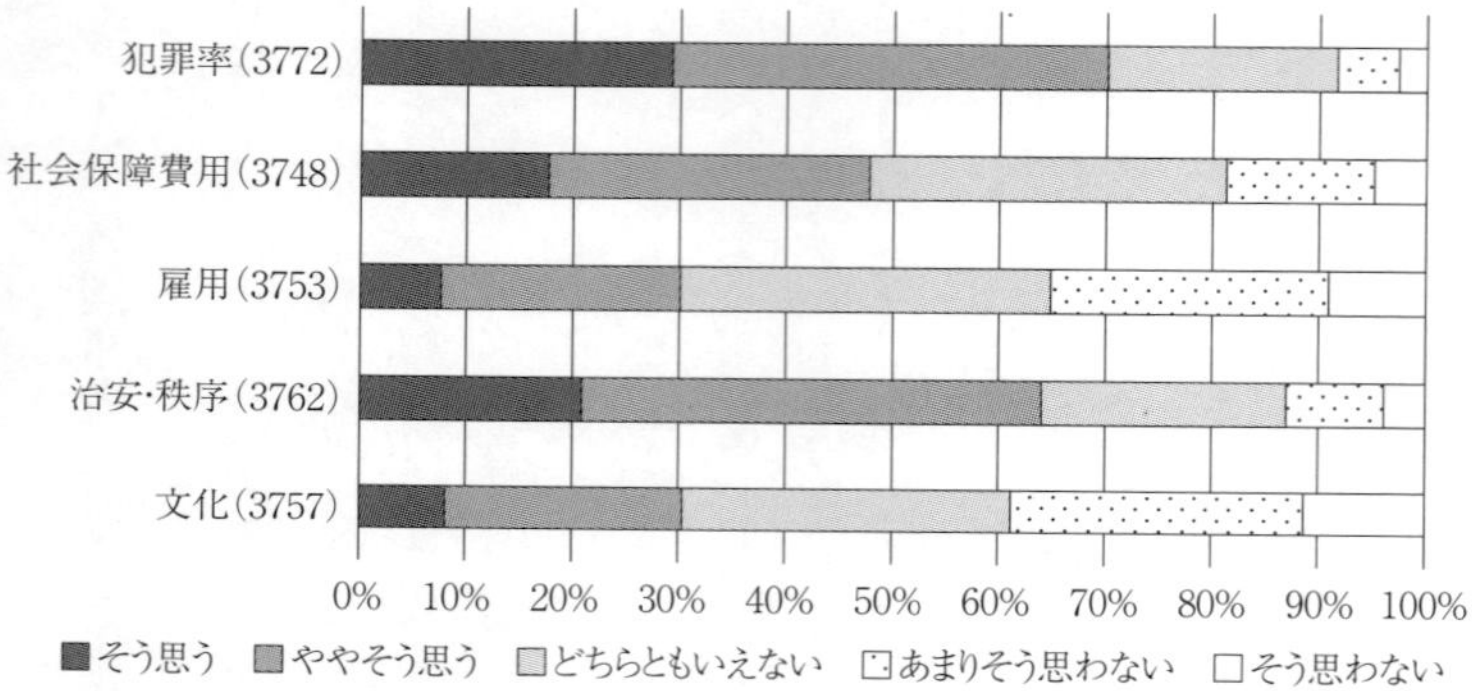

注：カッコ内の数値は度数

度で与えられており、値が大きいほど賛同していることを示すように得点化した。

図表５－２は各脅威認知の分布を示したものである。「そう思う」または「ややそう思う」と回答する割合は、犯罪率や治安・秩序では六〇％を超えており、外国人増加による犯罪不安が強く存在することがわかる。社会保障費用についても、五〇％近くの人が「そう思う」または「ややそう思う」と答えており、定住外国人が増えることによって社会保障負担が増えるとの認識は比較的多くの人にもたれていることがわかる。これに対し、雇用や文化が損なわれるとの認識を持つ人は三〇％程度にとどまり、文化的脅威や雇用をめぐる脅威の認識は日本では強くないことがうかがえる（詳しくは第3章参照）。これら五項目に対し主因子法による因子分析を行い、一因子を抽出した。因子分析とは変数の背後に共通して存在する潜在的な変数（この場合脅威認知）をすくいとるための手法である。この因子の因子得点を脅威認知の指標とする。

社会保障制度への信頼の指標としては、日本の各制度への誇りと、生活保護制度に対する意識についての項目の二つを用いる。前者は「あなたは、以下にあげる（ア）～（サ）のようなことを、どの程度誇りに思いますか」につづく、「日本の社会保障制度」への回答を用いる。選択肢は「とても誇りに思う」、「まあ誇りに思う」、「あまり誇りに思わない」、「まったく誇りに思わない」の四つで与えられており、誇りに思う程度が高いほど、値が大きくなるように得点化している。社会保障制度に対する誇りについての回答の分布は第２章に示されている。後者は「たとえ生活に困っても、生活保護を受給することは恥ずかしいことだ」への賛意を尋ねた質問に対する回答を用いる。選択肢は「そう思う」、「ややそう思う」、「どちらともいえない」、「あまりそう思わない」、「そう思わない」の五つで与えられており、生活保護への否定的態度が強いほど、値が大きくなるように得点を与えている。回答の分布をみると、「あまりそう思わない」または「そう思わない」と答える割合が四〇％を超え、「どちらともいえない」が三〇％を占めるなど、生活保護に対して否定的な見方を持っている人は必ずしも多くない。

国民観の指標としては、第１章で作成した純化主義の指標を用いる。

また、統制変数として、年齢、性別、教育年数、就労形態（正規雇用、非正規雇用、自営業・経営者・役員、失業、無職）[8]、主観的経済状況、婚姻状態（既婚、離死別、未婚）、経済不安、政治不信、権威主義的態度、愛国主義、外国人と顔を合わせる頻度、居住地域の外国籍人口を用いる。主観的経済状況は世間一般と比べた世帯収入について尋ねたものであり、「平均よりかなり少ない」、「平均より少ない」、「ほぼ平均」、「平均より多い」、「平均よりかなり多い」の五点尺度となっている。この回答について、主観的経済状況が良いほど値が大きくなるように得点を与えている。

経済不安の指標として、「今後、日本の経済状況は悪くなっていく」という意見に対する賛否を用いる。回答は「そう思う」（＝五）から「そう思わない」（＝一）までの五点尺度で与えられており、値が大きいほど国の経済状況や将来に対し、暗い見通しを持っていることを示している。

政治不信の指標として、「自分のようなふつうの市民には政府のすることを左右する力はない」、「国民の意見や希望は、国の政治にほとんど反映されていない」、「ほとんどの政治家は、自分の得になることだけを考えて政治にかかわっている」への賛意を尋ねた質問に対する回答を用いる。回答は「そう思う」（＝五）から「そう思わない」（＝一）までの五点尺度で与えられており、値が高いほど賛成の度合いが高いことを意味する。主因子法を用いた因子分析を行い、抽出された第一因子の因子得点を政治不信の指標とした。

権威主義的態度の指標は、「権威ある人々にはつねに敬意を払わなければならない」、「伝統や慣習にしたがったやり方に疑問を持つ人は、結局は問題をひきおこすことになる」、「この複雑な世の中で何をなすべきか知る一番よい方法は、指導者や専門家に頼ることである」への賛意を尋ねた質問に対する回答から作成した。回答は「そう思う」（＝五）から「そう思わない」（＝一）までの五点尺度で与えられており、値が高いほど賛成の度合いが高いことを意味する。主因子法を用いた因子分析を行い、抽出された第一因子の因子得点を権威主義的態度の指標とした。

愛国主義の指標は第1章にならっている。

外国人と顔を合わせる頻度の指標としては、「あなたが生活している地域で、外国人と顔を合わせることがどの程度ありますか」に対する回答を用いる。回答は「よくある」（＝四）、「時々ある」（＝三）、「あまりない」（＝二）、「まったくない」（＝一）の四点尺度で与えられており、値が高いほど頻度が高いことを意味する。居住地域の外国籍者の規模については、第4章で作成した変数のうち、市区町村レベルのものを用いている。

図表5-3 外国籍者への権利付与に関する意識の分布の変化

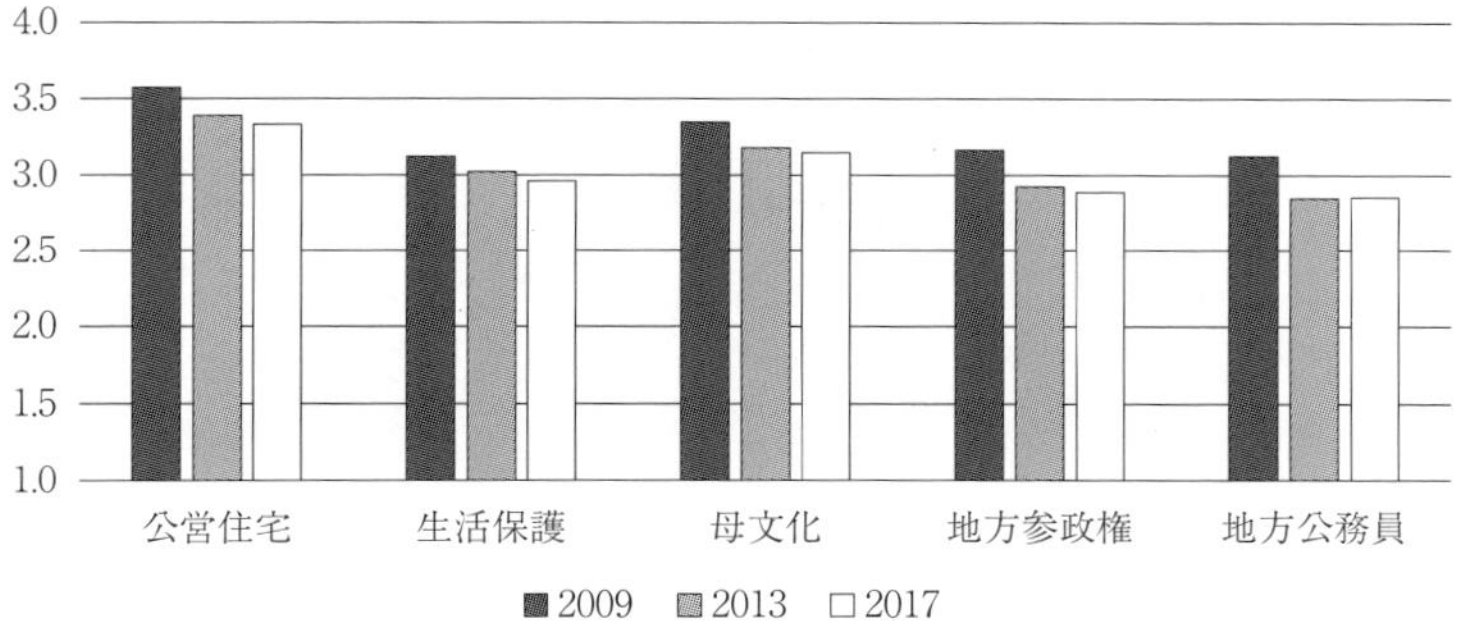

3・2 外国籍者に対する権利付与への態度の変化

社会的権利以外も含め、外国籍者への権利付与に対する支持の平均値を、二〇〇九年、二〇一三年、二〇一七年で比較したのが図表5-3である[9]。これをみると、二〇〇九年から二〇一三年にかけて支持が低下し、二〇一三年から二〇一七年までは変化しないという傾向がうかがえるものの、時点間の差は大きくない。二〇〇九年は民主党政権下にあたり、外国籍者の地方参政権の法制化に向けた動きがあった。その時点と比べ、自民党政権に移行したのちの四年間は、外国籍者への権利について人々の見方はより否定的になっている。

各権利への支持の平均値を比較すると、公営住宅への入居の権利や母文化を維持する権利についてはどの時点でも相対的に支持の程度が高い。一方、地方参政権、地方公務員になる権利、生活保護を受給する権利については支持の程度が低い。公営住宅への入居の権利も住宅という希少な資源を外国籍者に提供する権利とみることもできるが、市民はこの権利の付与に必ずしも否定的ではない。日本では持ち家率が高く、住宅供給を国の責任と考える傾向は弱い（祐成 2006）。このため、公営住宅への入居は特権として認識されにくかったのではないだろうか。

図表5－4　外国籍者への社会的権利の付与に対する支持の規定要因

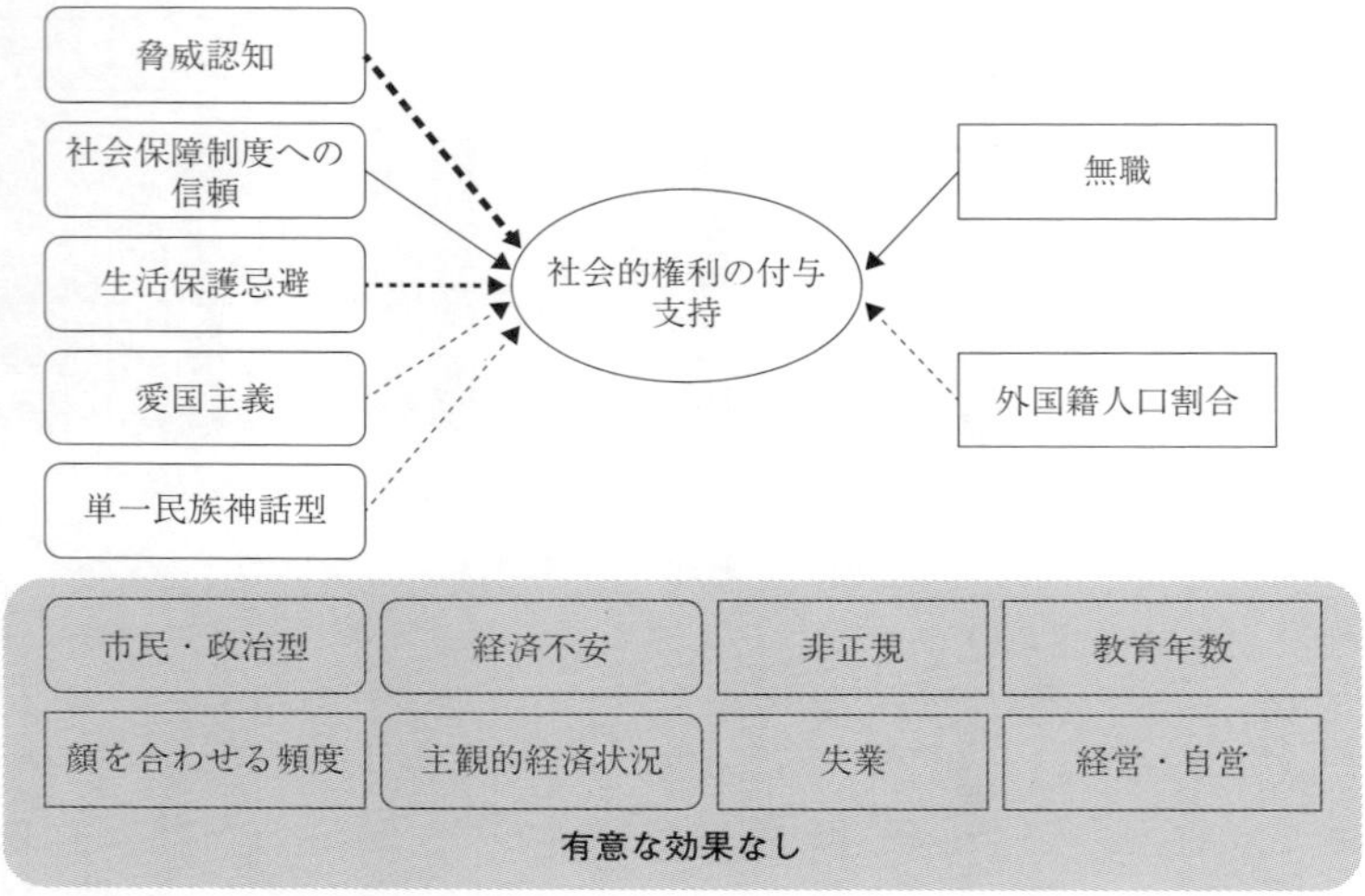

注：実線は正の影響、破線は負の影響を示しており、線の太さは関係の強さを示している。

これに対し、地方公務員としての雇用口や、地方参政権、生活保護の受給権は、外国籍者に付与すべきではないと考えられる傾向にある。

3・3　外国籍者に対する権利付与の支持の規定要因

では、社会的権利の付与への支持は、脅威の認識や社会保障制度への信頼、国民観によって影響を受けているのだろうか。重回帰分析を行った結果をまとめたのが図表5－4である。[10] 図表5－4では、統計的に有意な（有意確率五％水準）負の効果を点線で、正の効果を実線で示している。

脅威認知には負の効果がみられ、先行研究で指摘されてきたとおり、移民が増加することによって希少な資源が奪われるという脅威の認識は、外国籍者に権利を付与することを否定する意識を高めることがわかる。

また、脅威認知を統制した上でも、社会保障制度への信頼や生活保護忌避は統計的に有意な効果を持ち、生活保護を忌避する傾向の強い人ほど、外国籍者への社会的権利の付与を肯定しない傾向にあった。さらに、社会保障制度を信頼している人ほど、外国籍者への社会的権利の付与に肯定的であった。つまり、社会保障制度に対する肯定的な態度は外国籍者をその中に包摂することを肯定する意識につながる。そしてこの効果は、脅威の認識とは独立したものであるといえる。

国民の定義を示す純化主義の指標のうち、単一民族神話型には統計的に有意な負の効果がみられた。つまり、国民をより民族的な要素で定義する傾向にある人は、そのように定義される国民の外にいる外国籍者に社会的権利を付与することに否定的になる。

その他の統制変数の効果についてみると、愛国主義に負の効果がみられた。ただし、この効果は脅威認知をモデルに入れるかどうかで大きく変化し、脅威認知を統制したモデルでは大幅に減少している（巻末付表５）。つまり、日本への強い愛国心を持つ人は、定住外国人の増加によって資源が奪われるという懸念が強いため、外国籍者への社会的権利の付与に否定的になっている。

また、無職者は正規雇用者と比べ、外国籍者への社会的権利の付与に肯定的であるが、その他の雇用形態には効果がみられない。無職者や失業者は正規雇用者よりも社会保障給付を重要な資源と捉えている可能性があるが、こうした資源を外国籍者に提供することを、正規雇用者よりも否定するわけではない。また、主観的な経済状況や経済不安も影響していなかった。この結果からは、社会経済的な脆弱性が社会保障給付という資源をめぐる競合関係への不安をかきたて、外国籍者への社会的権利の付与を否定するというメカニズムが、日本においては必ずしも成り立っていない可能性が示唆される(11)。

近所で外国人と顔を合わせる頻度に効果がみられないのに対し、市区町村の外国籍人口割合には負の効果がみられ、外国籍者の割合が高い地域に住む人は、外国籍者への社会的権利の付与に否定的になる傾向がみられた。第4章では地域に暮らす外国籍者の人口規模は排外意識に影響を与えていなかった。つまり、外国籍者が多く暮らす地域でも少ない地域でも、その地域に外国籍者がさらに増えることへの態度には変わりはない。その一方で、外国籍者が多く暮らす地域では、顔を合わせるほど近所に住んでいるかを問わず、外国籍者が資源を配分される対象となることには否定的になる傾向がみられた。この効果は強いものではないが、脅威認知の統制の有無によってほとんど変化せず（巻末付表5）、外国籍人口の多い地域で暮らす人が外国籍者に対する社会的権利の付与に否定的であるのは、「特権を奪われる」という認識の高まりとは別のメカニズムによって生じていることがわかる。

4　外国籍者に対する社会的権利の付与を阻むもの

本章では、外国籍者への社会的権利の付与に対する支持の規定要因を、社会保障制度への信頼と国民の定義の効果に着目して分析した。その結果、以下のことが明らかになった。

第一に、移民を脅威として認識している人ほど、外国籍者を社会的権利から排除することを支持する傾向が確認された。したがって、先行研究で確認されてきたように、移民によって資源が奪われるという認識は、国籍を保有する人の「特権」としての社会的権利を外国籍者に付与することを拒否する態度を強めることがわかる。

第二に、民族的国民観は外国籍者に社会的権利を付与することへの拒否を強めていた。日本においては「血統」を持つことは「言語」を共有することであり、かつ、日本国籍を持つことであるとみなす単一民族神話が根強く存在するといわれる（Befu 2001）。こうした国民の定義は、「血統」や「祖先」を共有しない外国籍者に、「国民であること」と結びついた権利を付与することを拒否する意識を強める。この効果が、脅威認知とは独立したものであることは重要である。つまり、民族的国民観を持つ人は、「そのように定義される国民の同質性が外国籍者によって損なわれる」とか、「そのように定義された人に与えられるべき資源が奪われる」などと思いやすいことのみによって、外国籍者への権利付与を否定しているわけではない[12]。民族的な国民観を持つ人にとっては、社会にとってプラスの存在であるかマイナスの存在であるかにかかわらず、外国籍者は権利を共有する共同体の外に置かれるのであり、だからこそ権利の付与が当然のこととして否定されていることが、この結果からは示唆される。

第三に、社会保障制度への信頼と生活保護忌避は外国籍者に対する社会的権利付与支持に影響しており、社会保障制度を信頼している人ほど、生活保護に対して否定的意識を持っていない人ほど、社会的権利の付与に肯定的であった。また、この効果は脅威認知とは独立したものであった。社会保障制度の手続き的な公正性や維持可能性への疑念、不正受給のスティグマなどは、「外国籍者は社会保障の負担になる」という脅威の認識を必ずしも媒介せず、外国籍者への社会的権利の付与を否定する意識を強める。つまり、社会保障制度そのものへの不信感が、社会的権利の対象を拡大することへの拒否感を生んでいることが示唆される。先行研究では、選別主義的福祉制度において、社会保障制度への信頼が低下し、その対象が受給の対象として望ましいのかが問われやすくなることが指摘されていた。日本の生活保護制度や公営住宅制度が選別主義的であることを考慮すれば、こうした制度設計が、外国籍者の社会的権利からの排除への支持を下支えしている可能性がある。
本章の分析結果は、外国籍者の権利付与に対する態度が、外国人に対する排斥意識の一形態であるにとどまらず、「どの範囲の人が権利を共有すべきなのか」という問いにかかわる問題であることを示している。さらに、この問いに対する答えは、社会制度の在り様によっても影響を受ける。日本の国籍制度は、(実態としては多様な人が含まれるものの)「日本人」の親を持つ(≒血統を共有する)人を、権利を保有する共同体の成員とみなしている。また、選別主義的社会保障制度は、「望ましい」受給者を厳密に選別することを、人々に促す。社会的権利からの外国籍者の排除が支持されるのは、人々の偏見からだけではなく、日本社会に現存する制度がそれを正当と認識させているからなのではないだろうか。

注

(1) 実証研究によれば、移民への権利の付与は国際的な人権規範よりも、旧植民地宗主国であることや、国内での移民の政治的プレゼンスによって影響を受けるとの指摘もある(Koopmans and Michalowski 2017)。

(2) ただし、税金を財源とする最低限の生活保障である公的扶助については、日本以外にも外国籍者に対して制限的な国が少なくない(Howard 2006)。

(3) ここでは先行研究にあわせて「移民」という語を用いている。本章での分析対象となる「外国籍者への権利付与」には日本で生まれ育った外国籍者も含まれると考えられるため、ヴァン・オーショットらの知見と完全に同じ対象を扱っているとは言えない。

（4）　国籍制度自体、その当時人々の間に存在していた国民の境界の想像のされ方を反映している部分があるものの、制度の成立にはさまざまな政治的・歴史的要因が影響しており、そのようにして成立した制度によって「国民」の想像のされ方が規定されることは多くの研究で指摘されている（Brubaker 2004; Kohn［1944］1994）。

（5）　クープマンズらによれば、民族的国民観も、マイノリティに同化を求める同化主義的なものと、同化を拒否し、帰国を前提にむしろ母文化の保持を求める分離主義的なものに分けられる（Koopmans and Statham 2000）。

（6）　ライトらは、この関連の不明確さを、「国民の定義」の測定の困難から説明する。一般に市民的要素はほとんどの人によって重視されている。このため、市民的要素を重視する度合いそのものによって、移民に対する態度は変化しない。しかし、民族的要素と比べ相対的にどの程度重視するかを見た場合には、市民的要素を重視している人ほど、移民の受け入れに対して肯定的であるといえる（Wright, Citrin, and Wand 2012）。

（7）　本章の分析では対象者を一八歳から八〇歳までに限定した。分析にはSTATA 14.2を用いた。

（8）　失業とは現在働いておらず、仕事を探している人を、無職とは現在働いておらず、仕事を探していない人を指す。学生は無職に含んでいる。

（9）　この図についてのみ、他の調査年との比較のため、二〇一七年調査データのうち一八歳～一九歳の対象者は除外している（序章第3節参照）。また、「生活保護」は二〇〇九年は「生活保護の受給の権利」、二〇一三年、二〇一七年は「困窮した際に生活保護を受ける権利」と尋ねている。このようなワーディングの違いが結果に影響を与えた可能性もある。

（10）　外国籍人口割合は集団レベルの指標であるため、マルチレベル分析を用いることもできる。しかし、切片のみを含むヌルモデルの級内相関は〇・一％を下回るため、ここでは重回帰分析を用いた。ただし、標準誤差は市区町村でクラスター化している。

(11) 脅威認知をモデルから除いた場合でも、主観的経済状況、経済不安の効果は統計的に有意ではなかった(巻末付表5)。

(12) 脅威認知を従属変数として分析した場合、単一民族型の国民観を持っている人ほど脅威を認知しやすく、市民・政治型の国民観を持っている人ほど認知しにくい傾向がみられた。

第6章

政党支持

●イデオロギー対立軸はどう変化しているのか

米田　幸弘

1　政党支持と対立軸

1・1　新たな政治的対立軸の浮上？

近年、「新たなナショナリズムの隆盛」（高橋・石田編 2016）が先進諸国において観察されるようになっている。移民の制限や排除、ヨーロッパにおける反EU・反ユーロの動きなど、「国民国家の再強化」や「自国民の優先」を求める声が各国で高まっている。グローバル化の進行に伴い、ナショナリズムと密接に関わる新たな政治的争点が浮上しているのである。

その影響は政党政治のレベルにも及んでいる。イタリアやオーストリアのような国々では、既成政党への不満から極右ポピュリスト政党が議会レベルで台頭している。逆にギリシャやスペインのように、ＥＵが求める緊縮財政に反対する左派ポピュリスト政党が台頭した国もある。二〇一六年には、イギリスが国民投票でＥＵ離脱を決定した。ＥＵ離脱の是非は、既存の二大政党によっては民意をすくうことができない争点であり、議会選挙と国民投票との間で大きく民意がずれていたことが問題視されている（近藤 2017）。

これらの状況を踏まえて、移民受け入れやヨーロッパ統合といったナショナリズムと密接に関わる政治争点が、新たな社会的亀裂（cleavage）を形成しつつある可能性についての実証的な検証がなされるようになっている（Kriesi et al 2012）。

日本ではどうだろうか。二〇〇〇年代に入ってから北朝鮮、中国、韓国といった近隣諸国との緊張関係の高まりを背景として、一部でナショナリズムや排外主義の動きが観察されるようになっている（樋口 2014; 塚田編著 2017; 安田 2012）。たとえば、軍事大国化する中国への「脅威」が語られるようになり、とくに二〇一二年の尖閣諸島をめぐる領土問題を契機に両国間の緊張が高まった。北朝鮮の拉致問題や核問題、韓国との竹島をめぐる領土問題の深刻化、従軍慰安婦や徴用工をめぐる歴史認識や戦後補償の問題など、ナショナリズムを刺激する事例には事欠かず、とりわけ外交・安全保障にかんする争点が重要な政治的トピックとなっている。また、二〇一八年国会では、外国人労働者の受け入れを拡大する「出入国管理法」の改正案をめぐる議論がなされ、「移民受け入れの是非」が日本でも争点化した。ただし、移民に対する排外的な動きはいまのところ目立っていない[1]。

このような状況を反映して、日本でもナショナリズムをめぐる政治的対立軸が浮上しているのだろうか。ナショナリズムに限らず、近年の日本では、政党間のイデオロギー対立はどのような基軸に沿って生じているのだろうか。有権者は長らく、日本の政党政治を「自民対非自民」の対立として認知してきた（松本 2001; 平野 2007）。そこで本章でも、この政治的対立軸を「自民—非自民」の差異と重ね合わせることで、自民党支持層のイデオロギー的特徴を実証的に明らかにしていきたい。民主党政権時の二〇〇九年から、自民党が長期安定政権となった二〇一七年までの間に、自民党支持層のイデオロギー的な支持基盤はどのように変化しているのだろうか。

1・2　自民／非自民を分けるイデオロギー対立軸への着目

自民党の政策が、二〇〇五年以降に右傾化・保守化していったという指摘は、複数の研究者からなされている（Catalinac 2015; 中北 2014; 2017; 中野 2015; 谷口 2015）。とりわけ、民主党との差別化をはかるために、憲法や外交・安全保障といった政策にかんして、「ナショナリズムを強調するという意味で右傾化」（中北 2017: 105）していったことが特徴である。にもかかわらず、ナショナリズムをめぐる政治的対立軸に注目した実証研究はまだ少ない。

その背景として、自民党の政策が右傾化したのに対して、有権者が右傾化したという証拠は見いだされていないことが関係していると考えられる（竹中ほか 2015; 谷口 2015）。実証研究によれば、安倍政権の支持率が安定しているのは、有権者が右寄りの政策を評価したからではない。有権者はイデオロギー的にはむしろ中道化しており、イデオロギーが投票行動に与える影響も弱くなっているのである（竹中ほか 2015）。

そもそも二〇一三年以降の自民党が一党優位のもとで長期安定政権を築くことができたのは、民主党政権（二〇〇九—二〇一二）に失望した有権者が、自民党以外の政党に「政権担当能力」がないと評価したためでもある（山田 2017）。同様の指摘は、若者に限定した議論でもなされている。二〇一三年以降、若年層で自民党支持率が高まっているが、それは、「保守化ではなく現実主義化」（薬師寺 2017）であるとか、「イデオロギー・フリーな業績評価」（島澤 2017）によるものだといった指摘がそれである。これらの実証研究を踏まえれば、二〇一三年以降の自民党の支持基盤を考える上で重要なのは、あくまで「政権担当能力評価」や経済政策への「業績評価」であって、政治的な価値志向（イデオロギー）はあまり考慮する必要がないようにも思えてくる。

しかし本当にそうだろうか。第一に、「有権者一般の右傾化」と、「自民党支持層の右傾化」とは区別して考える必要がある。有権者全体では右傾化していなくても、政党間のイデオロギー対立が明確化することによって、自民党の支持基盤が相対的に右寄りにシフトする可能性は十分に考えられるからだ。

第二に、一言で「右傾化・保守化」といっても経済やナショナリズムなどいくつかの次元が考えられるということである。複数の価値志向（イデオロギー）の指標を用いた多面的な検証はまだ十分になされているとは言えない。そこで本章では、経済的な価値基軸では新自由主義、文化的な価値基軸では権威主義、そして新たな第二の文化的価値基軸としてナショナリズムに着目した分析を行う。とくにナショナリズムに関しては三つの指標（愛国主義、民族的純化主義、中韓排外主義）、新自由主義についても三つの指標（反平等主義、反福祉主義、競争主義）を用いて多面的に検討する。

以上の考えに基づいて本章では、「自民―非自民」間のイデオロギー的差異に着目した分析を行う。具体的には、二〇〇九、二〇一三、二〇一七年の三時点の調査データを用いた時点間比較をつうじて、自民党の支持基盤の変化をみていく(2)。「自民―非自民」間のイデオロギー対立軸は、どのように変化しているのだろうか。自民党支持層は、ナショナリズムをめぐる政治的対立軸の浮上によって、以前よりも右傾化・保守化しているのだろうか。以上の問いに即して、「保守」政党としての自民党がどのような支持基盤に支えられているのかを、以下で明らかにしてみたい。

2　支持政党と政治的価値志向

図表6－1　支持政党の分布の変化（単位：%）

2009年		2013年		2017年	
自民党	24.3	**自民党**	35.5	**自民党**	38.1
民主党	32.6	民主党	8.6	立憲民主党	16.9
支持なし	30.3	支持なし	40.3	支持なし	28.1
公明党	4.0	日本維新の会	4.1	希望の党	5.6
共産党	5.5	公明党	3.2	公明党	4.1
社民党	2.3	みんなの党	2.3	日本維新の会	2.9
その他	1.0	共産党	3.1	共産党	3.5
		社民党	1.7	その他	0.8
		その他	1.2		

注：太字はその年でもっとも支持率の高い政党を示す。

2・1　支持政党の分布はどう変化したか

まずは、二〇〇九、二〇一三、二〇一七年の三時点で、支持政党の分布がどのように変化したのかを確認しよう（図表6－1）。二〇〇九年調査は、民主党政権が誕生した直後のものであり、民主党が三二・六％ともっとも高い支持率を誇っている。しかし、二〇一三年調査は、自民党が二〇一二年一二月末に（公明党とともに）政権を取り返した後であり、自民党が三五・五％ともっとも高い支持率となっている。しかしそれ以上に高いのは「支持政党なし」と答えた四〇・三％である。二〇〇九年調査から一〇ポイントも上昇しており、民主党政権への失望から多くが支持なしに流れたことがうかがえる。民主党の支持率は八・六％に大きく落ち込んでいる。

二〇一七年調査は、自民党が政権に復帰して四年以上が経過し、三八・一％と安定した支持率を保っている。立憲民主党が自民に次ぐ一六・九％という支持率を獲得し、二大政党の一角に食い込んでいる。支持なしは二八・一％と前回調査から一二ポイント近く減少しており、一〇％近くが野党支持に流れたことがわかる。

ちなみに、多党化が進んだといっても、本章の分析対象となる三時点（二〇〇九、二〇一三、二〇一七年）をつうじて、二大政党の支持層と支持なし層の三つの合計は、一貫して八割以上を占めている（八七・二％→八四・四％→八三・一％）。たとえば二〇一三年調査時点では、政権の座から滑り落ちた民主党の支持率は落ち込み、日本維新の会やみんなの党のような「第三極」の台頭が注目されていた。二〇一七年調査時点では、民進党（旧民主党）は立憲民主党と希望の党（その後、さらに分裂して国民民主党が成立）に分裂している。しかし、小選挙区制度が二大政党化を促す面もあるためか、野党第二党の支持率はいずれも六％を超えることはなく、最大野党との支持率の差は大きい。そこで3節1項では、二大政党のそれぞれの支持層と支持なし層の三者の動きにとくに着目し、三者の相対的なイデオロギー的位置関係の変化を明らかにする。

2・2　政治的価値志向（イデオロギー）への着目——多元化する価値基軸

本章ではイデオロギーを、政治や社会のあるべき像についての「比較的一貫した信念や態度のまとまり」（竹中 2014: 34）とみなす。

イデオロギーという言葉は、論者によって多義的に用いられる。しかし、政党支持や投票行動の説明変数としてイデオロギーが用いられる際は、「保守―革新」や「保守―リベラル」「左―右」といった抽象度の高い包括的な価値基軸が用いられ、その一次元の線上のどこに自己を位置づけているかを問う質問項目を用いることが多かった（遠藤・ジョウ 2019; Inglehart and Klingemann 1976; van der Brug 2010; 蒲島・竹中 2012）。そして先述したように、この包括的なイデオロギー尺度を用いた限りでは、近年の有権者は保守化しておらず、むしろ中道化していることが報告されている(3)（竹中ほか 2015）。

そこで本章では、イデオロギーを包括的な一次元の尺度に集約せず、経済や文化など複数の領域をまたいで多次元的に構成されているものとみなす。そうすることによって、多様な側面から右傾化・保守化の検討を行うことができる。

そもそもイデオロギーの価値基軸は、歴史的に多次元化してきた経緯がある。もともとヨーロッパ諸国では、「中産階級 対 労働者階級」といった階級的亀裂に基づく経済的な価値対立（たとえば小さな政府か大きな政府か）がもっとも主要な政治的対立軸として知られていた（Lipset and Rokkan 1967）。

しかし一九六〇年代以降になると、豊かさの増大や高学歴化がもたらす有権者の価値志向の変化や、新たな社会問題の登場などによって、新たに文化的な対立軸（たとえば物質主義か脱物質主義か、権威主義か自由主義か）が浮上する（Inglehart 1977=1978; Flanagan 1987; Kitschelt 1994）。たとえばロナルド・イングルハートのいう「脱物質主義」は、物質的充足よりも生活の質を重視する新しい価値観である。政治的には、環境問題やジェンダー平等、多文化主義といった政治的争点を重視する。この脱物質主義的な価値観が若い世代で高まることで、緑の党のような新しい左派政党が躍進した（Inglehart 1990=1993）。その反動として、他方では権威主義的傾向を持つ極右政党も台頭したのである（Ignazi 1992）。

さらに二〇〇〇年代に入って以降は、本章の冒頭でも記したように、グローバル化とその反動としてのナショナリズムの高まりを背景にして、新たな政治的価値対立（たとえば統合か国境維持か）が生まれつつあるという議論がなされている（Kriesi et al 2012）。新たな対立軸を生み出すだけでなく、グローバルな経済競争や文化的多様性の是非が問われる形で、以前からある経済的次元や文化的次元の対立軸も新たな文脈のもとで問題化しているのである。

それに対して、日本では政治的対立軸の成立事情が大きく異なる。戦後の五五年体制下においては、「伝統―近代」という価値基軸が「保守―革新」の軸と相関していた。戦前の伝統的価値への回帰か（＝保守）、戦後民主主義的な近代的価値の擁護か（＝革新）という対立のもとで、伝統的価値を有する層が保守政党である自民党を支持し、反伝統的価値（近代的価値）を有する層が革新政党の社会党を支持するという傾向がみられた（Watanuki 1967=1976）。

この背景には、再軍備や日米安保の継続、憲法改正といった安全保障に関する主張が戦前的な価値観と結びついたという日本の特殊な事情がある（大嶽 1988［2005］）。この文脈においてナショナリズムは、戦前回帰を志向する伝統的価値の一部に含まれるものであった。

その後、一九七〇年代には「福祉・参加・平等・環境」を重視するか（＝革新）否か（＝保守）という価値次元が新たに加わり、さらに一九八〇年代には小さな政府や自助努力をよしとする「新自由主義」[4]の価値次元が新たに加わることで、イデオロギーは多次元化していく（蒲島・竹中 1996）。平野浩（2007）の分析でも、保革イデオロギーが一九八三年には三因子（安全保障、参加と平等、ネオ・リベラル）、一九九三、一九九六、二〇〇四年には四因子（参加と平等が分化）、二〇〇五年には五因子（安全保障から「天皇の発言権」が分化）と多次元化が進んだことが示されている。

本章の重要なテーマであるナショナリズムについて言えば、戦後の主要な価値基軸である「伝統―近代」の伝統的価値に一部含まれるものとして、もしくは安保・防衛問題という争点と関わる形で副次的に言及されることはあった。だが、政党支持・投票行動研究の文脈でそれ自体が正面から取り扱われることはあまりなかったと言える。独立した価値次元としては、「保守―革新」の第一因子に加えて「ナショナリズム―インターナショナリズム」の第二因子を抽出した平野浩（1994）の研究が目につく程度である。

以上の歴史的経緯を踏まえ、本章ではイデオロギーが政党支持に与える効果を大きく三つの次元に分けて検証する。まず経済的な次元として新自由主義を、文化的な次元として権威主義を用いる。この二つの軸は、政党支持・投票行動の研究ではよく知られており、古典的かつ代表的な説明変数であるといってよい。本章ではそれに加えて、文化的な第二の次元としてナショナリズムを加える。

なお、本章の文脈では、「右傾化」と「保守化」の概念をとくに区別せず、同じものとして用いる。(5) 経済政策に関しては、新自由主義的であるほど、すなわち、反平等主義的・反福祉主義的・競争主義的であるほど、右傾化・保守化したとみなす。権威主義に関しては、権威主義的であるほど右傾化・保守化したとみなす。ナショナリズムに関しては、愛国主義的・民族的純化主義的・排外主義的であるほど、右傾化・保守化したとみなす。

2・3　三つのイデオロギー指標と二つの経済業績評価

本章で用いる三つのイデオロギー指標について順に説明していこう。まず、経済的な次元をなす「新自由主義」のイデオロギーは、その主張を以下の三点にまとめることができる（的場 2003）。

（1）経済における政府の役割の縮小（累進課税の累進性の緩和、規制緩和と民営化の推進）。
（2）有効需要の創出を目指すケインズ主義的マクロ経済政策に消極的であり、政府は通貨供給量のコントロールを中核的な経済政策とすること。
（3）国家による福祉サービスを縮小し、個人の自助努力に委ねること。

本章ではこの定義を踏まえ、「反平等主義」「反福祉主義」「競争主義」の三つの指標で新自由主義の価値意識を計る。この三指標のうち、反平等主義と競争主義は（1）の考えに対応し、反福祉主義は（3）に対応する。この三変数間の相関はあまり高くなく、異なる属性・階層要因によって形成される態度であるため、一次元に集約せず独立の次元として扱うのが望ましい（丸山 2011）。

もともと、日本では経済政策が主要な政策的対立軸になってこなかったとされる（大嶽 1999）。しかし一九九〇年代以降になると、徐々に反福祉や反平等といった経済的態度が自民党評価や自民党支持と関連を持つようになっていることが報告されている（田中・三村 2006；米田 2008；2018）。本章と同じ指標を用いた伊藤理史（2011）や米田幸弘（2011）の研究では、二〇〇九年の時点で、競争主義の考えを持つ人は自民党を支持し、選挙でも自民党に投票する傾向がみられる。

次に、文化的な第一の次元をなす「権威主義」は、既成の伝統や権威をどれだけ重視するかを尺度化したものである。前項でも述べた「伝統的価値」を表す尺度として、政党支持の研究でもよく使用されてきた古典的な概念である。これまで、権威主義的態度を有する者ほど自民党を支持する傾向があることが、先行研究によって繰り返し確認されている（直井・徳安 1990；轟 2000；伊藤 2011）。しかし、近年では、その傾向が徐々に弱まっていることも明らかにされている（轟 2011；米田 2018）。つまり、伝統や権威を重んじる「保守」的な価値観は、長年にわたって自民党への支持と結びついていたが、それは長期的に見れば少しずつ弱まっている。

最後に、文化的な第二の次元をなす「ナショナリズム」は、近年の政党支持、投票行動を説明する要因としてますます重要になりつつあると想定される価値志向である。概念的な説明は本書の序章でなされているため、重複して述べることは避けるが、（1）愛国主義、（2）民族的純化主義、（3）中韓排外主義、の三つの次元で政党支持との関連を検討する。

二〇〇九年の民主党政権時では、愛国主義的な人ほど自民党を支持する傾向が強く、自民党ほどではないが民主党支持者にもその傾向がみられた（伊藤 2011）。要するに、二大政党である自民党と民主党との関係は、「ナショナリスト対反ナショナリスト」という対立関係にはなかったことが確認されている。

愛国主義は、歴史教育問題や歴史認識問題に関する質問およびナショナル・プライドを問うた質問によって構成されている。いずれも一九九〇年代に右派が草の根運動を展開したテーマと深く関わっており、二〇〇〇年代の時点で自民党支持と強い関連を持っていることは納得できる。近年ではこれに加えて、安全保障に関する危機意識の高まりを受けて国民国家の一体性や日本人としての純粋性を志向する民族的純化主義や排外主義が、政党支持に影響するようになっている可能性があるだろう。

それぞれの価値志向（イデオロギー）がどのように計測されているかについては、巻末付表の使用変数リストにまとめてあるので参照されたい。

本章では、イデオロギー変数だけでなく、経済の業績評価が政党支持に与える効果の強さも検討する。政府の経済的な業績に対する有権者の評価が、内閣支持や与党支持、投票行動に影響を与えていることは、日本でもさまざまな角度から実証されている（平野 2015; 三宅ほか 2001; 大村 2018;

Taniguchi 2016; 盛マッケルウェイン 2015)。

本章では、経済の業績評価の個人的な側面を計るものとして、「ここ2～3年の間に、あなたの経済状態はどう変わりましたか」を聞いた項目を用いる。社会的な側面としては、直接的に業績を問うものではないが、「今後、日本の経済状況は悪くなっていく」という意見への賛否を反転させ、「日本経済の将来への楽観度」として用いる。

その他、コントロール変数として、性別、学歴、職業、階層帰属意識を投入する。

3　データからみる支持政党と価値志向

3・1　支持政党別にみる、価値志向（イデオロギー）の位置関係の変化

この節では、各政党の支持層が、平均的にどのような価値志向（イデオロギー）を持っているのか、その相対的な位置関係を視覚的に確認する。比較的注目すべき変化がみられた項目に絞り、平等主義、権威主義、愛国主義、民族的純化主義の四つの指標の支持政党別の傾向をみてみよう。

①古典的な経済的／文化的イデオロギー基軸からみた位置関係――反平等主義と権威主義

まず、古典的なイデオロギー対立軸として、反平等主義（経済的次元）と権威主義（文化的次元）からみた支持層のイデオロギー的傾向をみていこう（図表6-2）。横軸は右にいくほど反平等主義的であり、縦軸は上にいくほど権威主義的であることを表す。各政党の支持層の価値志向（イデオロギー）の平均値をグラフにプロットした。円の大きさは各政党の支持率の高さを表しており、有権者のボリュームゾーンが時点ごとにどこに移動したのかが視覚的にわかるようになっている。したがっ

て、円の大きさは支持層のイデオロギーの分散とは無関係であり、グラフの目盛りとも対応関係がないことに注意されたい。

自民党支持層は、二〇〇九年から二〇一七年まで時点を追うごとに、権威主義の軸で少しずつ下に下がる傾向がみられ、ややリベラル化していることがわかる。他の主要政党や支持なし層にも若干の動きがみられるものの、全体的には「自民党支持層＝権威主義的」という傾向が弱まったように見える。

図表6－2　支持政党別の経済的／文化的イデオロギーの布置変化

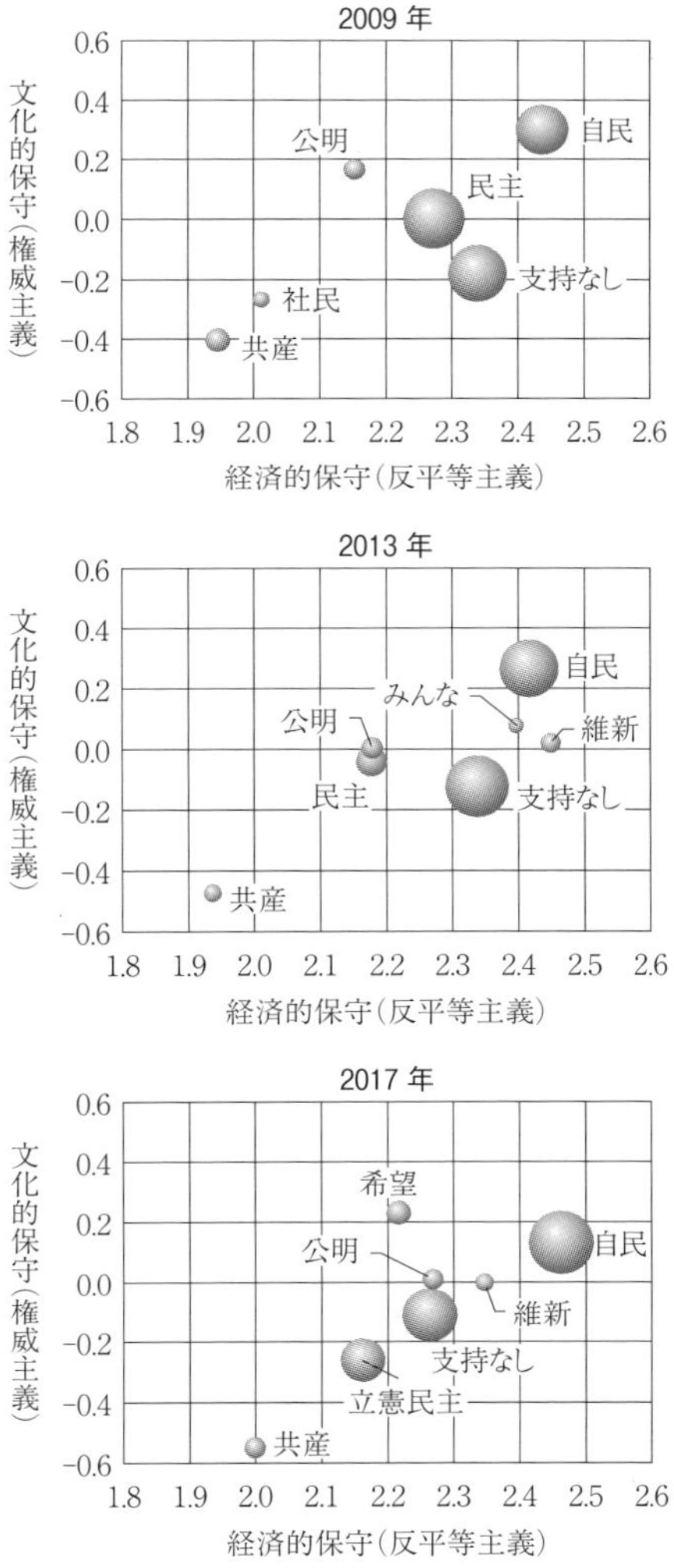

反平等主義の軸では、自民党の位置はほとんど動いていないが、自民以外の主要政党と支持なしがやや左側に移動しており、ややリベラル化している。そのために、自民党と支持なし／最大野党との間の距離が、二〇一七年にはやや広がっているように見える。

以上をまとめると、権威主義の次元では、自民党はややリベラル化し、他の政党との距離が縮まった。経済的次元の反平等主義では、支持なしと最大野党が左に移動しリベラル化したために、自民党の反平等主義的な性格が相対的にやや明確になった。

②ナショナリズムからみた位置関係――愛国主義と民族的純化主義

次に、有権者の価値志向（イデオロギー）と支持政党との位置関係を、ナショナリズムの指標からみてみよう（図表6-3）。前の図表と同じく、円の大きさで支持率の高さを表現することによって、有権者のボリュームゾーンの移動がわかるように描いてある。

グラフの横軸は愛国主義の平均値をプロットしており、右にいくほど愛国主義的である。愛国主義に関しては、自民党支持層も支持なし層もこの八年でほとんど位置が変化していない。しかし、中間に位置していた民主党支持層が消えて左右に離散したために、支持なしを含む主要政党間の価値対立が明確になっていることがわかる。

グラフの縦軸は民族的純化主義であり、上にいくほど純化主義的となる。ここでも、二〇〇九年に中間に位置していた民主党支持層が上下に離散することで、支持なしを含む主要政党間の価値対立が明確になっている。また、二〇一三年には、どの支持層も全体的に上に大きく移動しており、二〇一七年にはそれよりは少し落ち着くが、全体的に右傾化する傾向がみられる（本書第1章も参照）。なかでも自民党支持層の右傾化傾向が強かったために、このことも政党間の価値対立をより明確なもの

図表6-3　支持政党別のナショナリズムの布置変化

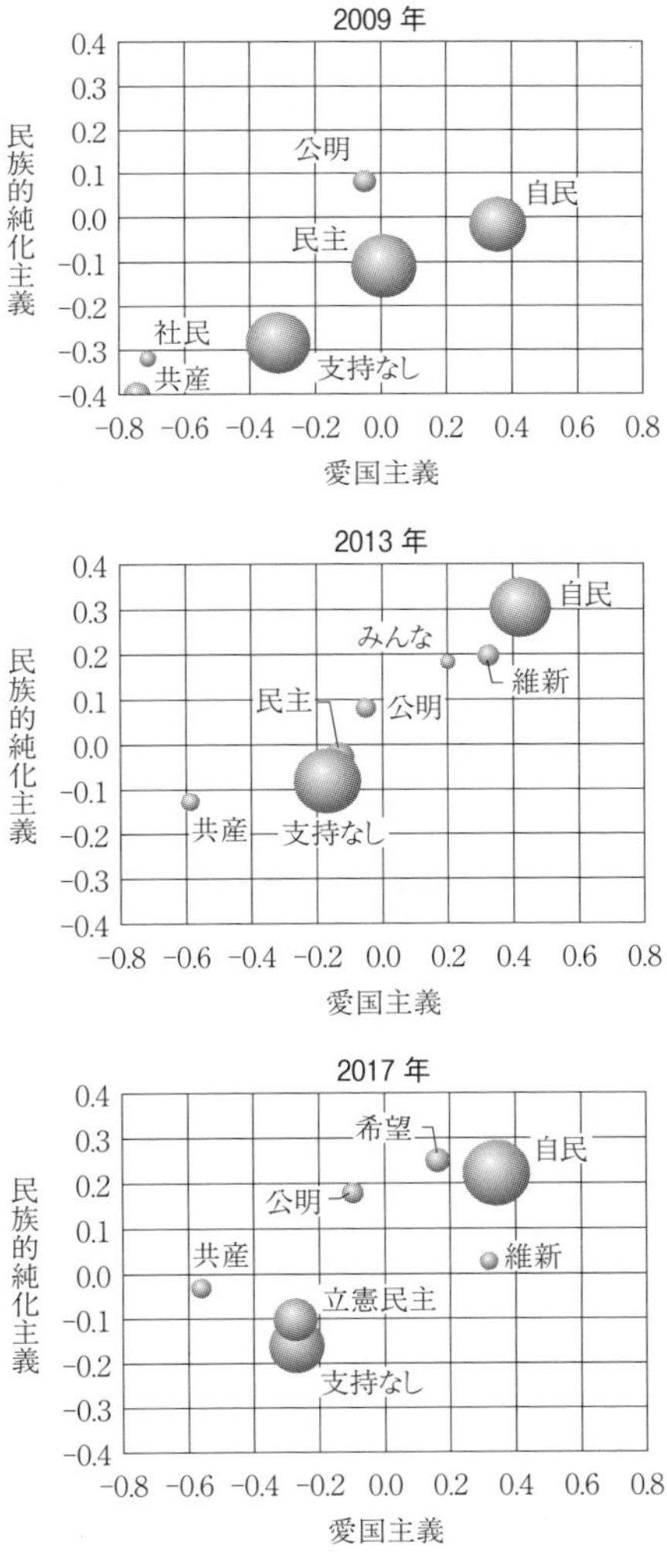

にしている。

以上をまとめると、全体的に、ナショナリズムという価値志向（イデオロギー）において、「自民―非自民」の政党間対立は明確になった。愛国主義の次元では最大野党支持層がリベラル寄りになったために、民族的純化主義の次元では、全体的に右傾化するなかで自民党支持層の右傾化度合いがとくに強かったために、相対的に自民党の保守政党としての性格が明確になった。

3・2 自民党の支持構造はどう変化しつつあるのか——多変量解析による時点間比較

前項で確認した結果は、他の変数を互いに統制したロジスティック回帰分析においてより詳細に裏付けることができる。自民党支持を従属変数とし、三次元の価値志向（イデオロギー）変数に加え、性別、年齢、学歴、職業、階層帰属意識を説明変数として投入する。ロジスティック回帰分析の結果は、巻末の付表6を参照されたい。

ここでは、主要な結果を視覚的にまとめたものを図表6－4に示してある。この図は、自民党支持層がどのような特徴を持っているかを要約的に示している。自民党を支持するか否かに強く影響している変数ほど、矢印が太くなっている。

以下では、図表6－4に即して、価値志向（イデオロギー）と経済業績に絞って結果をまとめてみよう。

①権威主義

権威主義的な人ほど自民党を支持するという傾向が三時点で一貫してみられるが、二〇一三年、二〇一七年と近年になるにつれてその傾向は弱くなっている。この八年間で、旧来型の自民党支持層ではない非・権威主義的な人が支持なしから自民党支持に流れたとみることができる。前項の図表6－2と同様の結果をここでも確認できる。

②ナショナリズム

愛国主義的な人ほど自民党支持になりやすい強い傾向が、三時点で一貫してみられる。その傾向は二〇一三年にもっとも強くなり、二〇一七年もほぼ同じ程度の強い関連を有している。

民族的純化主義は、二〇〇九年時点では関連がなかったが、二〇一七年には有意な関連を持つよう

図表6－4　自民党支持の規定要因

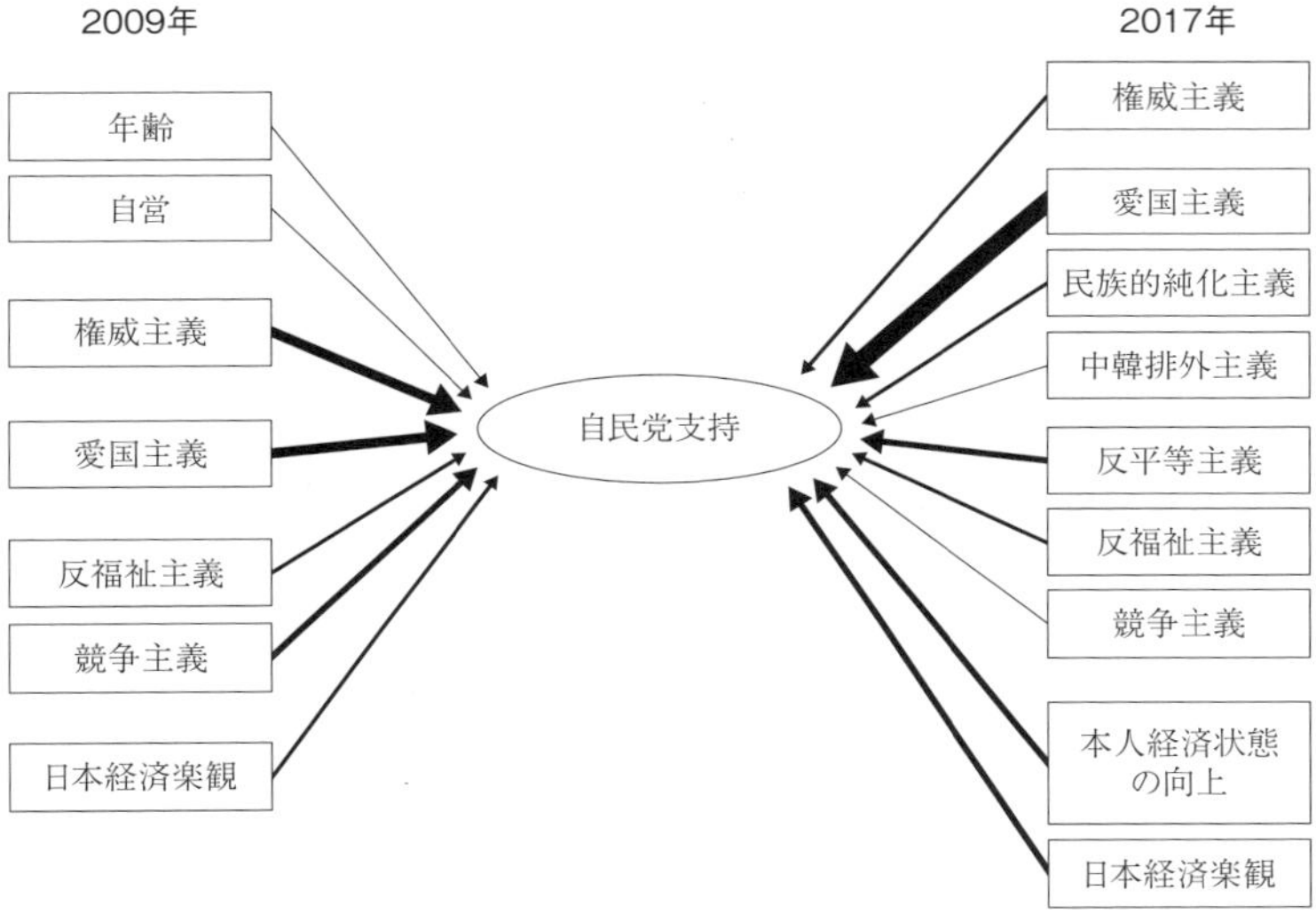

注：矢印の線の太さは関係の強さを表す。

になっている。民族的純化主義的な人ほど、自民党を支持するようになっている。

中韓排外主義的な人ほど自民党支持になりやすいという傾向は、二〇〇九年、二〇一三年のいずれも有意ではなかったが、二〇一七年にはわずかながら有意な関連が生じている。

以上から、ナショナリスティックな人ほど自民党を支持するという関連が高まっている点では三指標とも一貫している。ナショナリズムにおいて、「自民─非自民」の政党間対立が明確化したという意味で、自民党の支持基盤が相対的に右寄りにシフトしていることが、前節の図表6－3と同様にここでも確認できる。

③新自由主義

経済的なイデオロギーである新自由主義は、三指標で異なる動きをとっている。二〇〇九年時点では、競争主義がもっとも強い影響を有している。競争主義を支持する人ほど自民党支持になりやすい傾向が見いだせるが、二〇一七年にはその影響が弱くなっている。

逆に、二〇〇九年には有意ではなかった反平等主義の効果が、二〇一七年には有意になっており、反平等主義的な人ほど自民党を支持するようになっている。

要するに、新自由主義が自民党支持に与える影響は、競争主義では弱まったが反平等主義では強まっており、全体的には一進一退といったところである。

④経済の業績評価

社会的側面では、「日本経済への楽観的見通し」を持てている人ほど自民党を支持する傾向が二〇〇九年からみられる。この傾向がもっとも強くなるのは二〇一三年である。二〇一三年調査時は、「アベノミクス」が始まって一年以内の時期であり、劇的な円安と株高により日本経済復活への期待が高まっていたことを反映しているだろう（巻末付表6）。

個人的側面では、「本人の経済状態の向上」を感じている人ほど自民党を支持するという傾向が、二〇〇九年には有意でなかったが、二〇一三年、二〇一七年と近年になるほど強くなっている。二〇〇九年はリーマンショック後の大不況期だったのに対して、景気回復に転じた二〇一三年以降は自民党政権が継続している。そのために、景気回復や株高による資産所得の上昇を実感できている人たちの間で、とくに自民党への支持が高まったと考えられる。

以上から全体的な傾向を述べれば、二〇一七年において経済の業績評価が自民党支持に与える効果はたしかに大きいが、価値志向（イデオロギー）の違いが自民党支持に与える効果も、それに劣らず大きいということが言える。

4　明確化する対立軸、弱まる対立軸——政権交代後の八年間の変化

4・1　ナショナリズムという対立軸の浮上

本章では、二〇〇九年、二〇一三年、二〇一七年の三時点において、自民党を中心とした政党の支持構造がどのように変化したのかを分析した。とくに、経済的次元として新自由主義、文化的次元として権威主義、新しい第二の文化的次元としてナショナリズムをめぐる政治的価値志向（イデオロギー）に着目して、政党支持層ごとの相対的な位置関係の変化を明らかにした。

分析の結果、経済の業績評価に基づいて自民党を支持する傾向はたしかに強まっているが、価値志向（イデオロギー）に基づいて自民党を支持する傾向も、決してそれに劣るものではなかったことが明らかになった。とりわけナショナリズムの効果は、権威主義や新自由主義の影響力を上回っている。この八年間で、ナショナリズムが政党支持に与える影響は全体的に高まっていた。

二〇〇九年に起きた政権交代は、失態を重ねる自民党への失望と、政権担当能力が未知数だった民主党への期待によって生じた変化であった（飯田 2009；米田 2011）。だからこそ、自民党支持層と民主党支持層の間に大きなイデオロギー的差異は生じていなかった[6]。しかし、「民主党政権への失望」によって自民党一党優位が復活し、長期安定政権が続くなかで、政党間のイデオロギー対立は以前よりも明確になった面がある。

以下、個別の価値志向（イデオロギー）ごとに結果をまとめてみよう。

（1）二〇〇九年の民主党政権期と比べて、二〇一七年の自民党政権期では、ナショナリズムの次元において政党間のイデオロギー対立が明確になっていた。愛国主義はもともと自民党支持にもっとも強い影響を与えていたが、さらに影響を増した。また、民族的純化主義の考えを持つ人ほど自民党を支持する傾向も生じるようになっている。中韓排外主義もわずかながら有意な影響を持つようになった。

近隣諸国との緊張関係が増すなかで、国民的な結束や一体性を重視する愛国主義的な考えや、日本人としての民族的同質性を重視する純化主義的な考えを持つかどうかによって、自民党を支持するか否かがはっきりと分かれるようになっているのである(7)。

（2）文化的な次元である権威主義においては、権威主義的な人ほど自民党を支持するという傾向が弱くなっている。その主な理由は、権威主義の軸で自民党支持層がリベラル化したためである。戦後長らく続いてきた伝統的価値と自民党支持との結びつきは、着実に弱くなっていることがあらためて確認された。

（3）経済的な次元である新自由主義では、三つの指標によって異なる動きが生じていた。競争主義的な人ほど自民党を支持するという傾向は弱まっているのに対して、反平等主義的な人ほど自民党を支持する傾向は強まる傾向にある。全体としては、新自由主義をめぐる自民―非自民の政党間対立は強まっているとも弱まっているとも言えない。

しかし、景気が上昇局面にあるなかでは、市場競争促進のための規制改革（＝競争主義）や福祉の削減（＝反福祉主義）といった「痛みを伴う改革」は政治争点として表面化しにくいという点を割り引いて考える必要があるだろう。そもそも安倍政権が経済政策の最大の争点として提示したのが、構造改革ではなく「金融緩和によるデフレ脱却をつうじた経済再生」であったことも大きい。したがって、今後ひとたび景気が低迷すれば、新自由主義的改革路線の是非が政治的対立軸として重要になる可能性も十分にあると言える。

（4）景気回復の追い風を受けて、経済の業績評価による自民党支持は高まっていた。経済状態の向上を実感できているほど、また日本経済に楽観的な見通しを持てる人ほど、自民党を支持する傾向が生じている。二〇一三年以降の景気回復や雇用改善が、どこまで自民党政権下の経済政策（アベノミクス）の効果によっているのかについては、エコノミストの間でも意見が分かれている。しかし、真の要因が何であるかに関係なく、そのときの株価や景気が上昇傾向にあれば政権の支持率が高まることは、先行研究で知られているとおりである（盛マッケルウェイン 2015など）。ただし、日本経済への楽観的な見通しと自民党支持との関連は、安倍政権初期の二〇一三年より二〇一七年のほうが低下しており、「アベノミクス」への期待感も一時期ほどではなくなっていることがわかる。

自民党が安定した支持率を維持する一方で、自民党とイデオロギー的に相容れない人々が、受け皿となる対抗政党を見いだせずに「支持なし化」している現実も見えてくる。支持なし層は、最大野党（立憲民主党）の支持層とイデオロギー的に近い特徴を持つようになっている。しかし、たとえイデオロギー的に近い野党があっても、野党に「政権担当能力」がないと評価しているために、一部の有権者が無党派にとどまったままであるという可能性を指摘できるだろう。

4・2　自民党支持層は右傾化・保守化したか——その「保守」的性格の変質

最後に、これまでの結果をもとに、「自民党支持層は右傾化・保守化したのか?」という問いへの答えをあらためて整理してみよう。

(1)　自民党支持層が右傾化・保守化したと言えるのは、ナショナリズムの軸である。愛国主義、民族的純化主義、中韓排外主義のいずれにおいても、よりナショナリスティックな層が自民党を支持するようになったという意味では、支持層の相対的な右傾化・保守化傾向が認められる。

(2)　権威主義の軸では逆に、自民党支持層のリベラル化が進んでいる。

(3)　経済イデオロギーの軸では、指標によって異なる動きをとっており、全体的には保守化したともリベラル化したとも言えない。

このように、一口に「右傾化・保守化」といっても、価値志向(イデオロギー)の次元によって結論がさまざまであることがわかる。

以上の結果を踏まえ、他の変数の影響力の変化も加味した上で、自民党の「保守」政党としての変化を要約してみよう。(8) 自民党は、以前よりも若年層で支持率を高めており、旧世代に支持されやすいという意味での「保守」的性格は薄れている。また自民党は、支持層が以前ほど権威主義的でなくなっており、伝統や権威を重んじるという意味での「保守」的性格も薄れた。このように、伝統性・守旧性といった旧来型の「保守」的性格は薄まった。その一方で、ナショナリスティックであるという意味での「保守」性は明らかに強くなっている。したがって、近年の自民党支持層におけるナショナリズムの高まりは、単なる「戦前的価値への伝統回帰」として捉えるべきではないだろう。

つまり自民党支持層は単に「右傾化・保守化」したのではなく、ある面では保守化し、ある面では脱・保守化するというふうに、「保守」性の中身を変質させているのである。自民党の支持基盤になりつつあるこの新たな「保守」性が、どのような政策への支持に今後つながっていくのか、とりわけ、排外主義的な政策を推し進める強い動きになっていくのかについては、今後とも注視していくことが必要だろう。

いまのところ日本では、右傾化した自民党が一部極右層の受け皿にもなっているおかげで、極右ポピュリスト政党の台頭を防いでいるとみることも可能である。安倍首相を「危険な歴史修正主義者」とみなす向きも一部メディアには当初存在したが、実際には、戦後七〇年談話で「村山談話を継承する」と述べたり、日韓合意を締結したりするなど、「予想に反する柔軟性」（中北 2017: 106）を発揮してもいるのである。

また、現在の日本では、ナショナリズムをめぐる対立軸が、社会構造や社会制度のレベルにまで根をおろすような社会的亀裂になっているとは言えない。しかし今後、近隣諸国との緊張関係のさらなる高まりや、「移民」問題が深刻になるなどの環境変化が起きる可能性もある。そうなればますます、ナショナリズムは政治の方向を左右する重要な要因になっていくだろう。

本章では、ナショナリズムという一般的な価値基軸の影響力を検討したにとどまる。ナショナリズムと関連する個別の政治争点が投票行動にどのような影響をもたらしているのかについては、次章でより踏み込んだ分析がなされる。

注

（1）本章で分析する調査は二〇一七年が最新のものである。この調査時点では、出入国管理法の議論や韓国との徴用工をめぐる訴訟問題はまだ表面化していない。

（2）投票行動（＝選挙でどの政党に投票したか）ではなく政党支持（どの政党を支持しているか）を用いるのは理由がある。政党支持のほうが、そのときどきの政局に左右されにくく、個人の属性や価値志向（イデオロギー）に基づく党派性を抽出しやすいためである。各政党の支持基盤を抽出するには、政党支持のほうが都合がよい。

　また、各政党ごとに評定尺度を用いて好感度を割り出すために、政党の数だけ変数が必要になる「政党好感度」と異なり、政党支持では、複数の政党（支持なしを含む）から一つを選択するという方式であるため、支持なし層も含めた複数の政党支持層の位置関係を一つの変数で把握できるというメリットがある。

　近年、政党支持はあまり使用すべきでないという重要な問題提起が政治学の分野からなされている（谷口 2012）。この傾聴すべき問題提起にもかかわらず、本章であえて政党支持を使用するのも以上の理由からである。

（3）若い世代は、そもそも保革や左右のイデオロギー対立軸を内面化していない、ということも指摘されている（竹中 2014）。冷戦の崩壊によって、対立軸が以前ほど明瞭でなくなったことや、近年では「保守―革新」よりも「保守―リベラル」という対立軸のほうがメディアでよく用いられていることなど、若い世代には馴染みがなくなっている言葉もある。これらの点も、イデオロギーを包括的な一次元で尺度化することの限界を示している。

（4）本章では「新自由主義」という概念を使うが、蒲島・竹中（1996）の当時の表現では、新自由主義ではなく「新保守主義」という言葉が使われている。後の蒲島・竹中（2012）では、新保守主義を「新自由主義」と言い換えている。

（5）「保守化」と「右傾化」とを分けて議論すべき場合も当然あるだろう。しかし本章の文脈では、これといった不都合が生じないためとくに区別しないこととする。蒲島郁夫と竹中佳彦も、「日本における「保守」は、「革新」に対抗する存在であり、「右」とほぼ同じ意味と考えてよかろう」（蒲島・竹中 2012: 44）と整理している。

（6）当時の民主党に対して「第二自民党」だという指摘があったが、政策面だけでなく、支持層のイデオロギーからみても根拠のないことではなかったと言えるかもしれない。

（7）ただし、民族的純化主義の右傾化傾向は二〇一七年よりも二〇一三年のほうがやや強い。このことから、二〇一六年にメディアで騒がれた民進党議員の「二重国籍問題」は、自民党支持層や有権者全般の右傾化にほとんど影響しなかったと考えられる。

（8）自民党の「保守」政党としての変質については、米田（2018）の議論ともかなり重なっているので、そちらも参照されたい。より長期にわたる二〇年間の時点間比較に基づいて、ほぼ同様の結論に達している。

第7章

投票行動

●自民党への投票は右傾化によるものなのか

桑名　祐樹

1　安倍政権の長期化と有権者

本書執筆時点では、二〇一九年八月二五日、第二次安倍内閣発足後における安倍首相の連続在任日数が歴代最長となる見通しである。これにはさまざまな要因が想定されるが、二〇一二年一二月以降の選挙において、第一に自民党が絶対安定多数を確保し続けてきたことがあげられるだろう。自民党が政権与党として復帰した後、選挙で勝利し続けてきた背景にはどのような要因があるのだろうか。本章では、前章で示されたナショナリズムと政党支持の関係を前提としつつ、ナショナリズムと投票について考える。

本書を貫く「右傾化」というキーワードは、第二次安倍政権以降の自民党を表すキーワードでもある。というのも、第二次安倍政権の発足に伴い、政治的な分極化の一つの形としての「右傾化」が懸念された経緯がある。たとえば、二〇一二年の衆議院議員選挙において安倍総裁が率いる自民党が政権復帰を確実にした際に、いくつかの海外メディアにおいて日本の外交・安全保障政策が右傾化することを懸念する記事が掲載された（日本経済新聞二〇一二年一二月一七日付朝刊）。また、二〇〇五年以降、自民党候補における右傾化が顕著にみられることが指摘されており（中野 2015；谷口 2015）、自民党内の主導権も「ハト派」的リベラル保守から「タカ派」的右派に移行したと考えられている（中北 2014）。このように、近年の日本の政治家における右傾化の兆候については、ジャーナリストや研究者によって多くの指摘がなされている。それらは主に、安倍政権の中国や韓国に対する強硬な外交姿勢や教育における愛国心の強調などのナショナリスティックな政策態度に対する指摘であると理解できる（中北 2017）。

ただし、有権者による「右傾化」とその結果としての自民党の勝利という観点については、否定的な見方もある。竹中佳彦は、世論調査において有権者に自身のイデオロギーについて「左」か「右」かの度合いを回答させた結果を分析し、近年になるにつれ中間の回答へ収斂していくことから、「脱イデオロギー」化が起きていると指摘した（竹中 2017）。また、蒲島郁夫と竹中によれば、イデオロギーは投票行動を規定する要因としては影響が年々弱くなっていることが明らかにされている（蒲島・竹中 2012）。さらに、遠藤晶久とウィリー・ジョウによれば、左右イデオロギー自体に対する認識が世代によって異なるうえ、投票に対する一貫した効果がないことを指摘している。近年の自民党の勝利も右傾化の結果ではなく、安倍政権の経済政策への支持によるものであるという指摘もある

（竹中・遠藤・ジョウ 2015）。

ただし、現在の政治意識の布置を考慮したとき、ナショナリスティックな政策を支持する人が一面的にイデオロギーのラベルにおいて「右」と位置づけられるわけではないこと、または「反」ナショナリズムであるから革新と一概にまとめることができないことを踏まえる必要がある（田辺 2011a）。たとえば、高史明（2017）が指摘しているように、近年家族や結婚などに関するリベラルな考え方が社会に広がっていった一方で、「日本は一流国だ」といった国民意識が高まる傾向が世論調査から確認されている。くわえて、前著（田辺編 2011）で用いた二〇〇九年調査の分析結果からは、二〇〇九年の政権交代時の自民党・民主党の両党への支持に対する規定要因として愛国主義的態度があったことも検証されている（伊藤 2011）。そのため、イデオロギーラベルにおける保革対立だけに収束しないような、多次元的なナショナリズムが投票に影響している可能性は無視できない。

したがって、本書全体で取り扱うナショナリズムの各下位概念が、自民党に対する投票にいかに影響するのかを、価値意識や政策等に対する態度を考慮した上であらためて検討する必要があるだろう。前章では、二〇〇九年から二〇一七年の間における自民党支持に対するナショナリズムや価値意識の影響の推移を検討し、ナショナリスティックであるほど自民党支持となる傾向が二〇〇九年から二〇一七年まで高まっていることを確認した。本章では、自民党に対する選挙での投票参加に着目する。投票参加は政党支持とは異なり、ある特定の選挙に関する政治参加であるため、その選挙で問われた争点を無視して議論を行うことは困難である。そこで、経済観や政治不信といったある種類の業績評価や政策的対立軸、価値観にも着目しつつ、他の章で触れられてきたナショナリズムが有権者の自民党投票にどのような影響を与えているかを明らかにする。

2　イデオロギーとナショナリズム——投票参加との関係

2・1　左右対立イデオロギーとナショナリズム

投票行動研究においては、一九五〇年代からイデオロギーが投票行動の説明要因として着目されてきた。たとえばアンソニー・ダウンズはイデオロギーが有権者にとって投票方向を決定づける重要な手がかりとなっているとし（Downs 1957）、以降の投票行動研究においてもイデオロギーは有権者の投票態度を決定する重要な要因としてみなされてきた（蒲島・竹中 1996）。ハンス・アイゼンクによれば、イデオロギーが投票参加の説明要因として位置づけられてきた場合、愛国主義のようなナショナリズムは、保守主義というイデオロギーを構成する一つの態度であるとされた（Eysenck 1954）。またシーモア・リプセットとステイン・ロッカンは、イデオロギーとしての左右対立は、「階級」、「宗教」、「言語」、「世代」などの相違から形成される社会集団が政治的に連帯し、政党と結びつく「社会的亀裂」と対応すると主張し、一九六〇年代までの先進諸国においては安定的な政治的対立構造であったと論じている（Lipset and Rokkan 1967）。

三宅一郎によれば、とくに五五年体制の安定期では、日本においてもこうした左右対立は存在していたという（三宅 1985）。「自分の仕事をコントロールする主体が自分の手にあるかどうか」という「自前意識」を持つ自営業層や経営者などが自民党を支持し、一方で被雇用層が革新政党（当時の社会党）を支持するという職業階層と政党支持の関連構造を指摘していた（三宅 1985）。また大嶽秀夫は五五年体制期において、左右・保革対立というイデオロギー的対立とナショナリズムには一定の対応関係があったことを指摘し、安保政策や憲法改正の問題と自民党支持や社会党支持の対応関係は明確であったとする（大嶽 1988）。一方で、加藤哲郎は、「ジャパン・アズ・ナンバーワン」等のコピーに象徴されるような経済成長に伴うナショナル・プライドが一九八〇年代に高まり、それが自民党の支持につながった一方、こうしたナショナル・プライドは外交や軍事に対する態度と直接の関連はなかったと論じている（加藤 1989）。つまり、この時期の有権者の意識としては、経済的な側面のナショナル・プライドは、安保政策や外交のような政策的側面の左右対立と重なることなく、あくまで経済的自負心が自民党支持や投票とつながっていたと考えられる。

しかし、一九八〇年代から二〇〇〇年代にかけて、ナショナリズムと政治の関係は世界的に転換期を迎える。ヨーロッパにおいては排外主義的なポピュリスト政党が登場し、旧来的な「保守」とは異なる政党や政治家に対する支持が高まっていく（Ignazi 1992 など）。たとえばキッチェルトによれば、新自由主義的な側面を持つ保守や、旧来の教条主義的左派政党とは異なる緑の党、社会民主主義的な政党の登場によって、「左右」という直線上の対立から社会主義・資本主義と権威主義・自由主義の二軸上からなる対立に移行したという（Kitschelt 1995）。つまり、イデオロギーを含む価値観を二項対立として捉えるのではなく、多次元的に捉えることが指摘されたのである。

上記のような経緯、そして冷戦の終結もあり、日本でも保革対立の前提となるものの多くが時代にそぐわないものとなった（平野 2011）。有権者の左右対立イデオロギーは投票行動に対する規定要因としては年々弱まっており（蒲島・竹中 2012）、冷戦期の左右対立のみで政治とナショナリズムの関係を語ることは難しい現状にある。その一方で、新たな価値対立は排外主義などのナショナリズムと関連を深めながら、有権者の政治的な志向として表出されるようになっているものと考えられる。次項にて、近年のナショナリズムと投票行動の関連を確認していく。

2・2 ナショナリズムの下位概念と投票行動の関連

近年のナショナリズムと政治の関係を確認しつつ、本書を貫くナショナリズムの下位概念である「純化主義」「愛国主義」「排外主義」と投票の関係を順に整理する。

純化主義は、序章でも説明されている通り、ネイションの内外を分割する境界設定を示す概念、つまり「われわれ」の「内と外」に線を引く概念である。「内」と「外」をめぐる概念として、序章でも紹介した市民・政治的な純化主義と民族・文化的な純化主義は重なり合いながらも対照的な特徴を持つ。市民・政治的純化主義は自己定義や法制度への忠誠心などであるが、これらは市民としての権利や義務を成員として果たせるか、という点に重点が置かれている。一方で、民族・文化的純化主義は共通の「神話」を共有する血統や出生などの条件によるものであるが、これを極右政党が利用することがある。たとえば極右政党はネイションを定義する際に、歴史や言語といった、マジョリティに共有されているものを提示するが（Bruter and Harrison 2011）、こうした特徴を有しない人々はネイションのメンバーから除外されるのである（Lubbers and Coenders 2017）。このように、民族・文化的純化主義は極右政党がナショナリスティックな人々を動員するために用いられることがある。日本においては、ヨーロッパでいうところの極右政党が台頭しているわけではない。しかし、自民党が右傾化することで、潜在的な極右政党支持者の受け皿となっている可能性も指摘されている（田辺編著 2011；遠藤・ジョウ 2019）。

アメリカなどにおいては、愛国主義（patriotism）は一種の帰属意識として、政党への支持態度や投票参加に機能していることが指摘されている（Huddy and Khatib 2007）。日本においては「国旗及び国歌に関する法律」が一九九九年に制定されるなど、愛国的な政策は自民党によって推進されていく。二〇〇〇年代前半には当時の首相である小泉純一郎が終戦記念日に靖国神社を参拝し、近隣諸国から批判を受けた。愛国的な行動や政策の路線はのちの安倍晋三にも受け継がれ、「歴史と伝統を重んじる豊かな独立国の再構築」という民族・文化的純化主義を掲げた第一次安倍政権下では、同時に愛国心を強調する教育基本法改正が行われた。この頃のコアな自民党投票者層は愛国主義的な傾向を示していたことが指摘されている（米田 2011）。また、遠藤とジョウによれば、東京都知事選における極右候補者への投票を規定する要因としても、愛国主義の効果があったという結果が示されている（遠藤・ジョウ 2019）。民族・文化的純化主義に基づく政策によって喚起された愛国主義的な態度が、日本においても投票行動の規定要因のひとつとして議論の俎上に上がったといえる。

最後に、排外主義についてもみてみよう。排外主義的な政党や政治家に対する支持は、価値観の対立からも説明される。たとえば、ロナルド・イングルハートが説明するように、脱物質主義的な価値観の対立と物質主義的な価値観の対立は、新世代と旧世代の対立として捉えられ、排外主義的な物質主義的価値観を持つ世代の退場によって他者に寛容な脱物質主義的な価値観が広がると考えられた（Inglehart 1977=1978）。だが、ピエロ・イグナジが指摘するように、一九八〇年代の西欧では極右政党に対する支持を受ける排外主義的な政党が誕生した（Ignazi 1992）。その後もポピュリズムの台頭とともに外国人排斥を訴える政党に対する支持が高まり、それはとりわけヨーロッパにおいて政治的決定に影響をもたらすまでに規模を拡大させている（星野 2016；庄司 2018）。そして、イングルハートとピッパ・ノリスは、近年の排外主義的な政党の支持基盤となっているのは古い世代の物質主義者であり、加えて強力な時代背景の効果が排外主義的な政党の支持を高めていると主張している(Inglehart and Norris 2017)。同様に、日本でも排外主義的な有権者によって、極右と位置づけられる政治家に対する支持の顕在化が指摘されてきた。たとえば、樋口直人と松谷満は、都知事であった石原慎太郎に対する支持態度に排外主義が影響していることを明らかにした(樋口・松谷 2013)。つまり、排外主義の政治参加に与える影響は、ヘイトスピーチを喧伝するデモのような局所的なものに止まらず、投票というもっともポピュラーな政治参加にも影響を与えていると考えられる。

2・3　イデオロギーやナショナリズムが自民党投票へと結びつく政策的争点とは

投票行動を議論するにあたって、政策的な側面を無視することは難しい。有権者は自らが有するイデオロギーをもってして、政策争点に対する是非を判断するとすれば(尾野 2009)、自民党が選挙で勝ち続けている理由をイデオロギーのみ、あるいは政策争点のみで検討することは不適切である。そこで、二〇一二年の衆議院議員選挙時に争点となった、ナショナリズムとも結びつく政策的な争点について検討する。二〇〇九年の選挙で勝利し政権与党となった民主党政権下では、中国や韓国との領土紛争が先鋭化し、中国や韓国に対する有権者の対立感情が煽られるような形となった。その後の第二次安倍政権では中国や韓国に対して強硬な外交政策を展開したが、この時期に有権者の防衛力強化や安保体制に対する支持傾向が高まり、それが自民党支持につながっていることが指摘されている(中澤 2014)。また、安倍政権による集団的自衛権の容認は社会的にも注目を集めたが、こうした政策を支持していた層の特徴として愛国主義的であることが指摘されている(辻 2016)。このような観点から、領土問題や日米安保体制に対する姿勢はナショナリズムとともに選挙における投票態度につながっていることが考えられる。たとえば、保守政治家の中国・韓国に対する強硬な外交政策に共鳴するように、排外主義的な態度を持つ層から支持を集めている可能性があるだろう。

くわえて、憲法改正や脱原発といった争点についても検討する必要があるだろう。たとえば、上記のような安全保障の議論と同様に、憲法改正についても自民党はナショナリズムを強調するような改正を進めようとしているという指摘がある（中北 2017）。また、自民党は二〇一二年一二月時点では脱原発の姿勢を示していたが（朝日新聞二〇一二年一一月三〇日付朝刊）、その後安倍首相は「原発活用」として再稼働の推進を鮮明にしており（朝日新聞二〇一三年五月三一日付朝刊）、自民党の態度は政権再登板前後で変化している。しかし、NHKが二〇一三年と二〇一五年に行った全国世論調査では、原発をどうすべきかという質問に六割以上の人が減らす・すべて廃止と回答するなど脱原発に賛成の意見が多く（河野・仲秋・原 2016）、安倍政権の政策的志向とは対照的である。本書第9章における分析結果では、脱原発に対する意識に対して愛国主義や排外主義といったナショナリズムは負の効果を持っており、脱原発志向の有権者は自民党に対しては否定的であるように思える。だが、こうした逆風と思われる状況でも安倍政権が選挙に勝利しているのはパラドキシカルな状況である。脱原発志向は有権者の投票行動に影響を及ぼさないのだろうか。

上述のような争点とナショナリズムの双方を勘案して、投票行動との関連を明らかにした研究蓄積は多くない（Lubbers and Coenders 2017）。日本でもナショナリズムと政策争点の双方が、投票行動、とくに自民党への投票と関連しているかを検証した研究は少ないと思われる。よって次節以降の分析を通じて、ナショナリズムの各下位概念がどのように安倍自民党への投票に影響したのかを明らかにしていく。

3　自民党投票者の特徴

3・1　二つの選挙における自民党への投票

多面的なナショナリズムや価値意識、政策に対する態度が、政権復帰後から現在に至るまでの自民党の勝利に対してどのように影響していたのかを以降分析していく。そのために、第二次安倍政権発足の契機となった二〇一二年の第四六回衆議院議員総選挙と、二〇一八年一二月現在直近の選挙である二〇一七年の第四八回衆議院議員総選挙を分析する。分析に用いるデータは二〇一三年と二〇一七年である。この二つの選挙での投票参加を比較することで、安倍政権が発足してから現在まで安倍政権に投票する人々の態度がどのように維持、あるいは変化しているのかを確認することができる。今回、分析の対象とするのは二〇一二年一二月と二〇一七年一〇月に実施された衆議院議員選挙に対する自民党への投票（比例区）である。この変数は自民党へ投票した有権者を1、それ以外の有権者（棄権・白票を含む）を0とする変換を行った。分析に用いた対象は二〇歳～八一歳までの男女である。

自民党投票に規定すると考えられる要因として、第一にナショナリズムの各下位概念を用いる。具体的には愛国主義、純化主義の各類型、中韓排外主義、外国一般排外主義を用いる。「戦後レジームからの脱却」をテーマに、安倍首相は第一次内閣より愛国心教育政策や靖国神社の参拝などを続けてきた（中野 2015）。このような自民党政治家を愛国主義的な有権者が支えていると考えられる。また、排外主義については、政治家（主に自民党の代議士）における排外主義的な発言が取り上げられているが（樋口 2014）、そのような政治家による排外主義的態度表明と呼応するように、実際に排外主義的な人々が自民党に投票しているのかを検討する。

次に、ナショナリズムとも関連が深い価値意識について検討する。権威主義は五五年体制期から自民党支持を規定する要因として指摘されてきた価値意識でもあり（直井・徳安 1990；伊藤 2018a）、自民党投票を促す重要な要因と考えられている。さらに、第二次安倍政権では「アベノミクス」と呼ばれる経済政策において「大胆な金融政策」「機動的な財政政策」「民間投資を引き出す成長戦略」の「三本の矢」を提唱し、民主党政権時とは対照的な軸を打ち出すことで有権者の支持を取り付けたとされる（竹中ほか 2015）。こうした指摘にかんがみ、日本経済に対する楽観や生活満足度など主に経済状況への認知が比較的良好な有権者は、自民党へ投票するものと想定できる。またアベノミクスの一環として政府は、生活保護費や生活扶助基準の切り下げを行っており（中野 2015）、そのような新自由主義的な態度（競争主義、反平等主義、反福祉主義）として、たとえば手厚い社会保障に対して反対である場合、自民党へ投票しやすくなるものと想定する。

ここまでの枠組みは前章における政党支持の分析とほぼ変わりないが、投票に対する影響を具体的な政策等に対する争点の態度や選挙実施時の政治状況を除いて議論するのが難しいことは前述のとおりである。そこで、主要な争点であったと考えられる安保関連の態度（日米安保体制、領土問題）、憲法に対する価値意識、原発に対する態度を投入する。また、メディアで大々的に問題視された森友学園・加計学園問題などの政治不信を喚起させる問題の影響を考慮すると、政治家への不信感（政治不信）が自民党投票を避ける効果があると考えられるため、その影響も検討する。

このようなナショナリズムや価値意識、政策等に対する態度が、自民党投票に効果を持つのか、属

図表7－1　純化主義の類型と自民党投票（単位：％）

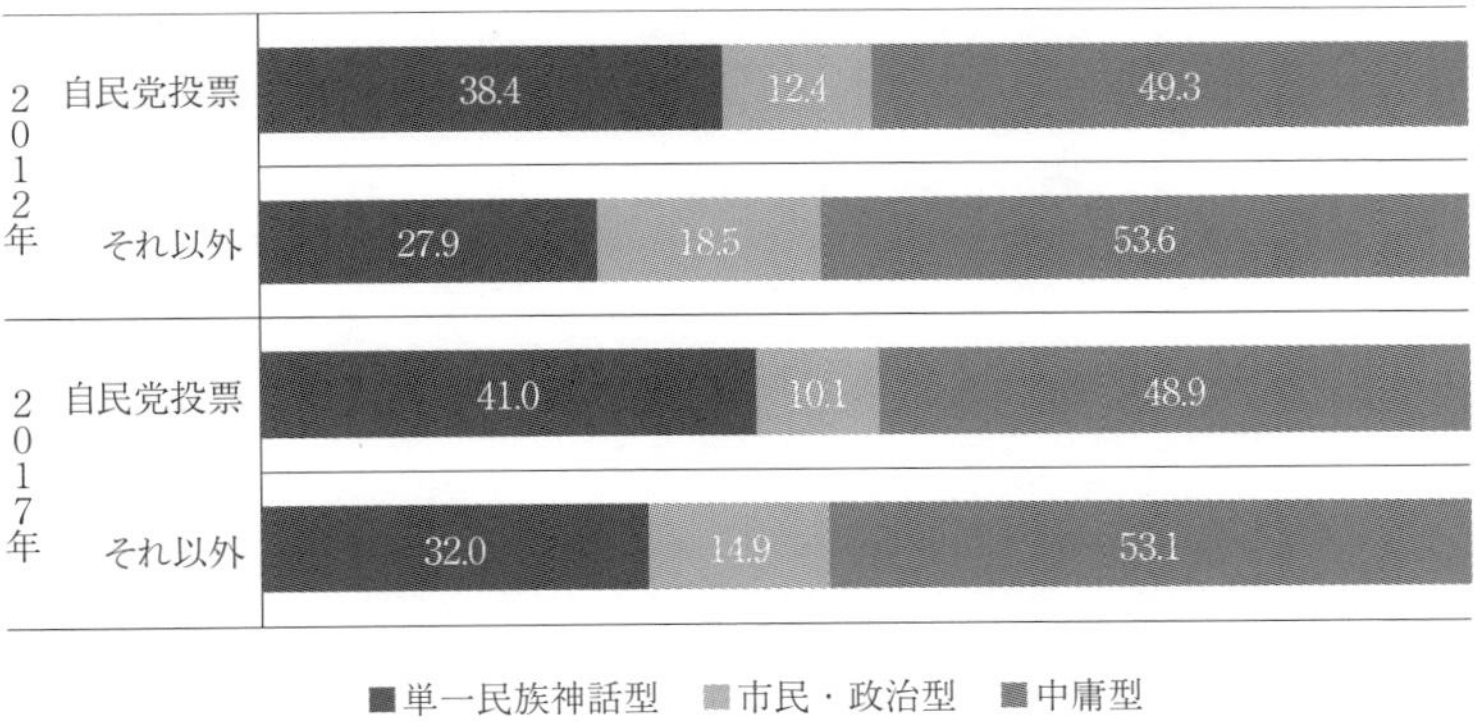

性的な部分を統制して確認したい。以下の多変量解析においては、性別、世代、教育程度（大卒であるか否か）、職業、階層帰属意識を統制変数として投入する。くわえて、これらの姿勢が安倍首相個人に対する好感や支持を考慮しても自民党への投票に影響するかを確認するために、安倍首相への好感度を投入する。

3・2　自民党投票者とナショナリズムの実際

まず、自民党投票者とそれ以外の有権者でナショナリズムに関する態度に違いがあるかを確認するために、自民党投票者のナショナリズムの各下位概念別の態度を確認する。まず、純化主義の類型と自民党投票者の関連を図表7－1に示した(1)(2)(3)。二〇一二年と二〇一七の両年において、自民党投票者のほうがそれ以外の有権者と比べて単一民族神話型の純化主義の割合が高く、市民・政治型の割合が低いことがわかる。また、二〇一二年から二〇一七年にかけて、自民党投票者とそれ以外の有権者の両者ともに単一民族神話型の割合が高くなり、市民・政治型の割合は低下している。なお、中庸型は、両者ともに最も割合の高い類型であり、二〇一二年から二〇一七

図表7－2　愛国主義と自民党投票（単位：%）

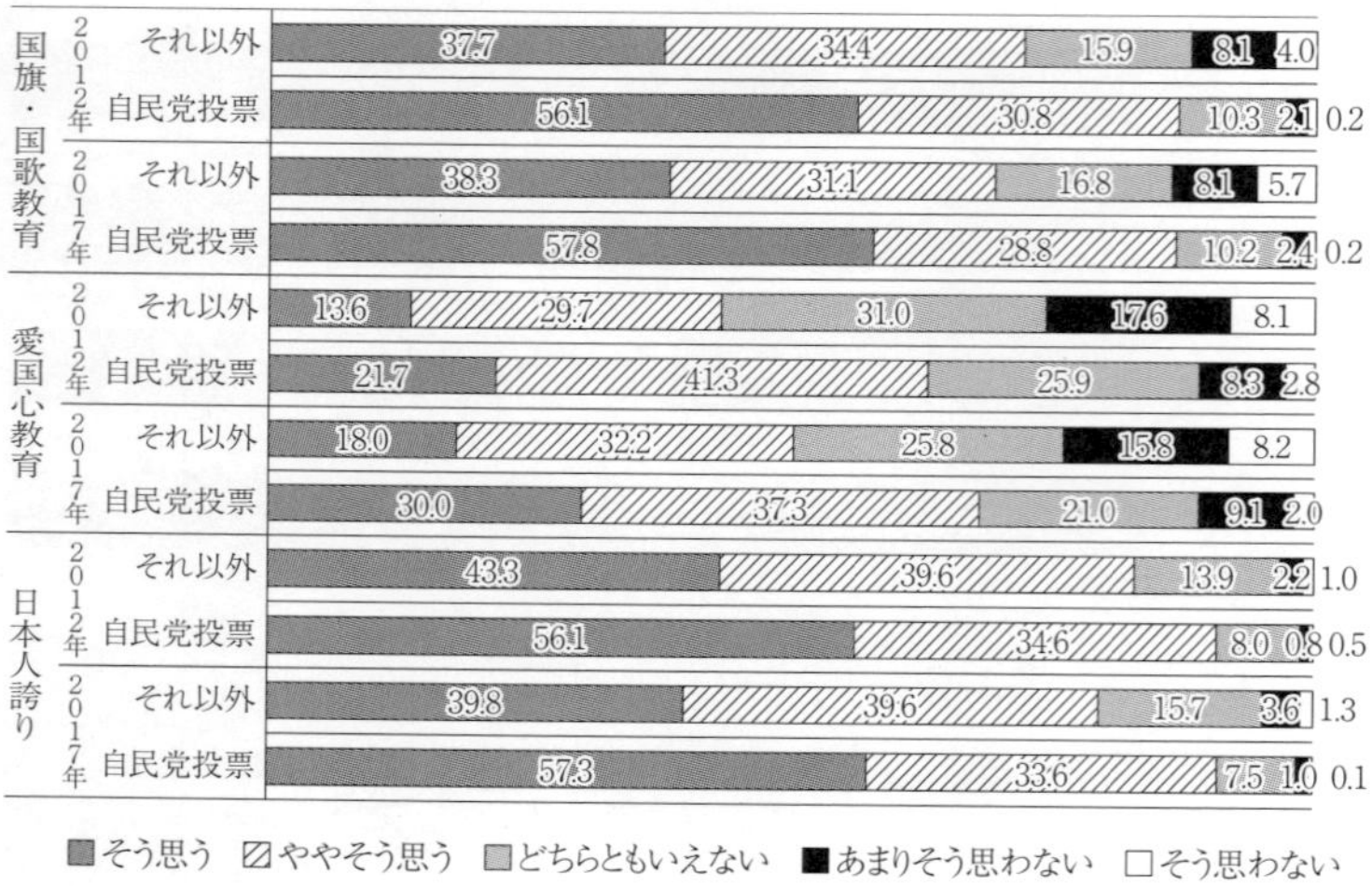

年にかけてほとんど変化がない。したがって、自民党投票者であろうとそれ以外の有権者であろうと、半数近くの有権者は中庸型に属する。中庸型は両年で変化していないため、両者ともに単一民族神話型が増加し、それに伴い市民・政治型が減少したとみられる。

次に、図表7－2では、愛国主義を構成する項目が自民党投票者とそれ以外の有権者で異なるかを示している。「国旗・国歌を教育」することについては、自民党投票者はそれ以外の有権者と比べて肯定的な態度を示している。時点間で比較すると、自民党投票者であってもそれ以外の有権者であっても肯定的な態度の割合はほぼ横ばいで推移している。「愛国心教育」については、自民党投票者はそれ以外の有権者と比べて肯定的な態度を示しており、二〇一二年と比較すると二〇一七年で肯定的な態度は増加傾向である。一方、「日本人であることに誇り」を感じることについては、自民党投票者はそれ以外の有権者と比べて肯定的

図表7－3　中韓排外主義と自民党投票

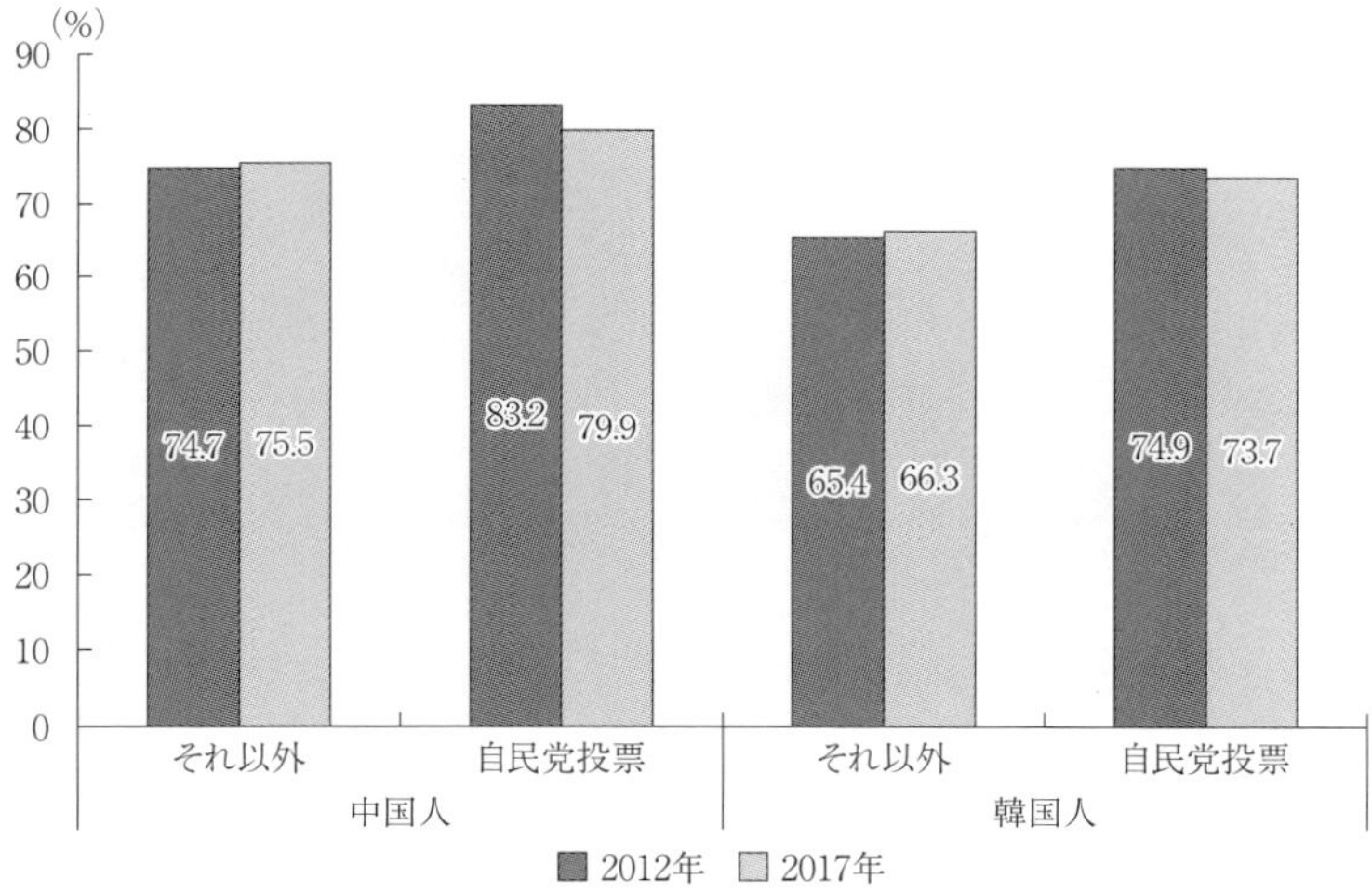

な態度を示しており、二〇一二年から二〇一七年にかけて横ばいである。総じて、愛国主義の各項目では、自民党投票者は彼ら以外と比べると肯定的な態度をとる傾向にあることが確認できる。ただし、「国旗・国歌を教育」と「日本人であることに誇り」は自民党投票者であってもそれ以外の有権者であっても、それぞれ七割以上が肯定的な態度を示している。時点間での変化については、それ以外の有権者は「愛国心教育」を除けば低下傾向にある。

最後に、排外主義の各項目と自民党投票者の関連を図表7－3と図表7－4に示した。中国人と韓国人に対する排外主義については、自民党投票者はそれ以外の有権者と比べて高い割合を示している。中韓以外の外国人に対する排外主義については、二〇一二年では差がない国もあるが、二〇一七では中国人や韓国人と同様に自民党投票者はそれ以外の有権者と比べて高い割合を示している。自民党投票者をみると、中韓を除く4カ国におい

図表７－４　外国一般排外主義と自民党投票

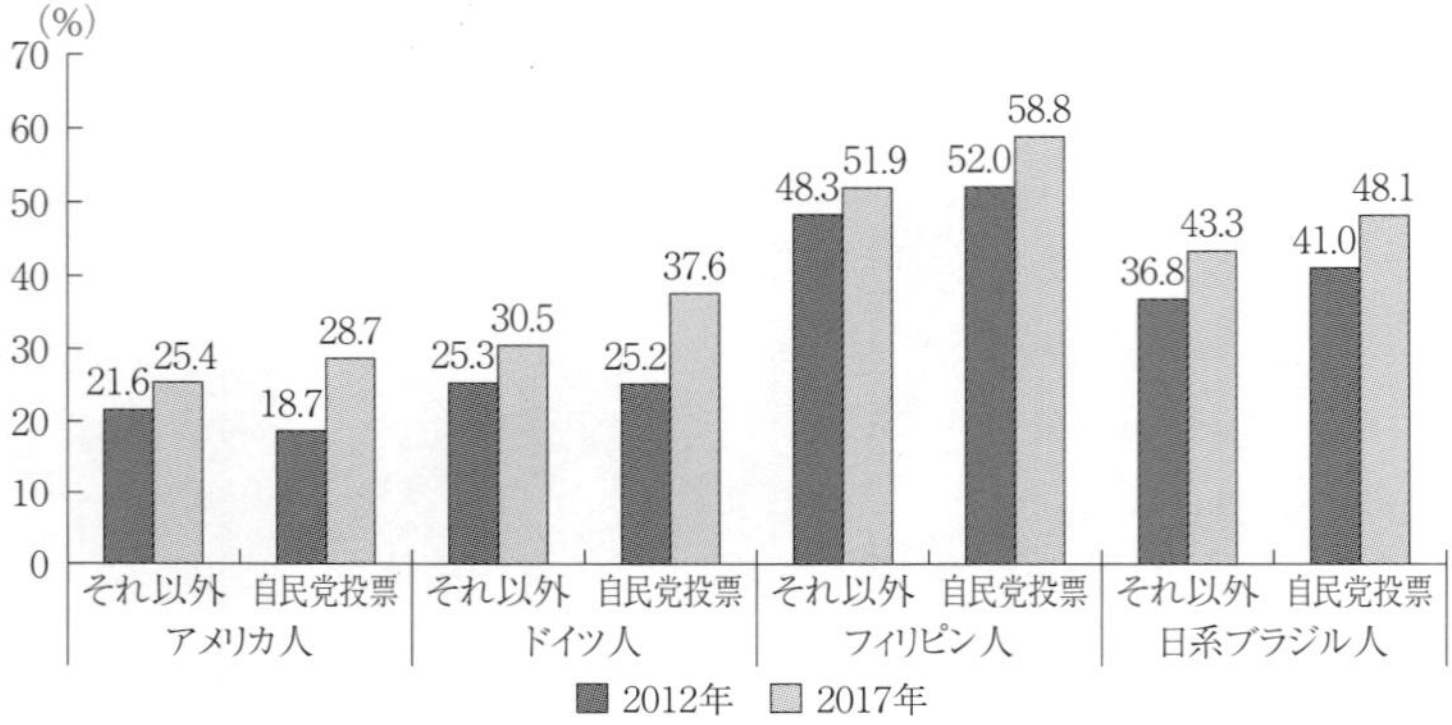

て二〇一二年から二〇一七年で排外主義の割合が増加している。なお、自民党投票者だけでなく、それ以外の有権者についても韓国人・中国人に対する否定的な態度の割合は他の外国人と比べても高いことが特徴である。

　ここまでの分析で、ナショナリズムの下位概念と自民党投票の関係を記述的に確認した。次に、他の変数の影響を統制したナショナリズムの効果を確認するために、多変量解析を実施した。日本の投票参加の研究では、自民党投票に関する地域間の差がたびたび指摘されてきたが（たとえば蒲島 1988；境家 2013）、本章の関心はナショナリズムが自民党投票に与える全国の平均的な効果にあるため、これを適切な方法で統制する必要がある。そこで、地域の観察されない異質性を統制する目的で、ランダム効果ロジットモデルを採用した[4][5]。

　自民党投票を従属変数としたランダム効果ロジットモデルを実施した結果が図表７－５である[6]。ナショナリズムの各下位概念の効果については、次のような結果が得られた。第一に、愛国主義については、二〇一二年、二〇一七年ともに正の効果で統計的に有意であった。したがって、愛国

図表7－5　自民党投票の規定要因

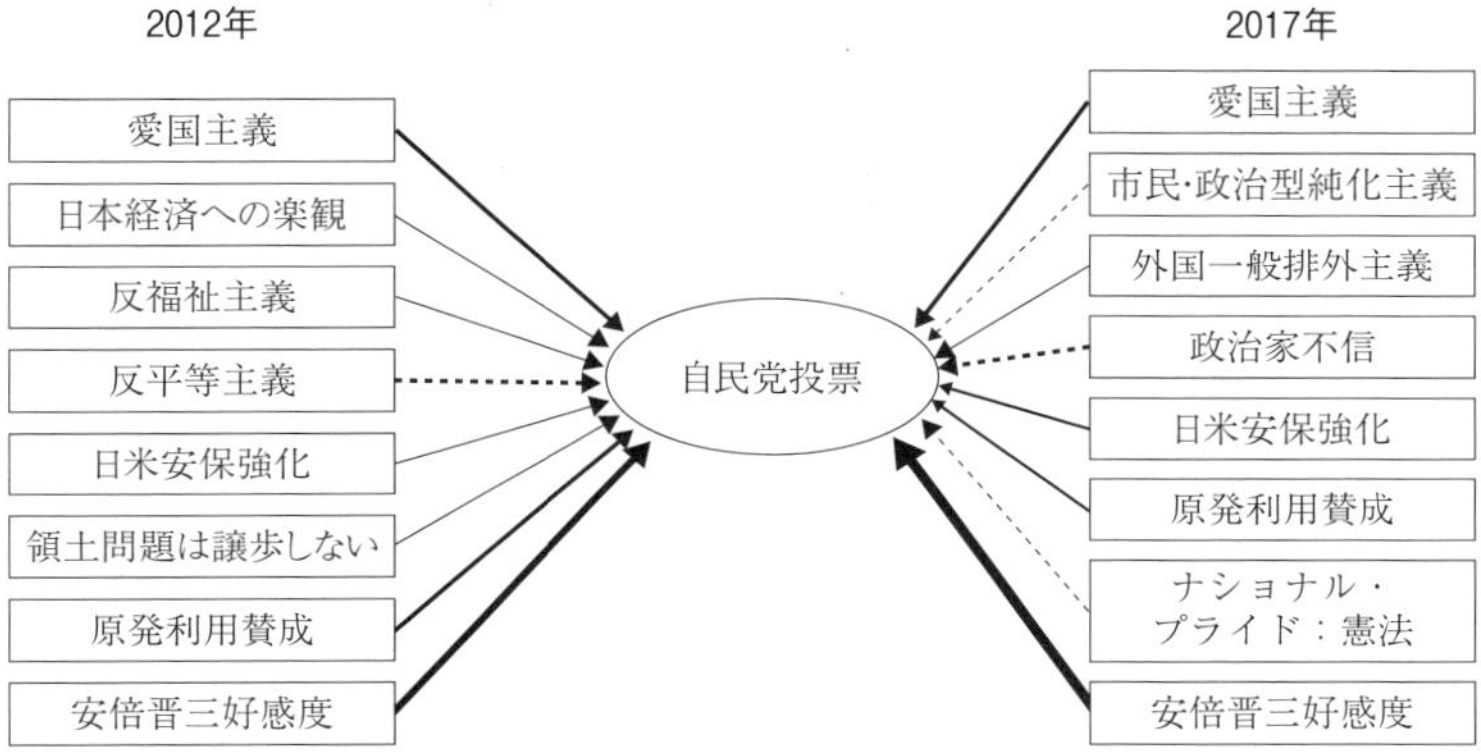

注：実線は正の影響、破線は負の影響を示しており、線の太さは関係の強さを示している。
統制変数は省略。

主義は二〇一二年以降、継続して自民党投票を促す要因となっていることがわかる。第二に、二〇一二年で有意ではなかった市民・政治型の純化主義が二〇一七年では負の効果で統計的に有意であった。市民・政治型の純化主義の類型に属する人々は法制度遵守や自己定義を重視する人々であり、こうした人々は二〇一七年の選挙では自民党へ票を投じない傾向にあった。第三に、二〇一二年では有意ではなかった外国一般に対する排外主義が、二〇一七年には正の効果で統計的に有意であった。国家間対立に依存した中韓に対する排外主義よりも、一般的に外国籍者全般を排除するような排外主義者のほうが自民党へ投票しやすくなってきたと考えられる結果である。ナショナリズムの各下位概念は自民党投票を促す効果があること、純化主義と排外主義は二〇一二年から二〇一七年で自民党投票との関連が生じるようになったことが明らかになった。

価値意識や政策等への態度が有する影響については次の通りであった。まず二〇一二年の結果からみていくと、価値意識の側面では反福祉主義が統計的に有意な効果を有していた。政策等への態度では、日本経済への楽観、日米安保強化、領土問題に強硬、原発利用賛成、安倍晋三好感度が自民党投票に対して統計的に有意な効果を有していた。各変数の効果の方向をみていくと、まず反福祉主義は自民党投票に対して正の効果で統計的に有意であった。つまり、手厚く福祉を提供するよりも個人が責任を持つ社会を支持する人は自民党へ票を投じる傾向にある。その一方で、反平等主義が自民党投票に対して負の効果で統計的に有意であり、所得を平等にすべきと考える人は自民党へ票を投じる傾向にある。また、日本経済への楽観は正の効果で統計的に有意であり、自民党政権の経済政策を肯定的に捉えた人々が二〇一二年総選挙において自民党へ票を投じた傾向にあったといえる。さらに日米安保強化、領土問題に強硬な姿勢、原発利用賛成が、自民党投票に対して正の効果で統計的に有意であった。外交や安保、原発利用などの側面における当時の政策的イシューにおいて、再登板後の安倍政権が打ち出した方針と同調的な層の人々が二〇一二年選挙において自民党へ票を投じたものと考えられる。最後に、安倍晋三好感度についても正の効果で統計的に有意であり、安倍首相への支持は二〇一二年の自民党投票を強く規定する要因であったと考えられる。

一方、二〇一七年の結果をみてみると、価値意識では政治家への不信感、ナショナル・プライド（憲法）が統計的に有意であった。政策等への態度では、日米安保強化、原発利用賛成、安倍晋三好感度が統計的に有意な効果を有していた。これらの変数のうち、二〇一二年では統計的に有意ではなかったが二〇一七年には有意となったものは、政治家への不信感、ナショナル・プライド（憲法）である。また、日米安保強化や原発利用賛成、安倍晋三好感度は正の効果で統計的に有意であり、二〇一二年以降一貫して自民党投票を促す効果があると考えられる。その反面、政治家への不信感やナショナル・プライド（憲法）については負の効果で統計的に有意であった。つまり、二〇一二年とは異なり、二〇一七年では政治家への不信感や憲法への誇りといった意識が自民党投票を忌避させる効果があったと考えられる。また、二〇一七年では反福祉主義や反平等主義、日本経済への楽観は統計的に有意ではなくなっている。

以上の分析結果をまとめると、ナショナリズムの効果は二〇一二年から二〇一七年にかけて継続あるいは顕著となっていること、価値意識については、二〇一二年と二〇一七年では異なる変数が自民党投票に効果があること、政策等に対する態度については、安倍首相の在任期間中に浮上した問題が投票に影響を与えていることが明らかとなった。

4　自民党への投票者は変容したのか

本章では、安倍政権が長期化する中で、有権者の自民党投票を規定する要因として、ナショナリズムや価値意識、政策等に対する態度に着目して検討を行った。具体的には、有権者の経済的な立場を考慮した上で、自民党投票の規定要因として、ナショナリズムの下位概念である愛国主義、純化主義、排外主義の影響を明らかにした。その結果、次のことが明らかになった。

第一に、愛国主義が自民党投票を促す効果を有しており、それは自民党の政権復帰から現在に至るまで同様である。この結果を過去の結果と比較して考えてみよう。二〇〇九年から二〇一二年にかけて、当時政権与党であった民主党に一貫して投票した層に対して愛国主義は負の効果を有していたが、自民党一貫層や二〇〇九年は民主党、二〇一二年は自民党、日本維新の会へと投票先を変更した有権者は、愛国主義は正の効果を有していた（米田 2016）。そして今回二〇一二年と二〇一七年の自民党投票に対して愛国主義が正の効果を有していたことから、愛国主義は自民党を中心とした保守政党に対する投票に一貫した効果を有しているものと考えられる。愛国主義的なナショナリズムの高まりは安倍政権を支える重要な要因となっており、「日本スゴイ」的風潮に同調した有権者が、教育改革等で「愛国心」を強調する安倍自民党に票を投じていた可能性があるだろう。

第二に、純化主義と排外主義は二〇一七年で自民党投票に対する効果が顕著となった。二〇一七年には市民・政治型純化主義が負の効果を有しており、日本人イメージを民族・文化的なものではなく市民的なものと考えるほど、安倍政権が長期化した二〇一七年の自民党には投票しなくなったと考えられる。一方で、二〇一二年には効果がなかった外国一般排外主義が、二〇一七年には自民党投票を促す結果となった。この点については、二〇一八年一二月に改正された出入国管理法の改正に伴い、日本政府は外国人労働者の受け入れを拡大する方向に政策的な舵を切った。シティズンシップ型ともとれる市民・政治型の純化主義に属する有権者は、適切な外国人労働者の受け入れに関する議論もままならない安倍政権の移民政策に対して反発的だと考えられ、それが自民党投票を避ける傾向につながっているものとみられる。また、排外主義的な有権者から安倍政権は支持を得ているにもかかわらず、移民を拡大する政策の推進を明確にしたことで、こうした層からの反発も想定される。

第三に、安倍政権が進める安保政策に同調的な有権者が自民党に票を投じ続けていると考えられる一方、政治家に対する不信や改憲に対する憂慮は自民党への投票を忌避させている。アベノミクスによって景気が回復したと報道される中で、安倍首相への好感度が高い安倍支持層が自民党へ一貫して票を投じている。また、安保・原発政策といった重要な政策課題が自民党投票を促すというのはある意味で当然の結果ともとれるが、とくに日本経済への楽観が二〇一七年には自民党投票へ影響しなくなっていることは注目すべきである。二〇一七年の総選挙が実施された頃には安倍政権が発足してから約五年が経過していたが、アベノミクスの成果とも呼ばれる景気の拡大の影響が大企業だけでなく一般市民にも波及しているのか、疑義を持たれていたことが影響したのではないか。そして、世論を二分する憲法改正論議や、「モリカケ」等に代表される不祥事による政治不信の拡大が自民党投票へマイナスの効果を有していると解釈できるだろう。

経済に対する先行きを重視した投票が継続しているとは言えず、むしろシティズンシップを重視する人々からの票や、護憲的な人からの自民党に対する反発、政治に不信感を持つ人からの自民党へのあきらめを考慮すると、二〇一二年と比べたときに自民党が多様な投票者層を囲い込めているとは考えにくい。事実、比例代表における自民党得票率も二〇一二年から二〇一七年の間に低下しており、選挙における安倍政権への風当たりは強くなっていると考えられる。しかし、そのことが選挙での勝敗という側面において安倍政権を揺るがすような事態には至っていない。衆議院議員総選挙の投票率が回を重ねるごとに低下するなか、強力な野党の不在もあり自民党は各選挙で勝ち続けている。

そして、安倍政権が長期化する中で自民党へ票を投じている有権者は、ナショナリスティックで強硬な外交姿勢を有する点では大きく変化していない。つまり、上記のようなマイナス要因を考慮してもなお有権者が自民党へ票を投じ続ける背景には、ナショナリズムの影響が想定されるといえよう。政策的争点への態度と比べると、ナショナリズムが投票態度に与える直接の影響力は小さいように感じられるかもしれない。しかし、本章の分析結果で示されたのは、第二次安倍政権が発足して数年経過した二〇一七年選挙において、ナショナリズムの影響は強まっているということである。しかも、安倍首相に対する好感度を割り引いてもそうなのである。

こうした結果から、自民党がナショナリスティックな側面でも支持されているものと考えられるが、その背景には有権者が置かれている政治的な状況があると考えられるだろう。つまり、自民党が勝ち続ける理由の一端には、「内」と「外」をめぐる有権者の「敵対性（antagonism）」（Mouffe 2005=2008）の感情を刺激させる政治的状況があるのではないだろうかと推察されるのである。尖閣諸島や竹島などの領土をめぐる問題が先鋭化してすでに数年が経過するものの、二〇一九年現在も、韓国海軍とのレーダー照射問題や海洋資源をめぐる中国との争いなど、近隣諸国に対する有権者の敵対的な感情を煽るような状況が続いている。したがって、今後もナショナリズムが投票に与える影響を継続的に確認する必要があるだろう。

くわえて、ヘイトスピーチや排外デモなど、敵対性が顕著に現れるような政治参加もまた近年観察されている。ナショナリズムが政治参加に顕著に影響するのはどのようなところなのだろうか。その点については次章において検証する。

付記

本章はＪＳＰＳ科研費 JP19J10029 の助成を受けたものです。

注

（1） 本章で示した度数分布は、すべて分析に用いたサンプルに限定して示している。

（2）　投票（自民党投票かそれ以外の有権者か）は二〇一二年衆議院議員総選挙の比例区における投票経験の回顧を用いているが、ナショナリズムの各下位概念は二〇一三年時点の回答であることを注意されたい。

（3）　分析の対象とした投票行動には、回収や回答に伴うバイアスがあることは留意されたい。二〇一二年の総選挙の比例区における自民党の絶対得票率は一六・〇％であったが、二〇一三年調査の回答では三六・八％であった。また、二〇一七年総選挙の比例区における自民党の絶対得票率は一七・五％であったが、二〇一七年付調査の回答では二九・二％であった。

（4）　固定効果モデルとランダム効果モデルは、しばしばパネルデータの分析において個人間の観察されない異質性を統制する目的で用いられる（筒井 2011）。これを応用し、都道府県や世帯、きょうだい等のまとまりにおける異質性を統制する目的で用いられる場合がある（三谷 2014 など）。本項では各市区町村をひとつの「まとまり」として捉え、地域における観察されない異質性を統制した。

（5）　Hausman 検定を実施したところ、両年ともにランダム効果モデルが採択された。

（6）　推定値は区間推定を行った上で、二〇一二年と二〇一七年を比較している。九五％信頼区間が両年において被らない場合において、差があると記述を行っている。

第8章

政治参加

●ナショナリズムはどのように影響するのか

伊藤　理史

1　政治参加をナショナリズムから考える

本章の目的は、前章までに議論されてきたナショナリズムの複数の下位概念が、政治参加の活動類型に対してどのような影響を与えているのか検討することである。

戦後日本の政治参加は、長らくイデオロギー（保守・革新）の対立により特徴づけられてきたとされる（蒲島・竹中 1996, 2012）。戦前回帰を指向する自民党（保守）と戦後民主主義を擁護する社会党・共産党（革新）の議会内対立である「五五年体制」は、その象徴と理解される。そして五五年体制下では、保守側が主に選挙を通じた政治参加により安定して政権を獲得・維持し続けたことに対抗するため、革新側が投票以上のさまざまな政治参加を積極的に行ってきた。とくに一九六〇年代から七〇年代に行われた日米安全保障条約改定の是非をめぐる「安保闘争」や「学生闘争」、さらに「ベトナム反戦運動」などの大規模なデモ活動は、革新側が投票以外の政治参加により日本社会に大きな影響を与えた一例と考えることができるだろう。

ただし一九九〇年代後半以降になると、「政治参加に積極的なのは革新」という従来のイメージと異なる事例も生じている。たとえば保守（極右）側から、「新しい歴史教科書をつくる会」による歴史修正主義的な教科書採択運動や（小熊・上野 2003）、「在日特権を許さない市民の会（在特会）」による排外主義運動が生じた（安田 2012; 樋口 2014）。とくに在特会の活動は、二〇一六年の「ヘイトスピーチ解消法」成立に影響を与えるなど、大きな社会問題と認知されている。「草の根保守運動」（小熊・上野 2003）とも形容されるこれら保守側のデモ活動は、インターネットを利用した幅広い動員と社会に与えたインパクトの点で、既存のいわゆる「街宣右翼」とは大きく異なるものといえる。このことは、保守側が（革新側よりも）積極的に政治参加するようになったことを意味するのだろうか。しかしながら冷戦構造や五五年体制の終焉がイデオロギーの多元化や溶解をもたらし（蒲島・竹中 1996, 2012）、世代を超えた保守・革新の共通理解もすでに失われた現代日本においては（遠藤・ジョウ 2019）、自身の立場を保守（右）から革新（左）のどこに位置づけるかという、一次元的なイデオロギー（保革自己認識）から政治参加を説明するのは非常に困難[1]と言わざるをえない。

それに対して本章では、ナショナリズムが有用な視点を提供してくれることを主張する。ナショナリズムは、伝統的にイデオロギーの下位分類や一側面（Eysenck 1957=1961; Vincent 1992=1998）として理解されており、実証研究からもある種のイデオロギーと関連することが確認されてきた（Conover and Feldman 1987; Hurwitz and Peffley 1999; Karasawa 2003）。そのためイデオロギーの多元化・溶解が指摘されるような現代日本の場合には、むしろナショナリズムを直接検討したほうが有意義と考えられる。実際に前述の革新側・保守側双方のデモ活動の事例も、安全保障や歴史認識、外国人受け入れを通じた国の在り方をめぐるナショナリズムと政治参加の問題として捉え直すことができるだろう。つまり戦後日本の政治参加の特徴であったとされるイデオロギー（保守・革新）対立の本質を、ナショナリズムとみなす視点である。

しかしながら、前章までに議論されてきたナショナリズムの複数の下位概念が、政治参加に対してどのような影響を与えているのかについては、十分に解明されていない。たしかに草の根保守運動は、社会科学者やマス・メディアからも注目を集めており、その参加者（活動家）についての実証研究が蓄積されている（小熊・上野 2003; 安田 2012; 樋口 2014）。それらの実証研究では、主に質的調査（インタビュー）を用いて参加者の具体的な特徴[2]（動員されるメカニズム）を明らかにしてきた。ただし参加者の有権者全体に占める割合は、近年の（草の根保守運動以外も含めた）デモ活動の参加率が調査によっては一％を下回ることから（高橋・荒牧 2014; 伊藤 2016）、圧倒的少数派に過ぎない。それゆえ草の根保守運動の参加者は、ある意味できわめて「特殊な」人である。したがって、現代日本における政治参加をナショナリズムの側面から解明するためには、量的調査を用いて（必ずしも草の根保守運動には参加しないような）「一般的な」人との比較を行う必要があるといえる。

そこで本章では、現代日本の政治参加をナショナリズムから考えるにあたり、次の二点をとくに重視する。第一に、政治参加については、複数の政治参加の活動類型を抽出した上で分析を行う。詳細は第2節に譲るが、人は投票、署名、デモ活動など複数の異なる政治参加を選択的に行っているため、政治参加の活動類型を考慮した分析は、実態に即した分析という点で意義がある。第二に、ナショナリズムについても、純化主義、ナショナル・プライド、愛国主義、排外主義の四つの下位概念を相互に統制しながら分析を行う。こちらもナショナリズムの複数の下位概念のうちどの側面が、政治参加を促進または阻害するのか明らかにできるという点で意義がある。以上の二点は、いまだ十分に解明されていないため、これらを明らかにすれば現代日本における政治参加とナショナリズムの実証研究を進展させることができるだろう。(3)

本章の構成は以下の通りである。続く第2節では、政治参加とナショナリズムについて欧米諸国の実証研究を中心にまとめ、二つの課題を提示する。そして第3節では、政治参加の活動類型を統計的に抽出し、その活動類型に対するナショナリズムの複数の下位概念の影響を検討する。その結果を踏まえて第4節では、現代日本における政治参加をナショナリズムの側面から考えた場合の含意について論じたい。

2　政治参加の活動類型とナショナリズムとの関連

2・1　政治参加の活動類型への注目

そもそも政治参加とは、代表的な定義に従えば「政府の政策決定に影響を与えるべく意図された一般市民の活動」（蒲島 1988: 3）全般を指すが、実際に行われている活動の内容は多岐にわたる。また政治参加はいくつかの類似した活動形態（mode）に分類できることが知られており、国際比較調査データに対する統計解析（因子分析）の結果から、「投票参加」、「選挙活動参加」、「地域活動参加」、

「個別接触」の四分類（の潜在概念）が、国に依らず共通して抽出されている（Verba, Nie, and Kim 1978=1981）。またこれら四分類の活動形態は、影響力の大きさやその範囲、参加の自発性などのさまざまな点で異なる特徴を有しているとされる。さらに日本では、その後の実証研究においても類似した結果が繰り返し報告されているため（たとえば蒲島 1988; 三船 2008）、分類の時代を超えた安定性が示されているといえる。

それではこのような複数の政治参加の活動形態は、相互にどのように関連しているのだろうか。人は通常、複数の活動を選択的に行っているため、そのパターン（政治参加の活動類型）を明らかにすることが重要であると考えられる。かつては政治に対する積極性（政治的関与の度合い）に応じて、「傍観者的活動」から「競技者的活動」（投票から立候補）に至る累積的で一次元の活動類型が想定されていた。すなわち「参加コストの高い活動を行う人は、それよりも参加コストの低い活動も行う（反対に逆のパターンは存在しない）」ことが当然視されていたのである（Milbrath 1965=1976; 山田 2016）。しかしながら実際の政治参加はそれほど単純ではなく、参加コストの高い活動を行う人が、必ずしもそれより参加コストの低い活動も行うわけではない（西澤 2004）。その一方でそれぞれの活動は、完全に個別独立して行われているわけでもなく、たとえばデモ活動の参加者は集会や署名活動にも参加しやすいなど、一定の関連が認められるという（山田 2004）。そのように単純な「量」の問題には還元できないにもかかわらず、既存の実証研究の多くでは政治参加が項目別（単体）や複数の項目の単純加算や因子分析などによって一元的に操作化されている（Verba, Nie, and Kim 1978=1981; 蒲島 1988; 三宅・西澤 1997; Verba, Schlozman, and Brady 1995; 山田 2002, 2004; 武田 2010; 境家 2013; 秦 2015; 伊藤 2016, 2018b）。このことは、政治参加の活動類型の把握に関する努力が必ずしも十分になされてこなかったことを意味しているといえよう。

そこで本章では、潜在クラス分析という分析手法を使って、政治参加の活動類型（の潜在概念）を抽出していく（McCutcheon 1987; 藤原・伊藤・谷岡 2012）。因子分析によって類似した政治参加の活動形態を探索する代わりに、潜在クラス分析によって個人のさまざまな政治参加を活動類型としてあらためて捉え直すことで、政治参加の実態に即した分析が可能となる。[4]

2・2　ナショナリズムはどのように政治参加に影響するのか

次に、ナショナリズムは政治参加の活動類型にどのように影響しているのかを検討していこう。伝統的な政治参加の規定要因に関する実証研究では、社会経済的資源、政治的関与、動員の三つの要因の重要性が繰り返し指摘されてきた（Verba, Nie, and Kim 1978=1981; 蒲島 1988; 三宅・西澤 1997; Verba, Schlozman, and Brady 1995; 山田 2004, 2016; 武田 2010; 境家 2013; 秦 2015; 伊藤 2016, 2018b; Rapp 2018）。したがって本章で検討するナショナリズムの複数の下位概念は、三つの要因のうち政治的関与（心理的要因）の一部に分類することができるだろう。しかしながら、政治参加の規定要因としてナショナリズムを直接検討した実証研究は少ない。その主な理由としては、ナショナリズムの複数の下位概念と政治参加の双方の質問項目が豊富に測定された社会調査の不在を指摘できる。[5][6]

それでも数少ない実証研究の知見に従うならば、ナショナリズムの複数の下位概念のいくつかは、政治参加と関連していることが示唆される。たとえばロバート・シャッツ、アービン・スタウブとハワード・ラビンは、アメリカの学生調査のデータを用いて、ナショナリズムを因子分析から無批判的な愛国主義（blind patriotism）と建設的な愛国主義（constructive patriotism）に区別した上で政治参加[7]

や複数の政治意識との関連を分析している。その結果、無批判的な愛国主義は政治参加や政治意識と負の関連があるのに対して、建設的な愛国主義は政治参加や政治意識と正の関連があることを明らかにしている（Schatz, Staub, and Lavine 1999）。またレオニー・ハディーとナディア・ハティブは、アメリカの学生調査とＧＳＳ調査のデータを用いて、ナショナリズムの複数の下位概念を因子分析から純化主義（national identity）、ナショナル・プライド（national pride）、象徴的な愛国主義（symbolic patriotism）、無批判的な愛国主義（uncritical patriotism）、自国中心主義（nationalism）に区別した上で投票参加との関連を分析している（Huddy and Khatib 2007）。その結果、純化主義は投票参加に正の関連、無批判的な愛国主義と自国中心主義は負の関連、ナショナル・プライドと象徴的な愛国主義は投票参加と関連しないことを明らかにしている。さらにキャロリン・ラップも、スイスのＩＳＳＰ調査のデータを用いて、因子分析から純化主義（national identity）と自国中心主義（nationalism）を区別した上で投票参加との関連を分析している（Rapp 2018）。結果も同様であり、純化主義は投票参加と正の関連、自国中心主義は投票参加と負の関連にあるが、帰化移民の場合は自国中心主義的であるほど投票参加しやすいことを確認している。最後に日本のネット調査のデータを用いて「ネット右翼」[8]の特徴を分析した辻大介は、ネット右翼（排外主義・愛国主義）的な人はそうでない人よりネット以外での政治参加にも積極的であることを報告している（辻 2008, 2017）。これらの知見は、ナショナリズムの影響が概念（指標）によって大きく異なり、政治参加を促進する場合もあれば阻害する場合もあることを示している。しかし本章の問題関心からすると、これらの実証研究はナショナリズムの複数の下位概念の精緻化（とくに排外主義の検討）が十分になされておらず、投票以外の政治参加（政治参加の活動類型）の検討も一部にとどまる。

そもそも、これらのナショナリズムの複数の下位概念と政治参加に関する実証研究の結果がなぜ生じるのかについては、それを説明する理論枠組みの不在から、必ずしも明確ではない（Huddy and Khatib 2007）。そのうち純化主義については、社会的アイデンティティ理論と社会的カテゴリカル理論（Tajfel and Turner 1979; Tajfel 1981; Turner 1982）からの説明が可能とされ、純化主義的な（自身を国に強く準拠させている）人は、当該社会内での相互行為によってその社会の望ましい規範（政治に関心を払うべき）を内面化させるために、そうでない人と比べて積極的に投票参加すると理解される（Huddy and Khatib 2007; Rapp 2018）。このような説明は、民主主義や福祉国家が成立する条件として成員間の一定の同質性が必要と考え、いわば特定の種類の純化主義を擁護したデイビッド・ミラーのリベラル・ナショナリズムの議論とも親和性が高い（Miller 1995=2007）。ただしこの説明は、あくまでも投票参加（またはシティズンシップ）を念頭に置いているため、たとえばデモ活動のような対抗的な政治参加（投票以上の政治参加）の場合は、異なる結果をもたらす可能性がある。さらにそれ以外のナショナル・プライド、各種の愛国主義、自国中心主義については特定の理論枠組みからの説明が難しく、無批判的な愛国主義と自国中心主義の場合、権威主義的な人が多いために政治的な意思決定の権利を放棄する傾向が強く、投票参加しないことが指摘されるにとどまる（Huddy and Khatib 2007; Rapp 2018）。したがってナショナリズムの複数の下位概念と政治参加の関連は必ずしも自明ではなく、まずは探索的に明らかにされるべきものといえる。

ここから本章では、現代日本におけるナショナリズムの複数の下位概念が政治参加の活動類型に対してどのような影響を与えているのか、事前に明確な仮説を設定せずに探索的に検討していく。具体的には前章までに議論されてきた純化主義、ナショナル・プライド、愛国主義、排外主義というナショナリズムの四つの下位概念を取り上げ、主にハディーとハティブの分析枠組みを参考に相互に統制した上での各下位概念の影響を議論する（Huddy and Khatib 2007）。

2・3　政治参加とナショナリズムに関する二つの課題

以上の議論をあらためて整理すると、本章で解明すべき課題は次の二点にまとめられるだろう。まず一つ目の課題は、「政治参加の活動類型の実態はどのようになっているのか」を明らかにすることである。続く第二の課題は、「ナショナリズムの複数の下位概念は政治参加の活動類型に対してどのような影響を与えているのか」を解明することである。

一つ目の課題については、個人の政治参加の活動類型の具体的な特徴を明らかにする。潜在クラス分析の結果に基づいて、活動類型の数とその特徴（どのような活動を選択的に行っているのか）を記述していく。二つ目の課題については、ナショナリズムの複数の下位概念が、一つ目の課題で抽出された政治参加の活動類型に対してどのような影響を与えているのかを明らかにするために、多項ロジスティック回帰分析(9)を行う。具体的には政治参加の実証研究で標準的に採用されている、社会経済的資源（性別、年齢、年齢二乗、教育年数、職業、対数変換済世帯収入）、政治的関与（政治的有効性感覚）、動員（支持政党）やその他（家族・地域要因）の統制変数（婚姻状態、子ども有無、居住年数）を考慮した上での、ナショナリズムの複数の下位概念の影響を検討していく。

3　三つの政治参加の活動類型とナショナリズムの異なる影響

図表8－1　各政治参加指標の参加経験率（N=2164）

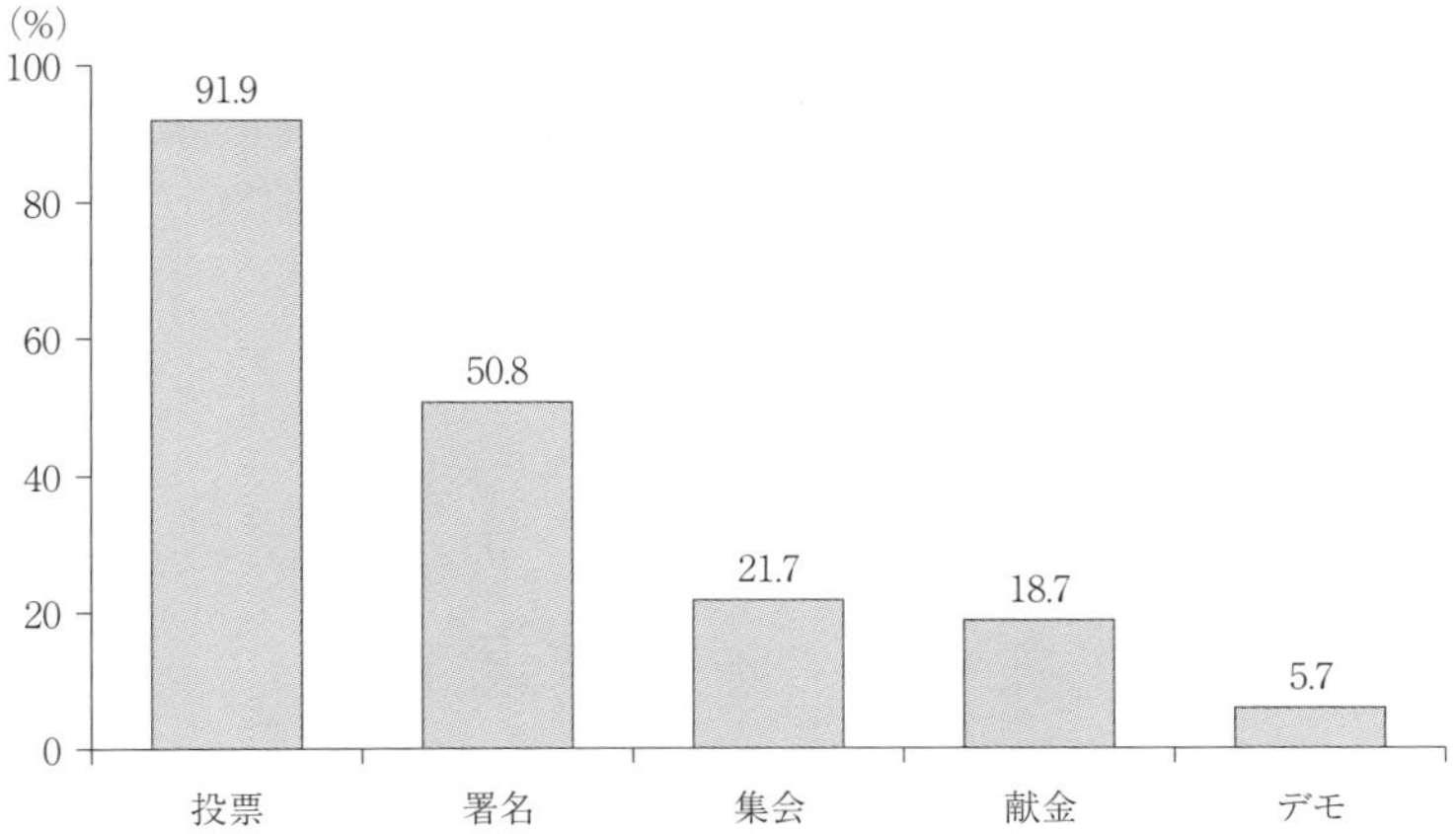

3・1　指標による参加経験率の差異

最初に、政治参加の実態について確認しておこう。二〇一七年調査では、もっとも一般的な「選挙での投票（投票）」をはじめ、「署名運動への協力（署名）」、「デモへの参加（デモ）」、「政治に関する集会への出席（集会）」、「献金・カンパ（献金）」という五項目の指標を取り上げ、それぞれ期限を区切らない過去の参加経験の有無[10]を尋ねている。図表8－1をみると、参加経験率がもっとも高いのは投票[11]（九一・九％）であり、次いで署名（五〇・八％）、集会（二一・七％）、献金（一八・七％）、デモ（五・七％）の順番となっている。つまり投票についてはほとんどの人が経験しているが、署名でも半数程度、デモに至っては逆にほとんどの人が経験していないことになる。このような各指標間の参加経験率の差異は、参加コストの高低を反映したものと考えることができる。その一方でこの結果は、少なくない人が投票以外の政治参加についても経験していることを示唆している。したがって政治参加の実態について議論する場合は、それぞれの指標を個別独立

図表8－2　政治参加の活動類型の構成割合（N=2164，単位：%）

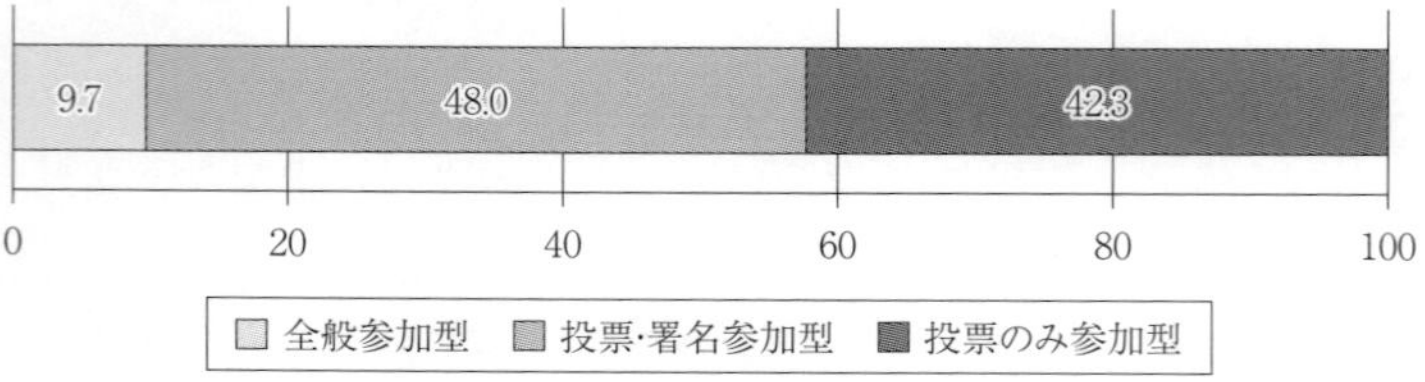

に取り上げるのではなく、投票とそれ以外の指標との組み合わせにこそ注目すべきであり、すなわち政治参加の活動類型を抽出することが重要となる。

3・2　三つの政治参加の活動類型とその特徴

次に、潜在クラス分析によって、どのような活動類型が抽出されるのかを検討していく。第一に、主に適合度指標（ＢＩＣ）の値に基づき活動類型（潜在クラス）の数を決定する（詳細は巻末付表8－1を参照）。潜在クラスの数を一個から四個まで順番に増やして比較検討したところ、三クラスモデルが最適[12]であることが明らかになった。したがって本章では、以後この三クラスモデルを前提として議論を進めることにする。

　第二に、三クラスモデルの構成割合（全体に占める割合）と条件付き応答確率（各政治参加指標の参加経験率）の値に基づき、活動類型（各潜在クラス）の特徴を解釈する。図表8－2は各潜在クラスの構成割合を、図表8－3は各潜在クラスの条件付き応答確率をそれぞれ示している（詳細は巻末付表8－2を参照）。

　一つ目の潜在クラスは、構成割合が最小のクラス（九・七％）であり、圧倒的少数派となっている。条件付き応答確率については、投票の参加経験が一〇〇％、署名の参加経験が九八・四％であるほか、集会の参加経験が八六・七％、献金の参加経験が七八・二％であり、もっとも少ないデモの参加

図表8－3　政治参加の活動類型における条件付き応答確率（N=2164）

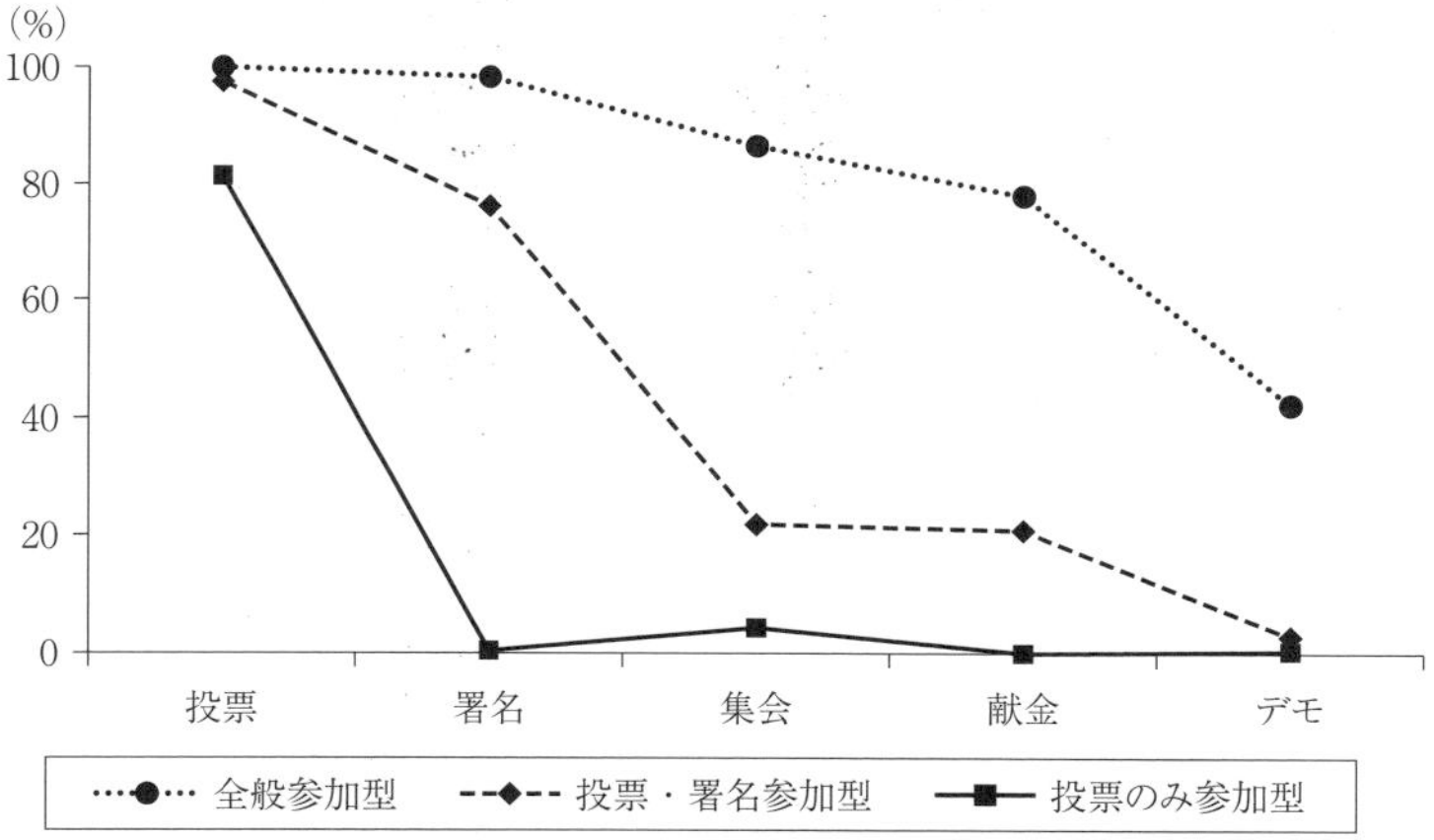

経験についても四二・四%という比較的高い数値となっている。以上より一つ目の潜在クラスは、投票以外の活動についても積極的な、政治参加全般について参加経験がある人の集団と理解できる。これを「全般参加型」と命名する。

二つ目の潜在クラスは、構成割合が最大のクラス（四八・〇%）であり、全体の半数程度を占める。条件付き応答確率については、投票の参加経験が九七・五%、署名の参加経験が七六・三%であるほかは低調であり、集会の参加経験が二一・九%、献金の参加経験が二〇・九%、デモの参加経験に至っては二・九%に過ぎない。以上より二つ目の潜在クラスは、主に投票と署名の政治参加経験がある人の集団と理解できる。これを「投票・署名参加型」と命名する。

三つ目の潜在クラスは、構成割合が二番目に大きいクラス（四二・三%）であり、二つ目の潜在クラスより若干少ない程度を占める。条件付き応答確率については、投票の参加経験が八一・四%である以外（ただし投票の参加経験も三つの潜在クラスの中で最低）、集会の参加経験が四・四%、署名とデモの参加経験がともに〇・四%、献金の参加経験が〇・〇%であり、いずれも圧倒的に少ないことがわかる。以上より三つ目の潜在クラスは、投票以外の政治参加経験がほとんどない人の集団と理解できる。これを「投票のみ参加型」と命名する。

以上の結果より、三つの政治参加の活動類型として「全般参加型」、「投票・署名参加型」、「投票のみ参加型」が抽出された。またその特徴としては、投票のみか、主に投票と署名の参加経験のある人が多数派(九〇・三%)であり、それ以上の積極的な政治参加を経験している人が圧倒的少数派(九・七%)に過ぎないことも明らかになった。

3・3 ナショナリズムの異なる影響

最後に、多項ロジスティック回帰分析(13)によってどのような人が三つの政治参加の活動類型のうち「投票のみ参加型」よりも「全般参加型」、「投票・署名参加型」になりやすいのか、主にナショナリズムの複数の下位概念の影響に注目しながら検討(14)していく。換言すれば、ナショナリズムの複数の下位概念のうち、投票以上の政治参加を促進または阻害するものが何かを分析するということである。本章で検討されるナショナリズムの複数の下位概念(15)とは、ハディーとハティブが分析していた純化主義、ナショナル・プライドの二つの下位概念(Huddy and Khatib 2007)に加えて、新たに愛国主義(16)と排外主義を追加したものである。さらに序章のナショナリズムの概念図式や前章までの議論を参考に、純化主義は民族的純化主義と市民的純化主義に、ナショナル・プライドは民族・文化的プライドと市民・政治的プライドに、排外主義は外国一般排外主義と中韓排外主義に、それぞれ区別される。図表8-4は、「全般参加型」と「投票・署名参加型」に対するナショナリズムの複数の下位概念の影響

図表8－4　政治参加の活動類型に対するナショナリズムの異なる影響

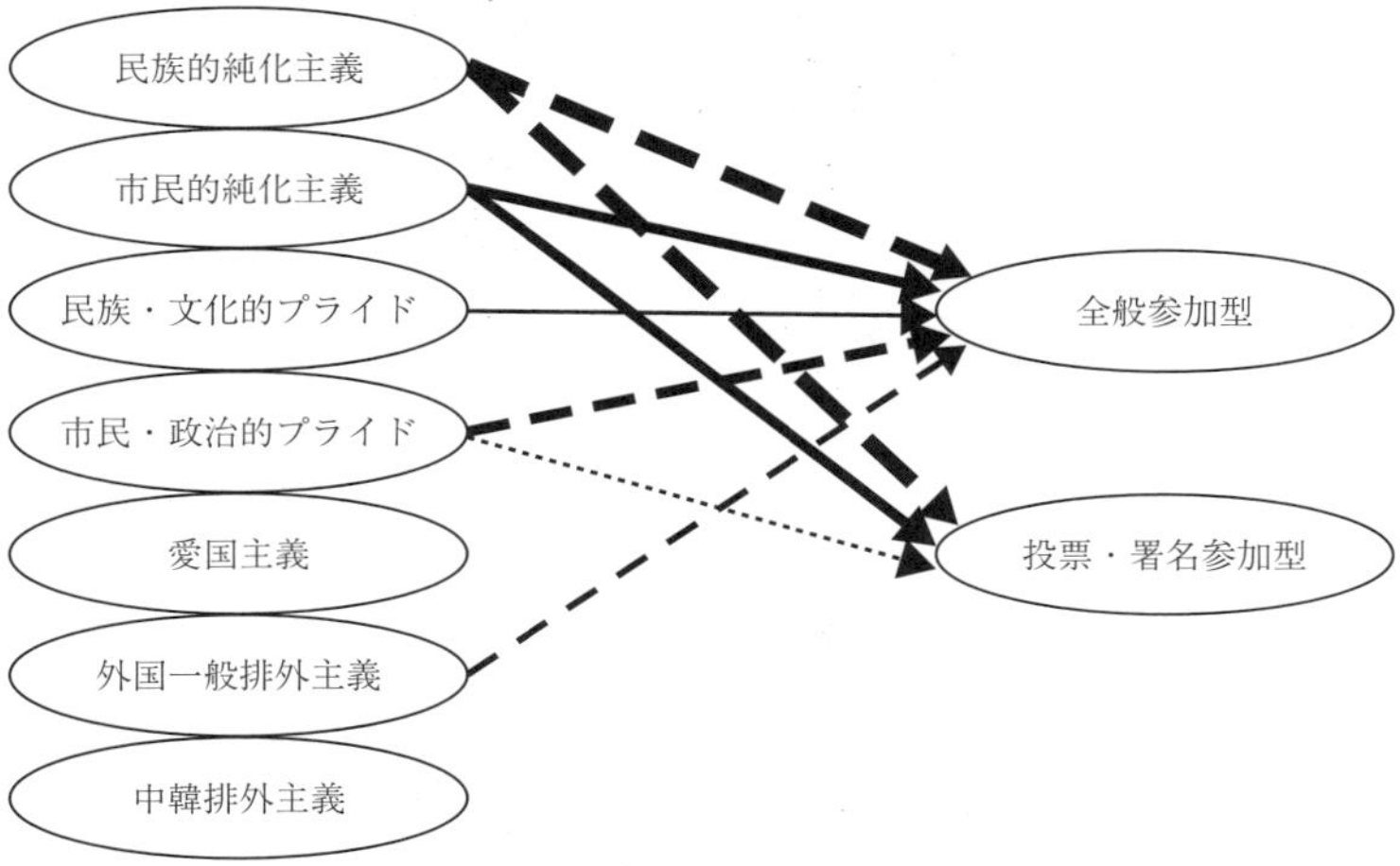

注：実線は正の影響、破線は負の影響を示しており、線の太さは関係の強さを示している。

を示した概念図である（分析結果の詳細は巻末付表8－3を参照）。この概念図では、ナショナリズムの複数の下位概念のうち統計的に有意な影響のある結果のみが矢印で提示されている（ナショナリズム以外の統制変数の分析結果は省略）。これらの矢印では、影響の向きが実線（正）か破線（負）かで、影響の大きさが線の太さで表現されている。

第一に、純化主義は、民族的純化主義と市民的純化主義で影響の向きが異なり、民族的純化主義が「全般参加型」、「投票・署名参加型」の両方に負の影響を与えている一方、市民的純化主義が「全般参加型（一〇％水準）」、「投票・署名参加型」の両方に正の影響を与えている。したがって民族的純化主義の高い人は、「投票のみ参加型」と比べて「全般参加型」、「投票・署名参加型」になりにくく、市民的純化主義の高い人は、「投票のみ参加型」と比べて「全般参加型」、「投票・署名参加型」になりやすい。

第二に、ナショナル・プライドでも、民族・文化的プライドと市民・政治的プライドで影響の向きが異なり、民族・文化的プライドが「全般参加型（一〇％水準）」のみに正の影響を与えている一方、市民・政治的プライドが「全般参加型」と「投票・署名参加型」の両方に負の影響を与えている。したがって民族・文化的プライドが高い人は、「投票のみ参加型」と比べて「全般参加型」になりやすい。反対に市民・政治的プライドが高い人は、「投票のみ参加型」と比べて「全般参加型」、「投票・署名参加型」になりにくい。

第三に、日本型の愛国心を指標とした愛国主義は、「全般参加型」、「投票・署名参加型」の両方に影響を与えていない。したがって、（各種のナショナル・プライドを統制した上では）愛国主義の程度によって、「投票のみ参加型」と比べて「全般参加型」、「投票・署名のみ参加型」になりやすい、また反対になりにくいということはないようである。

第四に、排外主義(17)は、外国一般排外主義が「全般参加型」のみに負の影響を与えている一方で、中韓排外主義は政治参加の活動類型に影響を与えていない。したがって外国一般排外主義の高い人は、「投票のみ参加型」と比べて「全般参加型」になりにくい。

最後に、概念図では省略されているナショナリズム以外の統制変数についても検討しておこう。まず「全般参加型」に影響を与えているのは、性別、年齢、主婦・学生（一〇％水準）、世帯収入、政治的有効性感覚、支持政党、居住年数であり、女性、正規ホワイトと比べて主婦・学生であると「投票のみ参加型」と比べて「全般参加型」になりにくく、高齢、高収入、政治的有効性感覚が高く、支持政党があり、居住年数が長い場合に「投票のみ参加型」と比べて「全般参加型」になりやすい。次に「投票・署名参加型」に影響を与えているのは、性別、年齢、主婦・学生、世帯収入（一〇％水準）、支持政党、居住年数であり、正規ホワイトと比べて主婦・学生であると「投票のみ参加型」と比べて「投票・署名参加型」になりにくく、女性、高齢、高収入、支持政党があり、居住年数が長い場合に「投票のみ参加型」と比べて「投票・署名参加型」になりやすい。これらの結果は、おおむね社会経済的資源が豊富であり、政治的関与が高く、動員されやすい人ほど投票以上の政治参加をしやすいことを意味している。したがって社会経済的資源、政治的関与、動員の三つの要因から政治参加を説明する、伝統的な分析枠組みの有用性も確認された。(18)

4　政治参加とナショナリズムの複雑な関連

4・1　二つの課題に対する回答

本章では、現代日本を対象とした最新の社会調査から得られたデータを用いて、第一に、政治参加の活動類型の実態（数とその特徴）、第二に、政治参加の活動類型とナショナリズムの複数の下位概念との関連を明らかにしてきた。ここでは設定した二つの課題について、第3節の分析で明らかになったことを再度整理しておこう。

一つ目の課題である政治参加の活動類型の実態については、積極的な政治参加を行っている「全般参加型」、主に投票と署名を行っている「投票・署名参加型」、投票以外の政治参加は行っていない「投票のみ参加型」の三つの活動類型に分類できることが明らかになった。またその構成割合については、「全般参加型」が全体の一〇％弱に過ぎない圧倒的少数派であり、残りの「投票・署名参加型」と「投票のみ参加型」がおおよそ二分する状況であることが示された。

二つ目の課題である政治参加の活動類型とナショナリズムの複数の下位概念との関連については、それぞれ異なる影響を与えていることから、明確に区別して議論することの重要性が示された。すなわちナショナリズムの複数の下位概念は、投票以上の政治参加を促進する場合も阻害する場合もありうるため、単純ではない。したがって以下では、純化主義、ナショナル・プライド、愛国主義、排外主義の影響について、得られた知見とその含意について詳細に議論していく。

第一に、純化主義のうち、市民的純化主義は政治参加を促進するが、民族的純化主義は政治参加をわずかに阻害する。市民的純化主義は、ハディーとハティブによって検討されていた純化主義と対応しており、社会的アイデンティティ理論と社会的カテゴリカル理論から次のように説明可能である(Huddy and Khatib 2007)。後天的な要素(主観や制度)を重視する市民的純化主義な人は、それゆえに自身を国に強く準拠させる結果、(政治に関心を払うべきという)当該社会の望ましい規範を内面化させ、積極的な政治参加を行うと考えられる。(19) それに対して先天的な要素(出生や言語など)を重視する民族的純化主義な人は、日本では自身を国に強く準拠する機会に乏しく(多くの日本人にとっては自明なため)、したがって投票以上の政治参加を行わないと考えられる。この結果は、国民統合には先天的な要素よりも後天的な要素(精神的な基盤)が重要であると解いたエルネスト・ルナンの主張とも親和的である(Renan 1887=1997)。

第二に、ナショナル・プライドのうち、民族・文化的プライドは政治参加を促進するが、市民・政治的プライドは政治参加を阻害する。これらの結果は、両者の規定要因の差異から説明が可能だと思われる。すなわち第2章の分析結果が示していたように、民族・文化的プライドが高い人は生活に対する不満が強いことから、現在の政治状況を否定的に捉えていることが予想され、投票以上の政治参加を積極的に行うものと理解される。それに対して市民・政治的プライドが高い人は生活に対する不満が弱いことから、現在の政治状況を肯定的に捉えていることが予想され、投票以上の政治参加を積極的に行う動機に乏しいと考えられる。

第三に、愛国主義は投票以上の政治参加に影響を与えておらず、促進も阻害もしない。一九九〇年代後半以降の歴史修正主義的な草の根保守運動の存在を考えると、愛国主義的な人ほど積極的な政治参加をしていてもおかしくはない。この結果については、近年の政治的エリート（自民党）側が右傾化していることを指摘できるだろう（中野 2015）。つまり愛国主義的な立場と親和的な自民党が与党である状況下では、愛国主義的な人が投票以上の積極的な政治参加を行わないと考えられる。

第四に、排外主義は投票以上の政治参加を促進するわけではなく、むしろ部分的に阻害する。中国人や韓国人に対して排外主義的であることは、投票以上の政治参加とは結びつかない。むしろ中韓以外の外国人一般に対して排外主義（外国一般排外主義）的であることは、投票以上の政治参加からの阻害をもたらす（「投票のみ参加型」になりやすい）。排外主義に関するこれらの結果は、現代日本社会で在特会を中心とする排外主義運動が社会問題となっている現状を考えると、少し不思議に思われるかもしれない。しかし一方で、排外主義運動の参加者は近年減少傾向にあり、むしろ現場では排外主義運動を阻止するカウンターのほうが多いという指摘に沿うものである（樋口 2017）。また外国人政策に対して保守的な立場をとる自民党が与党の状況下では、（愛国主義における説明と同様に）排外主義的な人が投票以上の政治参加を積極的に行う理由に乏しいといえる。とはいえ今後は、二〇一八年の出入国管理法改定により外国人単純労働者の受け入れが解禁されたことから、排外主義にもとづく政治参加が増加する可能性もあり、引き続き注視していく必要がある。

本章の分析結果は、政治参加とナショナリズムの関連について、次の重要な二点を含意している。第一に、ナショナリズムの複数の下位概念ごとに政治参加に与える影響は異なっており、両者の関連は複雑である。したがって今後とも政治参加をナショナリズムから議論する場合は、ナショナリズムのどの側面について議論しているのか、自覚的であらねばならないといえる。それにもかかわらず、第二に、戦後日本のイデオロギー（保守・革新）の対立関係はおおむね踏襲されており、いわゆる革新側のほうが投票以上の政治参加をしやすいことも明らかになった。少なくとも本章の分析結果からは、現代日本では草の根保守運動に象徴される保守（極右）側が、従来の革新側よりも積極的に投票以上の政治参加をしている（するようになった）と主張することはできない。[20]

4・2 今後の課題

最後に、今後の課題についても三点ほど言及しておこう。第一に、ナショナリズムの複数の下位概念と政治参加とを結びつける理論枠組みの構築が求められる。現状では必ずしも明確な理論枠組みが存在していないため、分析結果を事後的に解釈する必要にせまられた。そのため今後は、分析結果に基づく帰納的な理論枠組み構築の努力が必要となるが、本章の分析もその一助になると考える。

第二に、ナショナリズムの複数の下位概念と同じく多様な政治参加の活動の双方の質問項目が豊富に含まれた社会調査の実施および実証研究の蓄積が望まれる。当然ながらデータの不足は実証研究の不足に直結する。本プロジェクトの二〇一七年調査はこのような試みの一端ではあるが、今後も異なるデータを用いた再検証が繰り返し行われることで、政治参加とナショナリズムについての冷静で根拠に基づいた議論に必要な情報が提供されることが期待される。

第三に、現代日本における個別具体的な社会問題としての排外主義運動の参加者の特徴を明らかにするためには、別途専用の社会調査を設計する必要がある。本章の分析結果より、そもそも全般参加型は全体の一〇%弱に過ぎず、規定要因についても外国一般排外主義のみが負の影響を与えていることが明らかになった。このような状況下で、通常の社会調査によって社会運動の担い手としての排外主義運動の参加者自体を捉えるのは困難である。そのため本章のような政治参加の活動類型とナショナリズムの複数の下位概念の関連についての全体像を明らかにするような実証研究と並行して、排外主義運動の参加者をオーバー・サンプリングするような、専用の社会調査の実施・分析を行う必要があるだろう。

付記

本章はＪＳＰＳ科研費JP17K13844の助成を受けたものです。

注

(1)　イデオロギー（保革自己認識）を線形と捉えた場合は直接効果がなく、投票以外のさまざまな政治参加（投票外参加）に対するイデオロギーの影響はみられない（山田 2004）。ただし、イデオロギーを非線形と捉えた場合は交互作用効果があり、極端なイデオロギーでは意見保有により、また中道なイデオロギーでは動員により、それぞれ投票外参加が促進されるという興味深い知見も得られている（秦 2015）。そのため本章の主張は、イデオロギーの有効性を完全に否定するものではなく、むしろ実証研究上イデオロギーとナショナリズムを相互補完的なものとみなす。

（2） とくに社会問題として注目を集めた在特会の参加者像については、当初は主に社会に対する不安や不満から説明されることが多かったが（安田 2012）、近年ではむしろ、インターネットを介した情報接触の重要性が指摘されている（樋口 2014）。

（3） 草の根保守運動を念頭に置いた場合でも、実際にはデモ活動以外に集会、署名活動などさまざまな政治参加が行われており（小熊・上野 2003；安田 2012；樋口 2014）、政治参加の活動類型を抽出する（分析をデモ活動に限定しない）ことに意味があると考えている。

（4） 因子分析と比較した上での潜在クラス分析を用いる理由は、大きく分けて次の二点にまとめられる（Collins and Lanza 2010；藤原・伊藤・谷岡 2012）。第一に、因子分析と潜在クラス分析は、ともに潜在概念を抽出するための分析手法であるが、因子分析では、複数の量的変数の背後に線形（連続的）な潜在概念を想定するのに対して、潜在クラス分析では、複数の質的変数の背後に非線形（カテゴリカル）な潜在概念を想定しているため、個人をパターン（類型）に割り当てることが可能となる。第二に、因子分析は、変数間の関連に注目した「変数志向」の分析手法なため、2・1項で記述した通り類似した政治参加の活動形態をまとめる場合（活動形態の抽出）に有用であるが、潜在クラス分析は、変数間の関連よりも個人に注目した「個人志向」の分析手法であるため、個人の政治参加の活動類型のパターンを分類する場合（活動類型の抽出）には、こちらのほうがむしろ適している。

（5） ヴェーバ、シュロズマン、ブレイディは、社会経済的資源、政治的関与、動員の三つの要因から政治参加を説明する分析枠組みを Civic Voluntarism Model：CVMと命名している（Verba, Schlozman and Brady 1995）。またCVMの文脈では、政治的関与の指標として政治的有効性感覚や政治的関心がとくに重視されてきた。

（6） たとえば欧米諸国のナショナリズムの実証研究でよく用いられるISSP調査の National Identity モジュールでは、投票以外の政治参加の活動項目について質問されていない（Gesis 2015）。

（7） 2・2項で紹介した実証研究におけるナショナリズムの各下位概念の名称については、本書で使われているものへと筆者が指標の内容や含意から意訳したものであることに注意されたい（カッコ内は論文上のオリジナル表記）。

(8) 辻によるネット右翼の定義を簡単に要約すると、「反韓・反中意識を持ち、靖国神社参拝や憲法改正、愛国心教育に賛成し、なおかつネット上で政治的意見を表明した人」であり（辻 2008, 2017）、定義中にすでにネット上での政治参加経験が含まれている点に注意を要する。

(9) 本章の分析における年齢は、時系列比較をしないため下限を選挙権年齢の一八歳に、上限を八〇歳に設定している。

(10) 二〇一七年調査の政治参加の参加経験率の値は、期間（五年間）を区切った上で参加経験を尋ねた場合の調査結果（たとえば山田 2002；高橋・荒牧 2014）と比較して高い点に注意を要する。

(11) 投票の参加経験率の高さについては、社会的望ましさ（social desirability）バイアスによる影響についても別途留意が必要である。

(12) 別の適合度指標（ＢＬＲＴ）の値によれば四クラスモデルが最適であったが（巻末付表８‐１参照）、クラス数過多および局所解が疑われる状況であったため（Geiser 2013）、ＢＩＣの値を優先して三クラスモデルを採用している。

(13) 本章の分析では、潜在クラス分析と因子分析を含む構造方程式モデリング（ＳＥＭ）の同時推定が困難であるため、個人を三つの活動類型のいずれかに割り当てたものを従属変数とする多項ロジスティック回帰分析を用いる。また標準誤差には、市区町村レベルの抽出地点でクラスター化したロバスト標準誤差を採用し、地域間の異質性を統制している（分析には Stata 15.1を使用）。ただし巻末付表８‐１に示されるように分類の精度を示す Entropy の値が〇・六八九と基準値の〇・八〇〇を下回っているため、独立変数の影響が過小推定されている可能性には注意を要する（Clark and Muthén 2009；永吉 2014）。

(14) ナショナリズムの複数の下位概念をそれぞれ個別に投入した場合でも、類似した分析結果が得られているため（結果省略）、多重共線性の問題は比較的少ないと考えている。
(15) 本章の分析で使用するナショナリズムの複数の下位概念の指標には、いずれもMplus 8.11（Muthén and Muthén 2017）のカテゴリカル因子分析（オブリミン回転／ロバスト重み付き最小二乗法）から得られた因子得点を用いる。
(16) ただし本書の愛国主義は、2・2項で紹介した実証研究における象徴的な愛国主義とその含意が類似している。ちなみに象徴的な愛国主義は、アメリカ国旗と国歌に対する好感によって測定される（Huddy and Khatib 2007）。
(17) イデオロギーを非線形なものと捉えた実証研究の議論（秦 2015）を参考に、排外主義を単純な線形関係で捉えず、上位一〇％と下位一〇％をカテゴリ変数として投入した場合、また排外主義の因子得点の二乗項を投入した場合、それらの変数はいずれも統計的に有意とならなかった。したがって、少なくとも本章の分析結果からは、極端に排外主義的である人や極端に排外主義的でない人が中間的な人よりも積極的に投票以上の政治参加をしているという証拠は得られなかった。
(18) 社会経済的資源のうち、年齢二乗と教育年数の影響が有意でなかった点については、二〇一七年調査が期限を区切らない政治参加経験を質問していることと関連があるかもしれない。つまり二〇一七年調査の対象年齢も考慮すると回答に一九六〇年代から七〇年代当時（過去）の参加経験が多分に含まれているため、年齢二乗（ライフ・サイクル）の影響がみられなかった可能性がある。また教育年数についても、かつて五五年体制下の日本において低学歴者が体制護持的な政治参加を活発に行っていたことが知られており（蒲島 1988）、それゆえ学歴の影響がみられなかった可能性がある。
(19) しかし一方で、現代日本では投票以上の政治参加に対する拒否感（参加逃避意識）の広がりも指摘されている（西澤 2004）。したがって社会的アイデンティティ理論と社会的カテゴリカル理論による説明は、日本の現状を踏まえた上でさらなる検討・精緻化の必要もあるといえる。
(20) ただし3・1項や注18でも記述した通り、二〇一七年調査では期限を区切らない政治参加経験を質問していることに解釈上留意する必要がある。つまり期限を区切った場合に異なる結果が得られる可能性はある。

第9章

脱原発

●誰がなぜ原発に反対するのか

阪口 祐介

1 原発事故と脱原発世論

1・1 原発事故とリスク社会の到来

二〇一一年三月一一日に発生した東日本大震災、その後の福島第一原子力発電所での事故は、日本の政治や社会のあり方に大きなインパクトを与えたといえるだろう。原発事故によって数十万人もの人々が避難を余儀なくされ、いまなお故郷に帰ることができない人々が存在する。また、原発事故後、多くの人々が放射能のリスクを認識するようになり、食料品を購入する際などリスクを意識した行動をすることが日常的になった。一方、放射能リスクの被害については、専門家の間でも見解の相違が存在し、放射能被害をめぐる企業や政府、専門家の意見について疑問や批判がＳＮＳなどで展開された。そして、このように甚大な被害をもたらした原発が、戦後、政官財が一体となった原子力複合体による閉鎖的な意思決定によって進められてきたことが明るみになり、脱原発世論が急速に高まった。

こうした原発事故後の変化は、ウルリッヒ・ベックが描き出した「リスク社会」と重なる。ベックは、産業社会の成功によって生み出されたリスクは、産業社会の基盤を切り崩し、「リスク社会」を出現させるという。放射能汚染といった新たなリスクは、補償不能、限定不能、知覚不能といった性質を持つ。ゆえに、リスクが顕在化するなかで、人々のリスクへの不安は広がり、さまざまなリスクへの対応・予防が社会的・政治的に重要な問題となる。これらによって、科学の副作用があらわになることで、科学の対立や矛盾が可視化され、その基盤が崩れていく。また、新たなリスクへの対処として議会や行政府は無力であり、市民運動やメディアなどが重要な役割を担いはじめる。そして、リスクへの不安から、新たな連帯や対立が生起するというのである（Beck 1986=1998）。

このベックの主張に従えば、日本における二〇一〇年代は、原発事故を機に「リスク社会」が到来した象徴的な時代だといえるかもしれない。本章では、そのようなリスク社会において、社会的・政治的な変化を生成させる「意識」の一つである「脱原発志向」を取り上げる。原発事故後、脱原発を求める世論が急速に高まっていったが、どのような人々がなぜ、原発に賛成・反対するのだろうか。

この問いを探求する際、本章で焦点を当てるのが「社会集団による差」と「時点比較」である。第一に、脱原発世論を一枚岩とは捉えず、その「社会集団による差」に注目する。世代やジェンダー、価値観によって脱原発志向が大きく異なることを示し、その理由について考察する。第二に、本章は「時点比較」の分析を行う。次項で詳しく述べるように、二〇一〇年代を振り返ると、原発事故後、脱原発世論が急速に高まったのち、次第にその勢いが弱まっていったと言える。本章は、多くの人々が脱原発を「熱望」した二〇一三年と、それが「諦念」へと変わる二〇一七年という二つの時代で、脱原発への態度の規定要因がどのように変化したかを明らかにする。

1・2　脱原発への「熱望」から「諦念」へ

二〇一〇年代の原発をめぐる動きを振り返えると、脱原発の「熱望」から「諦念」へという変化を指摘できる。はじめに、二〇一三年までの原発世論や政治状況の変化について、筆者の研究（阪口 2016）を参考にしてまとめる。二〇一一年三月の原発事故を機に、脱原発世論は急速に高まった。原発に関する世論調査の推移をみると、原発事故前は、七割以上の人が原発の維持もしくは増設を支持していた（岩井・宍戸 2013）。しかし、原発事故以降、放射能汚染による被害、避難を余儀なくされる人々の苦難、政治や電力会社によるリスク管理の問題などが次々と明るみになるにつれて、原発への否定的意見が広まっていく。二〇一一年にかけて、原発の減少を望む層が四割から七割半ばに増加し、原発維持・増加を望む層は二割程度に減少した（岩井・宍戸 2013）。こうした世論の変化と同時に、二〇一一年四月頃より東京で、「原発やめろデモ」や「エネルギーパレード」といった原発抗議運動が盛り上がり、その後、全国各地へと広がっていった。東京での運動は、警察の激しい取締りもあって九月頃には一端、下火になったが、二〇一二年の六月頃から「再稼働反対」をテーマとして再び盛り上がる。毎週金曜に行われた官邸前抗議の参加者は徐々に増え、六月二九日の参加者は主催者発表で二〇万にのぼった（小熊編 2013）。そして、政治的にも、民主党政権のもと、脱原発の方向へと進む。二〇一一年七月一三日に菅首相は会見で脱原発の方針を打ち出す。次の野田政権では、九月一四日の「エネルギー・環境会議」において「原発に依存しない社会の一日も早い実現」を掲げた「革新的・エネルギー環境戦略」を打ち出した。こうした動きは、原発継続を主張する主に経済界などからの反発と抵抗を受けて妥協を余儀なくされたが、これまでの原発政策からの転換を志向するものであった（船橋 2013）。二〇一二年五月には、定期点検のためではあるが、国内のすべての原発が停止する状況に至った。

しかし、その後、二〇一二年一二月の政権交代によって、再び安倍政権は原発維持の方向に舵を切る。安倍政権誕生後まもなく、民主党政権が掲げた「二〇三〇年代に原発ゼロ」を見直す方針が打ち出され、二〇一四年四月一一日には、原発をベースロード電源と位置づけた「エネルギー基本計画」が閣議決定された。一方、原発事故後、新たな規制基準が導入されたことで、二〇一三年九月には、再度国内すべての原発が停止することになる。この二〇一三年という時期は、いまだ原発事故から二年しか経っておらず、政治的変動や原発抗議運動の盛り上がりの直後ということにかんがみると、脱原発へ向かう世論がピークに達した状況が継続し、多くの人々が脱原発を熱望する状況にあったといえよう。

一方、その後の世論をみると、「脱原発」が主流派という状況が定着しており、原発への態度の全体的な傾向には大きな変化はみられない。世論調査によると、原発の減少を望む人々の割合は、二〇一三年以降、二〇一五年頃までは七割前後で推移している（河野ほか 2016）。そして、それ以降もいくつかの世論調査が実施されているが、脱原発世論に大きな変化は確認されていない。一方、実際の原発に目を向けると、原発維持の方針の安倍政権のもと、徐々に再稼動する原発が増加し続けている。新基準の審査のため、二年の間国内すべての原発が停止していたが、二〇一五年八月には川内原発が再稼動した。それ以降、原発再稼動の際には、各地域で市民運動が生起し、裁判所の介入も存在するものの、高浜原発、大飯原発など再稼動する原発が着実に増え続けている。二〇一七年という時期は、脱原発を求める世論自体は変化していないが、二〇一三年のように、政治変動とリンクする形での盛り上がりはないといえるだろう。人々の多くは原発に反対しつつも、政治的には原発維持へと向かう状況が定着し、大規模な原発抗議運動はみられない。二〇一三年に比べると、脱原発を熱望した時は過ぎ去り、人々は脱原発を望みつつも原発維持という状況が日常となり、ある種の諦め、諦念に達しているとも考えられる。

では、この脱原発への「熱望」から「諦念」という変化のなかで、人々の原発への態度を形成する要因は変化したのだろうか、それともあまり変わらないのだろうか。先にみたように、脱原発支持が多数派という状況は他の調査結果からも変わらないと予想されるが、ジェンダー・世代・階層・価値観といった要因によって、脱原発志向は大きく異なると考えられる。本章では、こうした脱原発志向の規定要因が、時点間で変化したか否かに焦点を当てる。

2　誰がなぜ脱原発へと向かうのか

脱原発世論が高まったことは事実であるが、誰もが一様に脱原発を支持するわけではない。脱原発が主流になった現在でも、原発維持・増加派は三割程度いるし、原発の減少を望む人々のなかには即時撤廃を望む人も、ゆるやかな撤廃を支持する人もいる。以下では、脱原発志向は世代・ジェンダー・階層・価値観といった要因によってどのように、なぜ異なるのかについて仮説をまとめる。

2・1　ジェンダー・世代・社会階層

これまでの先行研究によれば、原発への態度はジェンダーと世代による差が大きいことが明らかにされている。ジェンダーでは、女性で脱原発志向が高いこと、世代では、若い世代ほど原発支持が高い傾向にある（高橋・政木 2012; 岩井・宍戸 2013; 阪口 2016）。女性で、脱原発志向が高い要因としては、次の要因が考えられる。第一に、ケア役割に注目した説明である（Blocker and Eckberg 1997）。女性は子どもや家族を思いやり、介護するというケア役割の担い手として社会化される傾向にある。ゆえに、原発に対するリスク意識が高くなり、脱原発を志向するという考えである。筆者と樋口耕一の研究（阪口・樋口 2015）は高校生を対象とした調査であるが、震災や原発について、女子のほうが男子よりも身近な人間関係を想起しながら恐怖を感じる傾向があることを自由回答データの分析から示した。そして、この結果からケア役割の予期的社会化が女性の脱原発志向を高めていることを指摘する。女性効果の要因としては、その他にも、価値観が媒介して、脱原発志向に影響していることが指摘されている（Finucane et al. 2000; Kahan et al. 2007）。女性は平等主義的であり、政治から疎外される傾向にあり、これらの価値が脱原発志向を高めているという説明である。筆者は、本章でも使用する二〇一三年の調査を用いて、女性のほうが政治不信が高く、平等主義的であるために、脱原発志向が高いという媒介プロセスを実証的に明らかにした（阪口 2016）。

年齢については、若年層において原発支持度が高い（高橋・政木 2012; 岩井・宍戸 2013; 阪口 2016）。しかし、そのメカニズムについてはいまだ十分に明らかにされていない。筆者は、若年層で原発支持度が高い要因として、若年層ほど幼い子どもを持たないこと、経済的不安が高いこと、政治的無力感が高いことが背景にあるという仮説を立てて媒介メカニズムを検討した（阪口 2016）。このうち、はじめの二つの説は検証されなかった。三つ目の説、すなわち若年層は政治的無力感が高く、それが原発支持につながるという傾向は確認されたが、媒介効果は大きなものではなかった。多くの価値観を統制した上でもなお、非常に強い年齢効果が残っていたのである。

最後に社会階層に注目しよう。社会階層については、ベックの説に従えば、効果がみられないと予想される。人々の間にリスク不安は普遍的に広がり、階層によって原発への態度に差はないという考えである。他方、ロナルド・イングルハートによる脱物質主義の理論に従えば、社会階層が高いほど、リスクを認知し、脱原発志向を高めると考えることができる。階層が高いと、物質的な困難を克服しており、脱物質主義的なエコロジー問題に関心を持つ傾向にあるという考えである（Inglehart 1997: 36–37）。

しかし、日本における実証研究は、これらの説とは異なる傾向を示している。職業については、原発事故後の脱原発運動を調査した小熊英二によれば、自由業・自律的職業の人々が多く参加したことが報告されている（小熊編 2013）。筆者の研究でも、自営業において脱原発志向が高いことが示された。また、世帯収入の高いほうが原発を支持する傾向にあり、この高収入効果は反平等主義を媒介して、脱原発志向に影響を与えている（阪口 2016）。すなわち、世帯収入が高い人々は、平等主義を否定する傾向にあり、それが影響して原発支持を高めるという因果である。ただ、ジェンダーや年齢に比べると、社会階層による差はあまり大きなものではない。

2・2 価値観

現代社会では多くのリスクが問題化しているが、人々がどのようなリスクに目を向け、どのようなリスクを危険と感じるかについては、本人の価値観が大きく左右する（Douglas and Wildavsky 1982）。たとえば、社会的に平等が望ましいという価値観を有していれば、環境リスクをより認知しやすい一方で、社会秩序を重視し、その逸脱者を厳罰に処するべきという価値観が犯罪リスク認知を高めるという考えである。ある価値観を有することで、原発のリスクを高く見積もり、脱原発を志向するようになると予想される。

先行研究では、「社会的格差への態度」や「社会秩序への態度」が、原発リスク認知や脱原発志向に影響することが明らかにされている（Kahan et al. 2007; Whitfield et al. 2009; Peterson, Lawrence, and Dawes 1990; 阪口 2015, 2016）。以下では、すでにこの問題を論じた筆者の研究（阪口 2015, 2016）を引用して、「社会的格差への態度」と「社会秩序への態度」に関する価値観の影響についての仮説を示そう。

第一は、「社会的格差への態度」である。環境や科学技術のリスク認知の背後には平等主義があることが指摘されている。平等主義的な価値を有するほど、そうしたリスクを認知しやすいという考えである。原発事故以降、原発の地方への集中や、原発労働者の被爆がさまざまなメディアで問題化されたことは記憶に新しい。これは舩橋晴俊が原発事故以前から指摘していた「環境負荷の外部転嫁」のことを指すといえるだろう。すなわちそれは、社会内の一定の地域や集団が、自らの生産や消費活動を通して生み出された環境負荷を引き受けずに、それを空間的または時間的に離れた別の地域や集団に押し付ける構造である（舩橋 2005）。こうした構造は原発事故後、多くの人々に認知されるにいたったといえよう。このように原発にひそむ社会的格差が可視化した現在において、原発を支持する人々は、社会的格差を容認するという価値を有する傾向があると予想される。いいかえれば、そうした格差を許容しない、平等主義的価値を有していれば、脱原発志向が高いと想定される。本章では、平等主義の指標として、所得の平等や福祉の充実を重視する反新自由主義を用いる。(1)

第二は、「社会秩序への態度」である。原発に対する考えの背後には、社会秩序や国家に対する態度が存在すると考えられる。社会秩序や国による統制をより重視する人ほど、脱原発志向が低いと想定される。脱原発のエコロジー派の主張の一つとしては、原子力が中央集権的なエネルギーであり、市民のコントロールが利かないがゆえに問題であり、自然エネルギーのような分散的で自主管理しうるオルタナティブ・テクノロジーをもって替えるべきだというものがある（中山 1981: 178-179, 192）。逆に、原発支持の立場からすると、脱原発派は公共の利益をかえりみない個人のエゴとみなされることもある。ここには、政策決定を国家主導で行うべきか、地域や個人が主体となるべきかという対立があるように思われる。

以上の想定から、本章では、国家や社会秩序に関わる変数として、「権威主義」「政治不信」の二つに加え、他章でも論じられているナショナリズムの下位概念のうち「愛国主義」「排外主義」という価値観の効果を検討する。まず権威主義的であるほど、社会秩序を重視し、国家の政策に反対する市民の行動に否定的になり、原発を支持すると考えられる。一方で政治への不信感が高い人々は、中央集権的なエネルギーの管理のあり方に疑問を持ち、脱原発志向を高めると考えられる。それに対して、現状の国家を肯定的に捉える人々、つまり愛国主義の強い人々は、現政権が進める原発（維持政策）を支持する傾向にあると予想される。また排外主義については、他の章でも行われているように、韓国人や中国人に対する排外主義とその他一般の外国人への排外主義に分けた上で、その影響を検討する。とくに中韓排外主義については、在特会が反原発デモを妨害した事例があるように、排外主義的であることと親原発の間に関連があるかを検討する。

さらに、経済に関わる意識も、脱原発志向の背後にあると考えられる。脱原発に反対する意見の一つとして、経済的理由が指摘されることが多い。たとえば、原発の廃止によって電気料金が上昇し、企業を中心に日本経済に悪影響が出るというものである。もちろん、この言説が正しいか否かについては、議論の余地があるだろう。ただ、人々の認識のレベルでは、こうしたロジックが信じられ、経済的な不安から、脱原発に反対する人がいるかもしれない。そこで、経済状況が悪化すると認知しているほど、脱原発志向が低いと予想する。

以上のように、性別、年齢、社会階層、価値観が脱原発志向に影響することが予想される。これらの仮説の多くは、脱原発への熱望期である二〇一三年の調査では検討されており、女性、高齢者、高収入層、平等主義、政治不信が脱原発志向を高めることは明らかにされている（阪口 2016）。しかし、その後の時期においては、いまだ検討されていない。熱望期の二〇一三年から、四年の時を経て、脱原発世論が諦念に変わったともいえる二〇一七年、これら二つの時点において、脱原発志向の規定要因は変化したのだろうか。それとも、変わらないままなのか。

3　誰がなぜ脱原発を志向するのか

3・1　脱原発志向

本章で説明対象となる脱原発志向は、「脱原発を主張する団体への好感度」と「今後も原発を利用していくべきだ」という二項目から因子を作成した。それぞれの項目は、政治団体への好感度、政策への意見であるが、その背後に脱原発志向が存在すると仮定した上で、因子分析を行い、脱原発志向を測定した(2)。個々の質問の度数分布を確認すると、二時点で両方の質問の分布はほとんど変わらない(3)。

3・2 ジェンダー・世代と脱原発志向

はじめに、ジェンダーと世代によって脱原発志向はどのように異なるかを確認しよう。図表9－1では、二〇一三年と二〇一七年、それぞれで男女別、年齢階級別に脱原発志向の平均値（偏差値得点）を示している。図から、どちらの時点においても、女性のほうが、年齢が高くなるほど脱原発志向が高くなることがわかる。女性は、どの年齢層においても、男性より脱原発志向が高い。また、男女両方で、年齢が高いほど脱原発志向が高く、年齢が若いほど脱原発志向が低い、すなわち原発支持度が高いことがわかる。二〇一三年の二〇歳未満でやや数値は低いようにみえるが、二つの時代で性別、年齢の効果に大きな変化はないといえよう。これまでの研究と同様の結果であるが、脱原発をめぐる世論の傾向が異なる二〇一三年と二〇一七年という二つの時代において、同じ指標を用いても、女性で脱原発志向が高く、若年層で原発支持度が高いことが明らかになったといえよう。

3・3 脱原発志向の規定要因

では、世代・ジェンダー・階層・価値観に注目して、脱原発志向の規定要因を確認しよう。そこで、構造方程式モデリングという手法を用いて、二〇一三年と二〇一七年それぞれにおいて、どのような要因が脱原発志向に影響を与えるのかについて調べた。図表9－2から、結果を確認しよう。はじめに世代・ジェンダーを見ると、先に確認したように、二〇一三年、二〇一七年、どちらの時期におい

図表9－1　年齢・男女別の脱原発志向の平均値

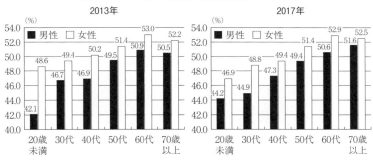

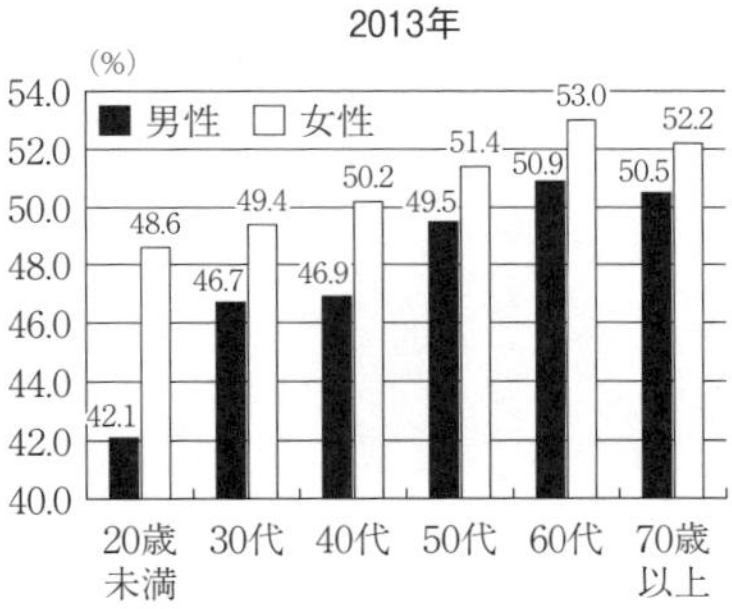

図表9－2　脱原発志向の規定要因

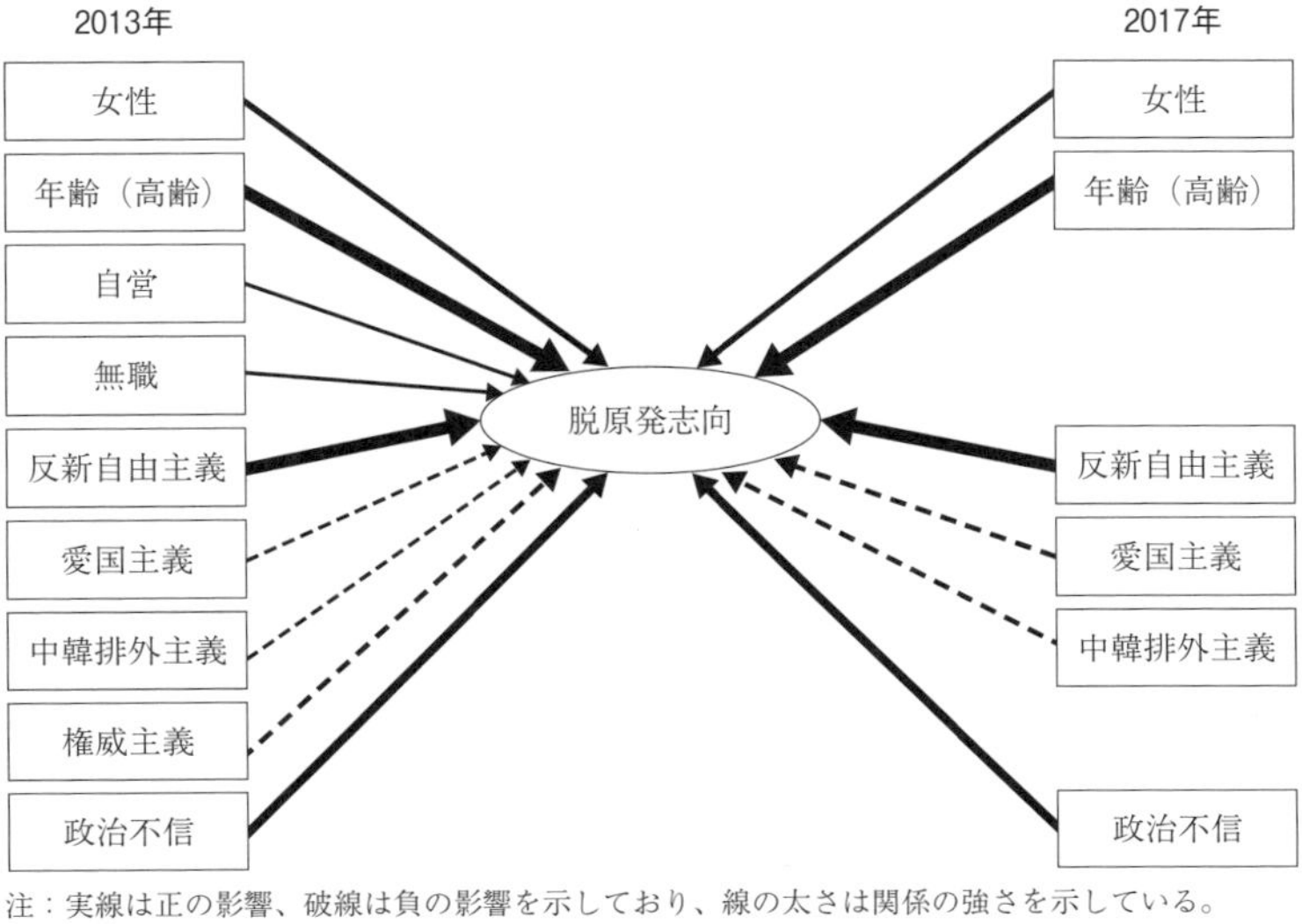

注：実線は正の影響、破線は負の影響を示しており、線の太さは関係の強さを示している。

ても、女性、高齢者で脱原発志向が高い。効果の大きさもほぼ同様で、両方の時代においてジェンダーと世代は脱原発志向の強い規定要因であるといえる。社会階層については、二〇一三年において自営や無職が効果を持つが、それほど大きいものではない。学歴の効果もみられないので、脱原発志向の階層差は大きなものではないといえよう。ただし、価値観を投入していないモデルでは、高収入層で脱原発志向が低い傾向がみられた（巻末付表9）。

価値観については、どちらの時期でも、反新自由主義と政治不信の効果が強い。すなわち、反新自由主義の価値を有するほど、また政治不信であるほど脱原発志向が高くなる。愛国主義、権威主義も一定の効果はあるが、それほど大きなものではない。また排外主義については、中国・韓国への排外主義のみが脱原発志向に負の効果を与えることが確認できた(4)。これら価値観の影響については、それらに共通する「反リベラル」的な意識が、リベラル派の主張とみなされる脱原発志向への反感として表出された結果とも考えられよう。なお、経済不安については効果がほとんどみられなかった。

次に、価値観の媒介メカニズムについてみてみよう。両方の時期において、独立変数に価値観を投入することで、女性の係数は下がり、世帯収入効果は有意ではなくなる（巻末付表9）。これは、女性→反新自由主義・政治不信→脱原発志向、そして低収入層→反新自由主義→脱原発志向という媒介効果があることを意味する(5)。すなわち、女性であると、反新自由主義的価値を有し、政治不信が強い傾向があるゆえに、脱原発を志向する。そして、収入が低い層では、平等や福祉を重視する価値を有するがゆえに、脱原発を志向するという因果が存在する。

最後に、二〇一三年と二〇一七年を比べると、両者で規定要因の効果にはほとんど差はなく、ほぼ同じであると考えられる。たしかに二〇一三年では自営業であることの効果が有意であったり、二時点で愛国主義や権威主義の効果に違いがみられるが、これらの要因の効果の大きさは二時点で異なるといえるのだろうか。これを確認するため、多母集団同時解析という手法を用いて、各独立変数から脱原発志向への効果が同じであるといえるのかを検討した。具体的には、効果が同じという制約（等値制約と呼ぶ）をかけたモデルと、その制約をはずした効果が異なると想定するモデルを比較した（カイ二乗値をもとにした適合度比較）。結果、二時点で規定要因の効果が同じというモデルのほうが、データに適合的であることがわかった。ここから、「原発をめぐる状況は変化しつつも、二時点で規定要因の効果に変化はない」と結論づけられる。

3・4　年齢効果を考える――他の価値観との比較

これまでみてきたように、脱原発志向の規定要因としては、世代・ジェンダーの差が非常に大きい。ジェンダーについては、その媒介要因として反新自由主義や政治不信があることを確認した。また、ケア役割の予期的社会化も影響することがすでに指摘されている（阪口・樋口 2015）。しかし、非常に強い年齢効果については、これまで十分に明らかにされていない。本章の研究でも多くの価値観を分析に投入したが、価値観による媒介によって説明することはできない。では、なぜ高齢層で脱原発志向は高く、若年層において原発への支持度が高いのか。

この問いに直接答えることは難しいが、年齢効果の意味を明確にしよう（なお、続く第10章において、若者の「保守化」に関する世代・時代効果の詳しい検討を行っている）。ここでは、他の項目と比べた原発への態度の年齢効果の特徴を明らかにする。原発への態度は、長期的に国家が主導してきた政策の現状維持を支持する点では、保守・反リベラル的な態度だと考えられる。では、それは、その他の保守・リベラルに関わる価値と比べて、年齢効果に特徴があるのだろうか。図表9－3は、本章で用いた価値観や社会的態度の個別項目と年齢の偏相関係数を示している。すべての価値観の変数は、値が大きくなるほど、リベラル的態度を持つように値をそろえている。グラフの中央の数字はゼロであるが、この周辺にある価値観は年齢との関連がないことを示す。棒グラフが正で長いほど（右側）、年齢との正の相関が強い、すなわち高齢であるほどその価値観の値が高いことを意味する。一方で、棒グラフが負で長いほど（左側）、年齢との負の相関が強い、すなわち、若い人ほどその価値の値が高いことを意味する。たとえば、原発に関する項目はどちらも右側の棒グラフが長い。これは、年齢が高いほど、脱原発を支持することを意味する。一方、「日本人であることに誇りを感じる」（否定）については、左側の棒グラフが長い。これは年齢が若い人ほど日本人であることに誇りを感じる傾向が弱いことを意味する。

図表9－3から全体的な傾向をみると、年齢効果は変数ごとに大きな差があることがわかる。若年層は、原発というトピックに関しては保守的な態度を持つが、その他では必ずしも保守的、反リベラルであるわけではない。項目によって、年齢と保守・リベラル価値との関連性は異なるのである。図から左の棒グラフが長い項目に注目すると、若者は性役割分業や国家主義に否定的である傾向にある。一方、共産党好感度や失業者への態度についてはゼロに近く、年齢による差があまりみられない。他方で、原発については、一定の正の相関があり、若年層における原発支持の傾向が特徴的である。ここからわかるのは、若者は、どのトピックについても保守的なのではなく、原発に関してとくに保守的なのである。そして、原発に続いて、右のグラフが長い項目に注目すると、年齢が若いほど、権威ある人へ敬意を払うべきと考え、日米安保に肯定的で、現首相への好感度が高い傾向にあることがわ

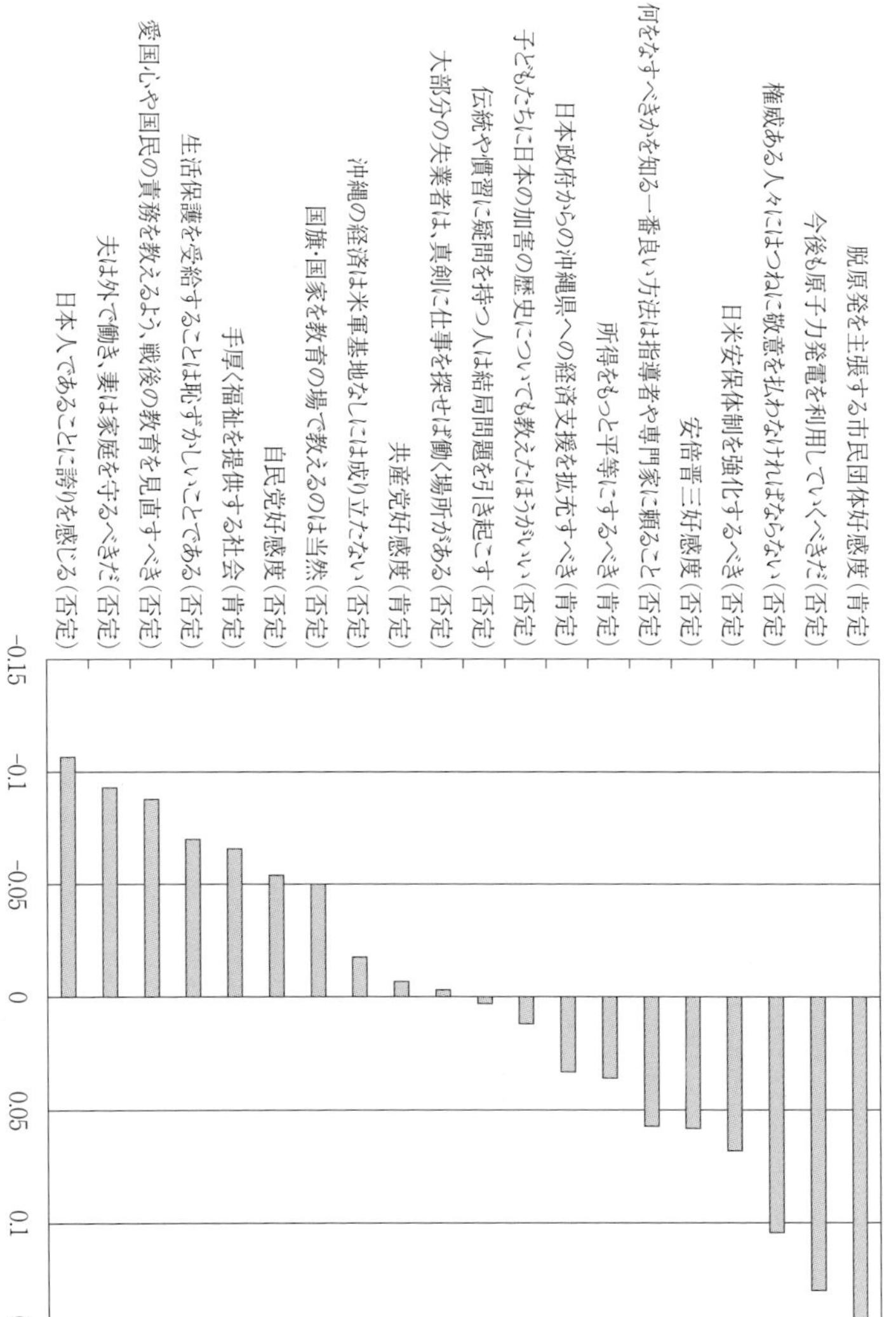

図表9－3　年齢と社会的態度の偏相関係数（2017年）d.f=3234

かる。

4　持続する社会集団による意識差

二〇一一年に起きた東日本大震災と原発事故は、現代日本においてリスク社会の到来を告げる象徴的な出来事だったといえるだろう。この年を機に人々の原発リスクへの不安は広がり、脱原発世論が急速に高まった。そして原発や放射能リスクをめぐる政治的議論が活発化し、リスクをめぐる連帯や対立が生起した。本章は、このように原発事故を機にリスク社会化していく二〇一〇年代の日本において、どのような人々がなぜ脱原発を支持・反対するのかについて、実証データから明らかにした。

実証分析から浮かび上がるのは「一枚岩ではない脱原発世論」である。すなわち、脱原発志向の程度は、ジェンダー・世代・社会階層・価値観によって異なる。とりわけ、大きな差は、ジェンダーそして世代の間に存在する。女性は脱原発を志向する傾向にあり、若年層は原発を支持する傾向にあるのだ。社会階層については、効果は弱いものの、世帯収入が高い人々が原発を支持する傾向にあることがわかった。

そして、本章では、さまざまな価値観の効果について検討したが、とりわけ反新自由主義と政治不信が脱原発志向に強い影響を持つことがわかった。原発事故以降、一部の地域に環境負荷が偏る原発政策や、作業員の健康被害などが問題化した。平等や福祉を重視する価値観は、これらの問題を深刻に捉えるよう促し、脱原発志向を高めると考えられる。また、政治不信の高い人は、中央集権的なエネルギー管理のあり方に疑問を持つために、脱原発志向を高めると考えられる。一方で、愛国主義や中韓排外主義、権威主義といった国家秩序に関わる態度については一定程度、脱原発志向に影響していたが、それほど大きなものとはいえない。経済不安については、脱原発志向にほとんど影響していなかった。

そして、本章は、二〇一三年と二〇一七年という二つの時点比較を行った。この二つの時期は、ともに脱原発世論が高い時期ではあるが、脱原発を「熱望」する二〇一三年と、原発稼働を進める政治の前で「諦念」する二〇一七年という違いがある。分析の結果、こうした脱原発の「熱望」から「諦念」という変化のなかでも、脱原発志向の世代・ジェンダー・価値観による差は変化していないことが明らかになった。女性、高齢者、収入の低い人々、平等や福祉を重視する人々、政治不信が高い人々で脱原発志向が高い傾向は一貫していたのである。これらの社会集団による差は、今後のリスク社会における社会的・政治的変化、そして連帯や対立の生成において、重要な意味を持つことが予想される。

最後に、本章では「若年層で原発支持度が高い」理由について分析を行った。次章でも示される通り、若者の保守化はその項目によって異なる。本章の分析結果からみえてきたのは、若者は原発というトピックについてとくに「保守的」であるという特徴であった。ではなぜ若者は原発において保守的なのか。この問いについては、今後検討が必要になるだろう。いずれにしろ、この非常に強い年齢効果が世代効果であるならば、世代交代によって、将来的には原発支持が増加する可能性もあるだろう。

注

（1）阪口（2016）では、所得平等への支持と、福祉の充実への支持の二項目の因子分析から抽出した因子を「平等主義」と名付けたが、本章では、これを「反新自由主義」とした。本書の他の章では、前者の項目を「平等主義」（反平等主義）、後者の項目を「福祉主義」（反福祉主義）と呼んでいるため、混乱を避けるため、異なる名称を用いた。

（2）両者は異なる概念であり、別々に規定要因を分析したほうがよいという意見もあるだろう。ただ、本章では、二つの変数の背後に脱原発志向因子が存在すると仮定して、その規定要因を分析している。なお、両者別々に規定要因を分析したところ、年齢・性別・収入の効果については同様の傾向がみられた。両者の相関係数は〇・五九四である。

（3）「脱原発を主張する団体への好感度」については、分布がほとんど変わらない。「今後も原発を利用していくべきだ」については、「そう思わない」という脱原発志向がやや減少しているものの、大きな変化はない。

（4）なお、他の章で議論されている純化主義の三カテゴリの脱原発志向への効果を確認すると、属性変数を統制した上でも、単一民族神話型では、市民・政治型や中庸型に比べて脱原発志向が低いという傾向がみられた。ただし、この純化主義の効果は、本章で検討した価値観を投入すると有意ではなくなる。これは、単一民族神話型である人々は、中韓排外主義や愛国主義が高く、そのことで脱原発志向が高いという関連性があることを示唆する。

（5）阪口（2016）では、二〇一三年の結果について、構造方程式モデリングによって媒介メカニズムを検討している。

第10章

若　者

●「右傾化」の内実はどのようなものか

松谷　満

1　注目される若者の意識

近年、社会意識、政治意識に関する調査研究では、若者の「保守化」「右傾化」に注目が集まっている。その象徴的な事例として指摘されたのが、若者における自民党支持の高まりであった。二〇一二年以降の第二次安倍政権期では、選挙の出口調査、各種社会調査において、若者の自民党支持が他の年代と比べても遜色ないか、高いという結果が多く示されている（松谷 2019）。

政党支持以外のさまざまな側面についても、若者の保守化、右傾化は指摘されている。社会学者による大規模継続調査である「社会階層と社会移動」全国調査（ＳＳＭ調査）では、二〇〇〇年代に反権威主義的意識の増加傾向がとどまって、若年層が高年層よりも権威主義的となる逆転現象が指摘されている（轟 2011；濱田 2019；松谷 2015）。ＮＨＫ放送文化研究所が行っている「日本人の意識」調査では、一九七〇年代以降続く傾向として、若者の政治活動経験の減少、活動参加意欲の低下が確認できる[1]（中瀬 2008）。

若者の保守化は日本だけの傾向にとどまらないとの指摘もある。世界数十ヶ国を対象に社会科学者が継続的に行っている世界価値観調査によると、とくに若者において、民主主義への支持が弱まり、権威や権力を尊重する傾向が強まっている（Foa and Mounk 2016；池田編 2016；安野 2018）。

二〇〇〇年代以降、若者のナショナリズムの変化もたびたび指摘されるようになった（香山 2002；高原 2006）。先述の「日本人の意識」調査を分析した永吉希久子は、一九九〇年代半ば以降に青年期を迎えた「氷河期世代」が、多くの面でナショナリズムの程度が高いことを明らかにしている（永吉 2016b）。世界価値観調査でも、とくに二〇代から三〇代で「日本人としての誇り」を持つ人が増加した（池田編 2016：276–279）。

本書ではこれまで、とくにナショナリズムに注目して右傾化を論じてきた。本章では、先にあげたようなこれまでの調査結果を踏まえ、ナショナリズム以外にも範囲を広げて若者の保守化、右傾化について検討する。よく指摘されるように、人間の価値観は成長期の社会的環境に基づいて形成され、そのまま持続するという側面がある。ゆえに、「世代」的特徴が表れ、世代交代によって社会の価値観は徐々に変化していく（Hooghe 2004；Inglehart 1990=1993）。若者の価値観の変化の方向性をみきわめることは、今後の社会がいかなる価値観によって営まれていくことになるのかを展望する手がかりとなるのである。

もちろん、価値観は全く変わらないのではなく、時代の変化による影響を受ける。また、「若者」という特定年齢層の価値観だけが時代の特徴になるとは限らない。太郎丸博は、「日本人の意識」調査の時系列データをさまざまな側面から分析した結果を踏まえ、保守化は時代効果であって世代効果ではない、との認識を示している（太郎丸 2016）。一方、見田宗介は、同データにおける意識の世代差が縮小してきたことを強調している。戦中・戦後生まれの世代と比較すると、それ以降の世代は全体として差異がみえにくくなってきているというのである（見田 2007）。そうしたなかにあって、何が若者の変化であって、何がそうでないのか、みきわめることが必要である。

また、想定されているような変化が、実は生じていないという可能性も考慮しなければならない。政治学者らの政策態度・イシューに関する調査分析では、政治は右傾化しているものの、有権者に右傾化の傾向はみられないことが示されている（竹中ほか 2015; 谷口 2015）。「若者」の右傾化についても同様である（遠藤・ジョウ 2019; 菅原 2009）。このことからすると、何が保守化、右傾化しており、何がそうでないのか、といったみきわめが重要であるだろう。

本章では、先行研究を踏まえつつ、あらためて価値観のさまざまな側面に注目し、若者の保守化、右傾化という観点からどのようなことがいえるのか、二〇〇九年と二〇一七年の二時点調査データの分析から明らかにする。これらの調査データにより、すでに提示されているＮＨＫ調査（二〇一三年）、世界価値観調査（二〇一〇年）のその後を捕捉できる。若者の自民党支持の増加がここ五年程度で指摘されるようになったことを踏まえても、近年の調査に基づく知見がいかなる像を結ぶのか、という点にも注目したい。

2　若者は保守化・右傾化しているのか

2・1　保守化・右傾化とは何か

先に述べたように、本章では本書の「右傾化＝ナショナリズムの強まり」といった注目点の外にも目を向ける。したがって、本章における保守化、右傾化の定義を示しておきたい。「保守」「右」とは何か、という問いに答えるのはそれほど簡単ではないが、社会意識、政治意識という観点からすると、おおよそ現状や伝統の維持、個人よりも国家を重視する立場をさす。日本では、「保守」と「右」はほぼ同じ意味に捉えられることが多い（蒲島・竹中 2012: 40–44）。

政治的な価値対立軸は、経済的な側面、文化的な側面の二次元で捉えられることが多い（Kitschelt 1995）。その場合、経済的には、「小さな政府」を志向し、文化的には、権威や秩序、伝統を重視するのが、保守、右派の立場とされる。

「右派」という場合、ほぼ政治的な立場を表すが、「保守」にはそれ以外のニュアンスも含まれることがある。政治的な価値観とは関係のない、現状維持的、消極的な態度や志向性を「保守」的とみなす場合がある。とくに社会学では、こちらの用法のほうがより一般的であるかもしれない(2)。

本章では、政治的な価値観に重点を置いているため、「保守」と「右」をほぼ同義で用いる。本章で扱う価値観を図表10－1に示した。その多くは、他の章でも扱われている。これらは、右派・保守主義の内実を網羅的に示したというのではなく、本章で扱うデータにおいて変化を実証的に分析できる範囲に限定されたものである。

図表10－1　本章が扱う価値観

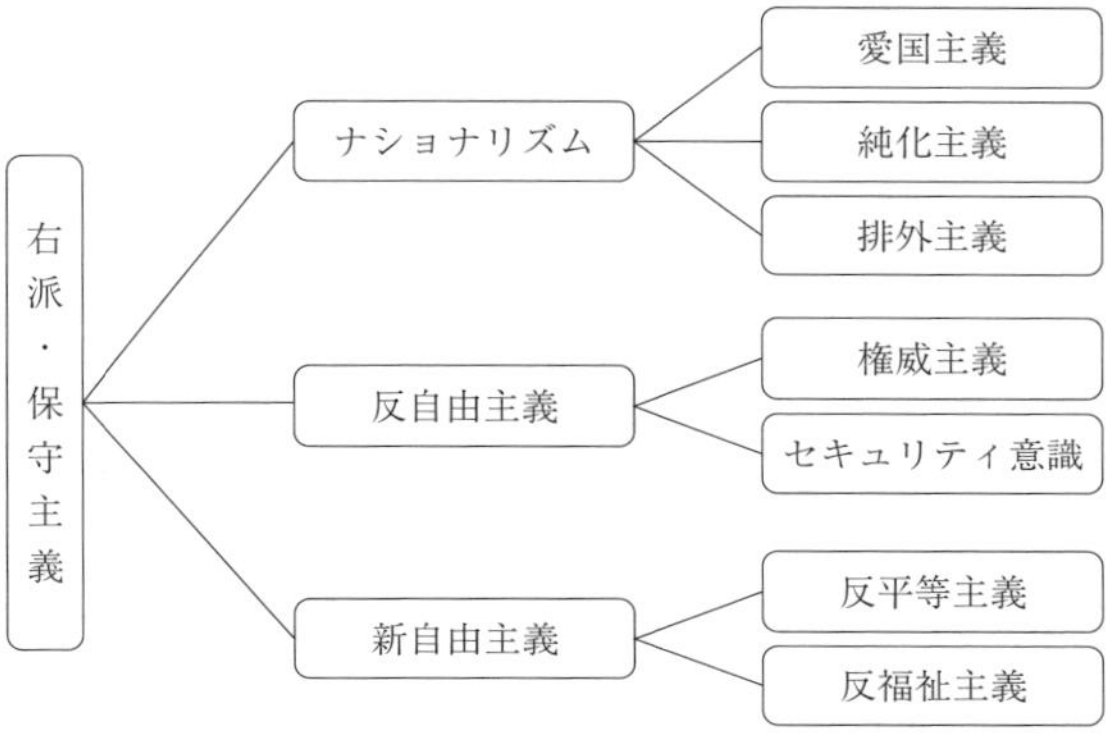

それぞれについて簡潔に説明する。ナショナリズムについては、すでに第1章で説明されている下位区分と同様、愛国主義、純化主義、排外主義を主要な三次元とみなす。このうち、愛国主義にあたる「誇り」「愛着」といった部分は他の調査でもよく取り上げられる。

先述の永吉の分析によると、日本人の自国に対する「誇り」や「愛着」は一九九〇年代後半以降、全体として高まってきている。とくに若い世代で高くなっているのであるが、自民族中心主義については低いという知見が示されている（永吉 2016b: 162-167）。このことからも、それぞれの下位次元や項目ごとに世代間の違いや変化の方向性をみていく必要があることがわかる。とくに、純化主義や排外主義については、本書の調査以外ではあまり取り上げられる機会がなく、より丁寧な検討が必要だろう。

権威主義、セキュリティ意識といったナショナリズム以外の文化的保守をここでは反自由主義と分類している。日本も含む先進資本主義諸国において、伝統や権威を重視する反自由主義的な意識は、近代社会の深化に伴って衰退してきたというのが二〇〇〇年代前半までの一般的な知見であった（Flanagan and Lee 2000; Knutsen 2006; Tilley 2005）。しかし、二〇一〇年代になって、先述のように、逆方向の変化が、時代効果、世代効果として現れてきたとの指摘がなされるようになった。

ただし、反自由主義についても、ナショナリズムと同様、全面的な保守化・右傾化なのか、疑問も残る。「日本人の意識」調査をもとに時系列的な変化を一覧しても、権威主義的な方向が強まっている側面がある一方、伝統・慣習の弱まりもまた見受けられるというように複雑な様相をみせている（NHK放送文化研究所編 2015）。そのうち、本章では「権威」、「秩序」（セキュリティ意識）という二つの側面について検討する。権威主義は、SSM調査などでよく用いられる一般的なものである。セキュリティ意識については、「市民的自由」と「治安」とのトレードオフ的な項目により、治安重視を右派、保守の立場とみなす(3)。

経済的次元については、新自由主義的な価値観の浸透を右傾化とみなすことができる。ここでの新自由主義とは、この四〇年ほどの間に先進資本主義諸国を席巻した、小さな政府、規制緩和等を重視する一連の政策および、その背後にあるイデオロギーのことである。これについても、国際比較調査などでデータの蓄積がみられる。しかし、政策パッケージとしての浸透に比べると世論の傾向は明確ではなく、年齢との関連も国によって異なる（堀江 2009; Knutsen 2006; 丸山 2014）。

さらに、対象となる項目によっても傾向が異なってくる。本書の調査（二〇〇九年）データを分析した丸山真央は、反平等主義（所得格差を容認する意識）については若年層が肯定的、反福祉主義（個人の責任を強調する意識）については高年層が肯定的であることを明らかにしている（丸山 2011）。こうした二〇〇〇年代までの傾向が、近年どのように変化しているのか、本章であらためて検討する。

2・2　保守化・右傾化を検証する方法

本章は、若者の保守化、右傾化を検証することが目的であるが、具体的にはどのようにして確かめられるだろうか。端的には、①長期の継続調査において、以前の若者と比べて、いまの若者のほうが保守的、右派的である、②短期の継続調査において、若年層が以前よりも保守的、右派的な方向に変化している、といういずれかが該当するということが基準となる。もちろん、年長者ではそうした傾向が確認できない、ということも条件となる。

ただし、本章で用いるデータは長期の継続調査によるものではないため、①の検証は難しい。したがって、便宜上、若年層が高年層と比べて、保守的、右派的であるかどうかという結果をもって代替したい。先述のように、伝統や権威を重視する意識には世代差があるというのが、一般的な知見であったわけなので、その逆の結果が出たということをもって、保守化、右傾化とみなすことは、許容されるだろう。

次に問題となるのは、若者とは誰か、ということである。三五歳未満といったように、特定の年齢を基準とすることも多いが、価値観を扱う研究では歴史的な文脈を踏まえて「世代」で区切ることも多く、先述の「氷河期世代」もその一例である。本章では、比較的参照されることの多い綿貫譲治らの区分を採用する（綿貫 1997）。ＮＨＫ「日本人の意識」調査データによって世代分析を試みた河野啓は、意識の諸側面における傾向が似通った年齢層を世代として区分した場合、ちょうど綿貫が想定したものと一致したという（河野 2008）。したがって、この区分を採用することには一定の合理性があるといえよう。

本章の世代区分(4)

- 平成世代(一九九〇年以降の生まれ)
- 氷河期世代(一九六九~八九年生まれ)
- 安定期世代(一九五四~六八年生まれ)
- 団塊世代(一九四四~五三年生まれ)
- 戦後世代(一九三六~四三年生まれ)

本章では、上記の世代五区分のうち、平成世代、氷河期世代を「若者」世代として扱う(5)。平成世代のみ、二〇〇九年調査には含まれていない年齢層である。本章ではとくに、この二世代が年長世代と比較してどのような特徴があるのか、氷河期世代は二時点間でどのような意識の変化をみせたのか、といった点に注目する。

検証の手続きとしては、図表10-1に示したそれぞれの項目を被説明変数とし、世代、調査時点を説明変数とした重回帰分析を行う(6)。それによって、若年世代にどのような特徴がみられるのかが明らかとなる(①の検証)。また、調査時点×氷河期世代の交互作用項を投入したモデルによって、この世代の時点間の特徴的な変化が明らかとなる(②の検証)。なお、分析では、価値観にもっとも影響が大きい属性変数とされる学歴の効果を統制する(吉川 2009)。これによって、高学歴化の趨勢を踏まえた上での、世代が持つ効果を確認することが可能となる。

2・3 若者はどの部分で保守化・右傾化しているのか

図表10－2　価値観に対する世代の効果（重回帰分析）

	モデル1						モデル2
	世代による違い					時代による違い	世代×時代
	平成	氷河期	安定期	団塊	戦後		
愛国主義		−	基準	＋	＋	＋	氷河期世代で強まっている
民族的純化主義				＋	＋	＋	年長世代で強まっている
市民的純化主義		−		＋	＋	＋	n. s.
中韓排外主義	−	−		＋	＋	＋	n. s.
外国一般排外主義	−	−		＋	＋	−	n. s.
権威主義	＋	＋			＋		n. s.
セキュリティ意識				＋	＋	−	年長世代で弱まっている
反平等主義		＋		−			氷河期世代で強まっている
反福祉主義		−		＋	＋	＋	氷河期世代で強まっている

注：学歴を統制。保守化、右傾化がプラスとなるように変数の方向を調整。

　前節の手続きにそった分析の結果を表にまとめた（図表10－2）。世代については、中間に位置する安定期世代を基準とした。＋、－の符号は5％水準で有意差が確認されたことを意味する。また、＋は保守化、右傾化の方向、－はその逆の方向を意味する（分析結果の詳細は巻末付表10－1を参照）。

　世代間の差異をみる前に、時代効果、つまり二〇〇九年から二〇一七年にかけての変化を確認する。ナショナリズムの下位次元である愛国主義、純化主義、排外主義は全体として、保守化、右傾化の方向にあることがわかる。外国人一般への排外主義のみは、この間に低下している。反自由主義の下位次元である権威主義、セキュリティ意識については保守化、右傾化はみられない。セキュリティ意識はむしろ弱まっている。新自由主義については、反福祉主義（自己責任を重視する傾向）は強まっているが、反平等主義は変化していない。

では、世代間の差異はどうなっているのだろうか。まず、ほとんどの変数で、最年長の戦後世代が＋となっている。また、団塊世代でも＋が多くなっている。つまり、高年世代がより保守的、右派的であるという傾向はいまでもはっきりと確認できるということである。

　ナショナリズムについては、世代間の差異は線形でわかりやすい傾向を示す。基準となった安定期世代より年長の団塊世代、戦後世代が保守的、右派的であり、年少の氷河期世代、平成世代はその逆である。ただ、時代効果との交互作用をみると、愛国主義に関しては、調査時点間で氷河期世代がより強まっており、年長世代との差は縮まっている。これは、永吉の知見とも一致する。一方、民族的純化主義に関しては、調査時点間で若者世代と年長世代の差はむしろ広がっている。

　このように、ナショナリズムに関しては、いまなお年長世代ほど保守的、右派的であること、愛国主義については世代間の差異は縮小傾向にあるが、他の側面では若者の保守化、右傾化は確認できないことが明らかになった。

　反自由主義の下位次元は、ナショナリズムとは異なる特徴を示す。権威主義に関しては、安定期世代、団塊世代とくらべて若者世代のほうが保守的（権威主義的）である。先行研究が指摘するような逆転現象が本調査でも確認できたといえる。なお、権威主義に関しては、戦後世代も保守的な傾向が強く、中間世代が低いというU字型の特徴を示す。

　セキュリティ意識に関しては、戦後世代、団塊世代で強いが、それ以降の世代にはあまり違いがみられない。また、時代効果は負の方向を示しており、以前よりも弱まっている。交互作用効果も含めて考えるならば、年長世代のセキュリティ意識が時点間で弱まったことが影響したようである。

　新自由主義については、丸山が二〇〇九年調査で明らかにしたように、二項目が異なる傾向を示す。

格差を肯定する反平等主義は氷河期世代で強く、時点間でその傾向がさらに強まっている。逆に自己責任を重視する反福祉主義は年長世代で強く、氷河期世代で弱い。ただし、反福祉主義は時点間でみると強まっており、とくに氷河期世代で強まっている。

このように経済的側面については、氷河期世代の右傾化の傾向が若干みられる。ただ、その下の平成世代については有意差がみられない。したがって、新自由主義における世代変化の方向性は、加齢やライフサイクルの効果も視野に入れつつ、より慎重な検討が必要だろう。その際、単項目でなく、複数の質問項目に基づく指標化も望まれる。

以上を踏まえるならば、若者世代の特徴は右傾化なき保守化と位置づけられそうである。排外主義、純化主義といった価値観の右方向への傾きを強めているわけではなく、単に、権威あるものには従ったほうがよいという従属的な性格を有するのがいまの若者世代だと考えることができるからである。これはイデオロギーなき保守化ということができ、政治学者らが明らかにしている知見とも符合する。では、このように権威主義が強まってきた背景とは何か、次節で検討する。

3　「権威に従う」若者の背景

ここ二〇年ほどの若者の意識変容に関しては、政治や経済状況、それに労働、家族、社会保障といった生活の諸側面の不安定化、流動化といったものと関連づける解釈が一般的である（高原 2006；轟 2011；山田 2009）。濱田国祐は、閉塞感や競争不安といった心理的要因が、権威主義を強めることを近年の調査で明らかにしている（濱田 2019）。この知見は先の一般的な解釈を裏付けるものであるが、世代の効果を十分に説明できるほど決定的なものではない。したがって、本節では、別の解釈をいくつか提示し、検証可能なものについて実際に分析を試みる。

第一に、先述した価値観の収斂という見田の議論との関連づけが可能である。戦争や経済成長に伴う社会の急激な変化は、青少年期の体験に大きく影響し、それが価値観の世代差として顕在化する。一方、高度経済成長以降の社会は大きな変化を生じておらず、それが世代差の縮小をもたらす、というのが見田の主張である（見田 2007）。ところで、権威への反発というものは、権威的とされる人々の価値観が自分のそれと大きく異なっている場合に生じるものであろう。逆に、価値観が似通ったものであるならば、あえて反発する意味は見いだしがたい。ゆえに、価値観の世代差の縮小が若者の権威主義を強める、との解釈が可能である。もっとも、この解釈は本調査のデータでは検証することが難しい。

第二に、青少年期の生活水準に注目した解釈である。戦後まもないころの日本の生活水準は低く、その時代に成長した若者は、豊かになる道を自ら切り拓いていく必要があった。一方、高度成長期以降の世代は、比較的余裕のある家庭に育った者が多く、年長世代から多大な恩恵を受けてきた。現在のような不安定な社会―経済状況にあっては、その恩恵を受けたという経験が大きいほど、権威を信頼し、それに従属して切り抜けようとするのではないか（仮説1）。この解釈は筆者が以前に唱え、実証的にも妥当な知見を得たものである（松谷 2015）。ただ、それに類する分析結果は他調査では得られておらず、その再現が可能かどうか本書の調査のデータで試みる。

さて、権威主義の対極は、自立志向とでもいうべきものである。自分のことは他者に委任・依存せず、自分で決めたいという意識である。そのような意識は経済的側面の自立性に由来するのではない

図表10－3　権威主義の規定因（重回帰分析）

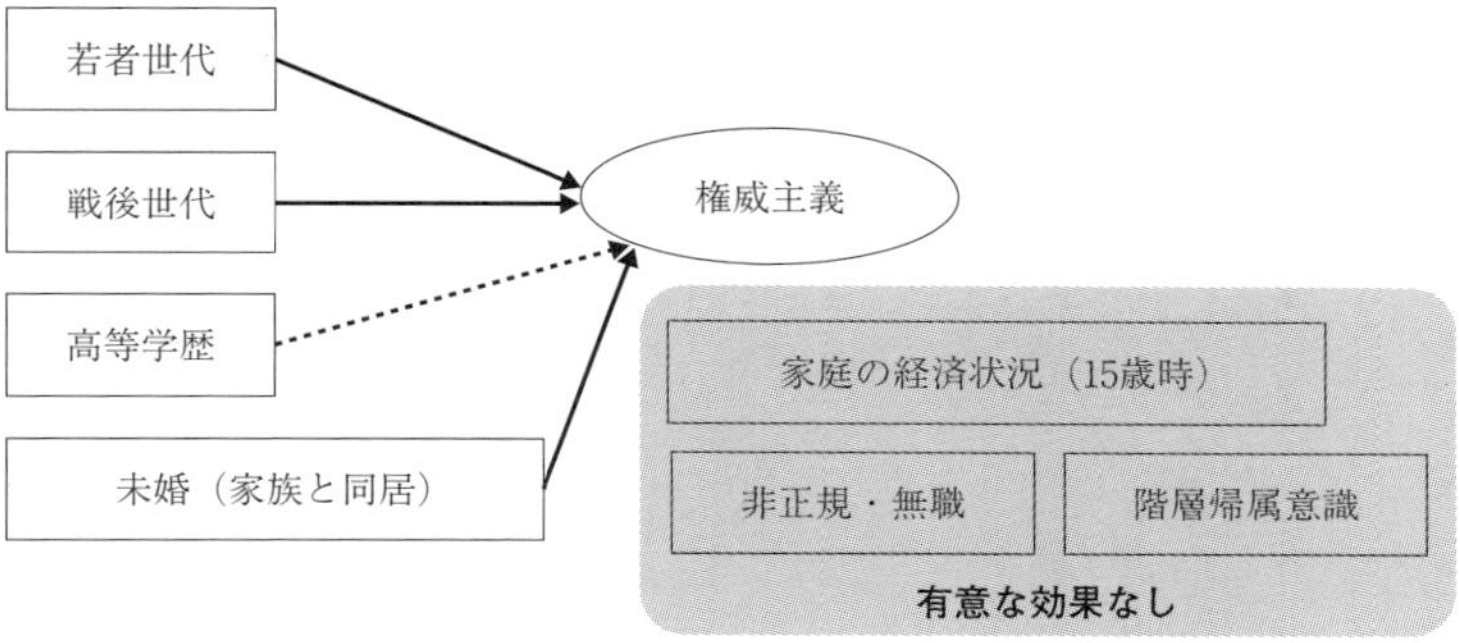

注：実線は正の影響、破線は負の影響を示しており、線の太さは関係の強さを示している。

か、というのが第三の解釈である。先述のように若者が経済的に自立できる労働・雇用環境は今日の社会では自明ではなくなった。一九九〇年代から指摘されてきたように、結婚して新たな家族を形成することなく、独身のまま両親と同居するような若者が増えている（山田 1999）。このようにパラサイトせざるをえない若者は経済的に自立していないという思いから権威主義的となり、その増加が若者における権威主義の強まりの一端となっているのではないか（仮説２）。

以上が今回の分析に際して新たに提示した解釈、そしてそれに関連する仮説である。すでに指摘されている階層的地位の低さ、不安定さが権威主義を強めるという仮説（仮説３）を加え、二〇一七年調査データで検証する[7]。

図表10－3にその結果を示した（分析結果の詳細は巻末付表10－2を参照）。今回の分析では、階層的地位（仮説３）も成長期における経済状況（仮説１）も有意な効果を持たなかった。つまり、学歴をのぞく階層的要因の影響は安定したものではないということである。

一方、未婚で家族と同居している場合（仮説２）は有意な効果があるという結果になった。この結果からすると、家族と同居する未婚者の増加は、社会における権威主義を強めるはたらきを持つといえる。ただし、これらの変数を投入した上でも、世代の効果は消えていない。つまり、若者世代の権威主義についてはもっと他の要因を考える必要があるということである。原発支持に関する前章でも世代の効果を十分に説明しえなかったが、権威主義も含めた若者に特徴的な意識の背景については、今後の課題として残されたといえる。

4　若者の政権支持は何に起因するのか

前節まで価値観について検討を行ったが、若者の保守化、右傾化に関しては、冒頭で言及した自民党支持、ひいては政権支持といった側面にも注目する必要がある。実際に、本調査（二〇一七年）でも若者の政治意識は以前までの常識とは異なる特徴を示す。図表10－4は自民党、安倍首相に対する「好き」「嫌い」の評価[8]、二〇一七年衆院選における自民党への投票割合（比例区）、調査時点における自民党支持率を世代別に示したものである。

もはや高年世代ほど自民党に好意的で支持が多いという単純な関連はみられない。平成世代がもっとも安倍首相に好意的で、自民党支持の割合も四割と高い。ここでとくに注目したいのは、自民党と安倍首相に対する評価の違いである。高年世代では、自民党に好意的な割合が安倍首相のそれを上回る。たとえば、戦後世代の場合、自民党に好意的な割合は六二・七％、安倍首相になると四四・四％である。これは、自民党は好きだが、安倍首相はあまり好きではない、という人がそれなりにいることを示唆する。一方、平成世代、そして氷河期世代という若年世代では自民党、安倍首相に好意的な

図表10－4　自民党、安倍首相に対する評価・支持（世代別）

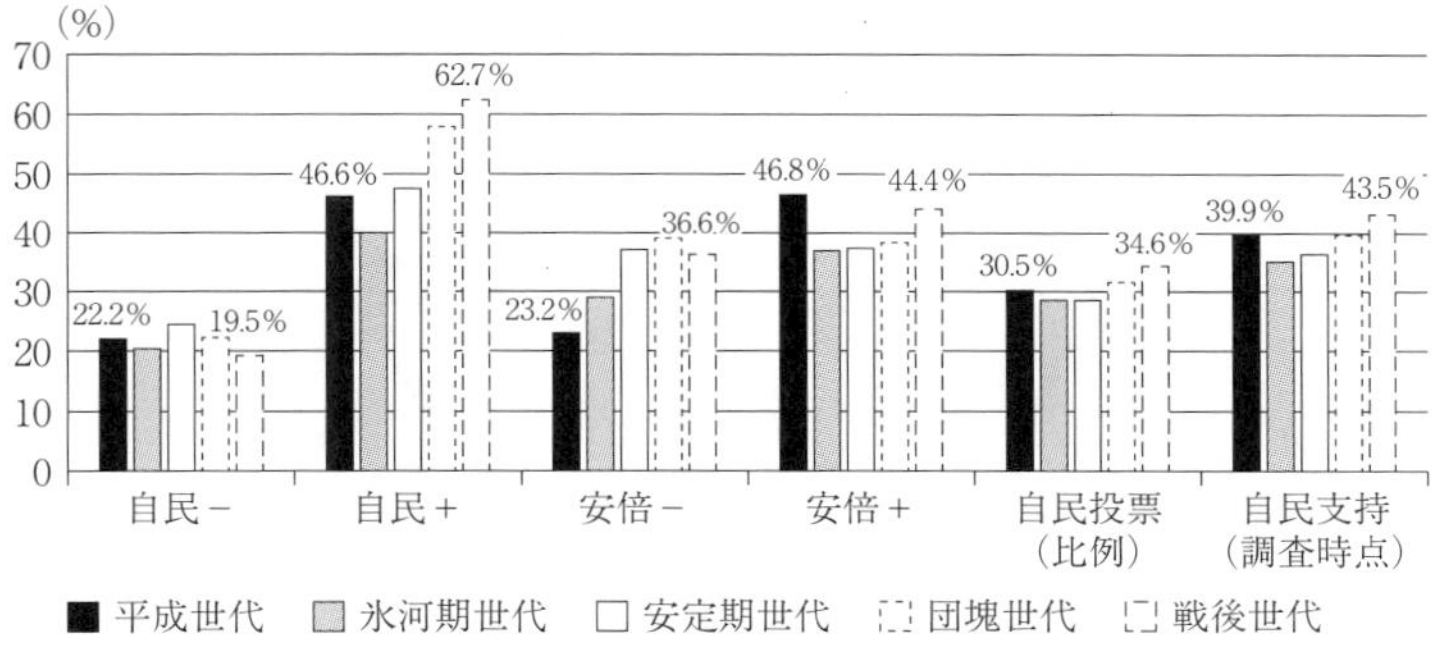

注：＋は好意的な評価、－は否定的な評価の割合を示している。

割合はほぼ同じである。さらに、安倍首相に否定的な割合が年長世代と比べて目立って少ない。戦後世代では三六・六%、平成世代では二三・二%と差がみられる。つまり、政党や首相に対する評価・支持にかんしていうならば、自民党支持よりむしろ安倍首相に対する評価が高いということが、若者の特徴として指摘できるのである。

ではなぜ、若者は安倍首相にそれほど批判的でなく、好意的に評価しているのだろうか。前節までにみたような権威主義が影響しているのか、対外的な姿勢か、それとも経済政策の方向性によるのだろうか。この点を明らかにすべく、安倍首相に対する評価（−3〜3の七段階）を従属変数とし、本章およびこれまでの章で扱ってきたいくつかの変数を独立変数とした重回帰分析を試みる。

独立変数として用いる意識変数は次のとおりである。まず、前節までで若者に特徴的な意識とされた権威主義である。権威には従うべきだとの意識が安倍首相への評価につながっていると仮定できる。次に、本書を貫く問題意識としてあったナショナリズムのうち、愛国主義を取り上げる。保守政治家のなかでも安倍はとりわけ戦後教育の見直し、愛国教育に熱

図表 10－5　安倍首相に対する評価の規定要因

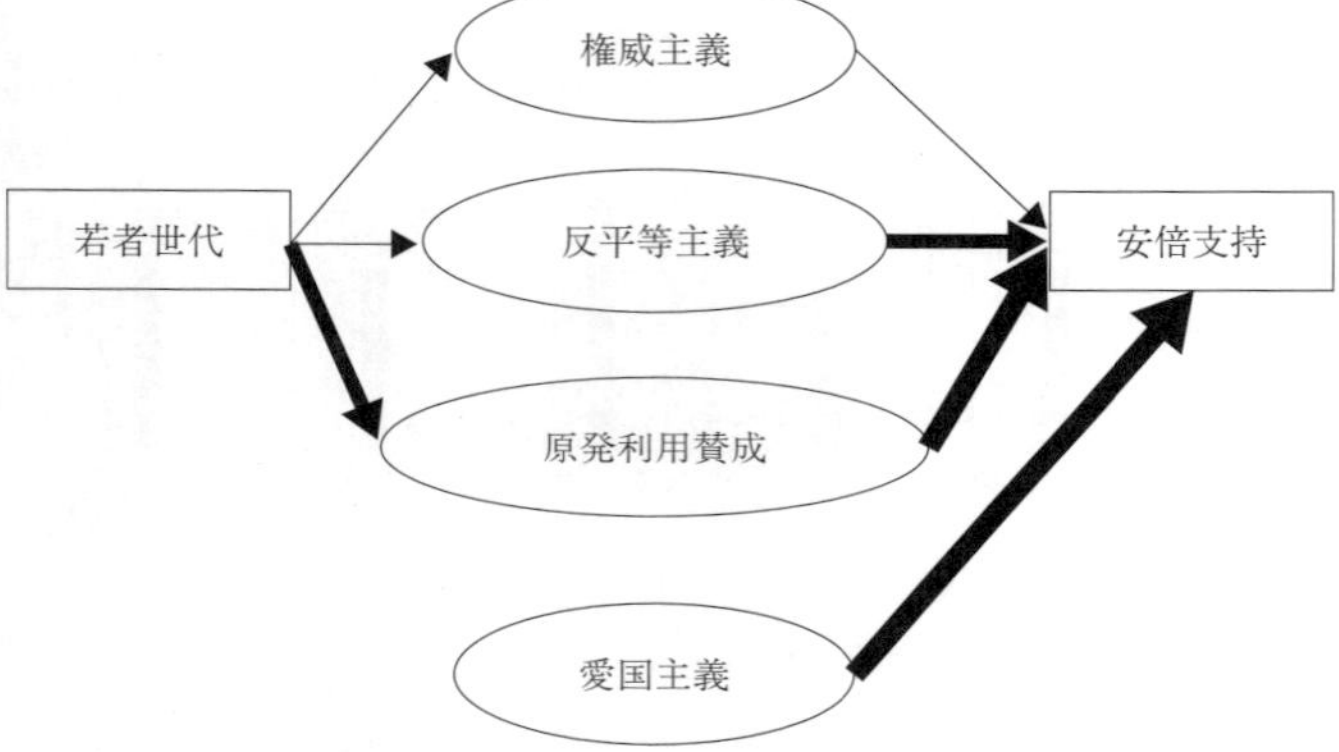

注：線の太さは影響の大きさ（係数の大きさ）を表している。

心であった。そのような政治姿勢への共感はもちろんあるだろう。さらに、近年、とりわけ問題化している嫌中嫌韓意識である（田辺 2018b）。近隣諸国に対し、時に強硬な安倍の姿勢への共感が評価につながっている可能性もある。そして、新自由主義のうち、反平等主義を取り上げる。安倍は新自由主義を強く打ち出しているわけではないものの、近年の自民党支持においては有力な規定因となっている（松谷 2019）。

そして、前章でみた原発についての意見も含めておこう。筆者は別の調査において、環境保護よりも経済成長を重視する物質主義的な価値観が近年急激に復活してきており、それが自民党支持の背景にあることを明らかにした（松谷 2019）。「原発」はある意味、物質主義、経済成長の象徴として位置づけられており、とくに若者において強く支持されていることが前章で明らかにされている。

以上の変数を用いた分析の結果を図で表した（図表 10－5、分析結果の詳細は巻末付表10－3を参照）。

安倍に対する評価に影響を与えていると仮定した五

つの変数のうち、嫌中嫌韓意識については、正の効果を持たなかった。正の効果がみられるもののうち、より強い効果が確認できたのは、愛国主義と原発に対する意見であった。

一方、若者世代（平成、氷河期世代）に特徴的であったのは、ここまでの分析からすでに明らかなように、権威主義、反平等主義、そして原発に対する意見であった。そのうち、とくに原発に対する意見で世代差が強く生じていた。

以上をあわせて考えるならば、若者世代において安倍への評価が相対的に高いのは、まずもって原発の利用に象徴される方向性への共感であり、くわえて、反平等主義や権威主義が弱いながらも影響しているためである。実際、原発に対する意見を外したモデルでは世代の効果は残るが、投入した場合には、その効果はなくなる（巻末付表10－3参照）。つまり、原発に対する意見が、若者の安倍支持を解釈する上で欠かせない要因だということを意味する。若者は安倍を「権威」とみて評価しているのではなく、その政策的な方向性を支持しているという解釈のほうがより妥当性が高いといえるだろう。

5　価値観のゆくえ

本章では若者の保守化、右傾化に注目した。これは近年指摘されるトピックであるが、何が保守化、右傾化しており、何がそうでないのか、実証的に明らかにする必要があると考えたためである。本章では、二〇〇九年と二〇一七年の二時点調査データを用いた。

まず、ナショナリズム、反自由主義、新自由主義の各下位次元について世代、時点、世代と時点の交互作用の影響を分析した。他章ですでに指摘されているように、ナショナリズムについては全般的にやや強まってきている。しかし、「若者」の特徴として明確に指摘できるのは、権威主義、つまり、権威あるものには従ったほうがよいという意識傾向が強いということくらいであった。「保守化」はしているが「右傾化」はしていない、という意味で、右傾化なき保守化と位置づけられよう。

次に、いまや若者の特徴となった権威主義の背景について、いくつかの仮説をもとに分析を行った。しかし、世代の効果を説明しうる結果を得ることはできなかった。個人の経済的な背景が影響しているとの仮説をたてたが、その影響は確認できなかった。なぜ、若者世代が権威主義的であるのか、異なる視点からさらに分析がなされる必要があろう。

さらに、政党支持、政権評価に目を向けた場合、すでに指摘されているように、年代差はなくなってきていることが本調査データからも確認できた。本調査ではとくに自民党に対する支持よりも安倍首相に対する支持に若者の特徴があることが示された。その背景について、本書で取り上げてきた意識変数との関連をみたところ、原発に対する意見が若者の安倍支持にとくに影響していることがわかった。このことが何を意味するのかはいくつかの解釈が可能であるが、先に述べた他調査での知見をあわせて考えるならば、物質的・成長重視の価値観がとくに若者に浸透し、それが安倍への評価に結びついているものと解釈できる。

本章の知見から、時代の変化、世代の交代に伴う価値観のゆくえについていかなる示唆が得られるだろうか。右傾化、とくにナショナリズムに関して、若者の危うさが時に指摘されるが、そのような変化はむしろ時代効果によるものである。「偏狭」なナショナリズムという観点からすると、むしろ危ういのは高年層のほうであって、若者は相対的には排外主義から遠く、純化主義的なこだわりも弱い。世代交代によって、国際的に孤立するのではないか、という危惧は現在の若者の意識をみるかぎりにおいては、それほど憂慮すべき問題ではないといえる。若者世代は、経済的な発展を重視するあまり、環境を軽視し（原発賛成）、平等を軽視し（反平等主義）、権威に従属的（権威主義）な傾向を強めている。「豊かさ」のためには、安全や権利を引き渡すのもある程度やむをえないというのが、現代の若者の心情ではないか。この状況に私たちはいかに対応すべきか、問われているといえよう。

付記

本章は二〇一八年度中京大学内外研究員制度（国内研究員）の助成を受けたものである。

注

（1）具体的には、地域や職場で何か問題が生じた場合、その解決のために組織的に活動するという回答が減少傾向にある（中瀬 2008：66-71）。
（2）たとえば、山田（2009）など。
（3）実際の調査項目は、二〇〇一年アメリカ同時多発テロ事件後に実施されたアメリカの全国調査を参考にしている（Davis and Silver 2004）。国レベルの違いについて分析した阪口祐介によると、二〇〇六年の国際比較調査では先進諸国においてむしろ自由規制支持度は高いという（阪口 2014）。
（4）世代名称については、永吉（2016b）を参考にした。
（5）「氷河期世代」は二〇一七年調査では、二八歳以上四八歳未満が該当する。一般的な「若者」理解からすると、乖離があることに注意されたい。本章では、日本社会のうち相対的に若年の世代を「若者」と位置づけ、その検討を行うものである。

(6) 本章の分析では、時点間、年代間の差異を時代効果、世代効果と単純化した記述を行っており、加齢効果を考慮できていないことは今後の課題として残される。ただ、加齢効果は基本的には「保守化」を促進するものとみなされてきたこともあり、加齢効果を統制した上でも、結果は大きく変わらないと考えられる。

(7) 分析に使用した変数は以下のとおり。世代と学歴は図表10-2と同じである。非正規雇用、無職はダミー変数である。階層帰属意識は「上」から「下の下」までの五点尺度、一五歳時経済状況(「あなたが一五歳の頃、あなたのお宅の経済状況はどうでしたか。」)は「豊か」から「貧しい」までの五点尺度をそのまま用いている。婚姻状況については、未婚かつ家族と同居、未婚かつ一人暮らし、それ以外に区分し、「それ以外」を基準としている。

(8) さまざまな政党、政治家、団体について、もっとも好き=「3」~もっとも嫌い=「-3」という七段階で好感度を回答する設問である。

終章

「右傾化」現象が覆い隠す格差

●多元的なナショナリズムをみつめる

田辺　俊介

1　日本社会は右傾化していたか？

本書では二〇一〇年代の日本社会において「右傾化」とみなされる現象について、前著（田辺編著 2011）で用いた二〇〇九年のデータに加え、二〇一三年と二〇一七年の三時点のデータを用いて実証的に論じてきた。その際、多元的な個別の側面が与える影響力を適切に把握するために、ナショナリズムを純化主義・愛国主義・排外主義、さらにその下位概念に分けた上で分析した。

まず全体的な結論を確認しておけば、中国や韓国に対する排外主義や民族的純化主義は強まり、また愛国主義が自民党への支持や投票への影響力を強めるなど、一部のナショナリズムの下位概念と政治との関連は強まっていた。一方で、安倍政権が長期化する中でも愛国主義の平均値はむしろ低下傾向で、一般に「左」と見なされる脱原発の世論が維持され、若者も権威主義以外は「右傾化」していないなど、いわゆる「右傾化」の傾向はあくまで一部に限られていたことが確認された。以下、各章の議論を簡単に振り返ってみよう。

まず第1章では、日本社会におけるナショナリズムについて、民主党政権誕生直後の二〇〇九年から「ナショナリスト」と称される安倍政権が政権に返り咲いた二〇一三年、さらにその政権が長期化した二〇一七年までの八年間にどのような変化があったのか、その背景とともに検討した。その結果、二〇一三年以降、とくに中国や韓国に対する排外主義が他の外国人に対する排外主義から分離されたうえで強まり、さらに二〇一七年もその強度が維持されていることが示された。また純化主義についても、とくに民族的純化主義が二〇〇九年に比べると一三年に高まり、その傾向が一七年でも維持されていた。他方、中国・韓国に対する高まりに反比例するようにその他の外国人に対する排外主義は、二〇〇九年から一三年にかけて低下していた。また愛国主義についても、「ナショナリスト」とみなされる安倍政権誕生後の一三年でもとくに強まる傾向はなく、むしろその政権が長期化している一七年には低下してきた可能性が示された。つまり、人々の抱くナショナリズムは強まる部分があれば、同時に弱まった部分があることも示す結果であり、ナショナリズムを多元的に捉えて議論する必要性を再確認するものでもあった。

続く第2章では国への誇り（ナショナル・プライド）について、市民・政治的プライドと民族・文化的プライドの二種類に分けた上で、その規定要因としてとくに個人的不満と社会的不安の影響を検討した。その結果、「不安や不満がナショナリズムを高める」との通俗的な議論とは逆に、とくに社会的不安はどちらの側面のナショナル・プライドも低下させる傾向が示された。ただし個人的な不満は、(市民・政治的プライドは低下させるが)民族・文化的プライドを高める傾向も示され、この点では個人的に不遇な状態の「代替」としてネイションへの接合を求めるという傾向は、一定程度存在していると考えられる。ただし日本では、その民族・文化的プライドが排外主義を高める傾向をもたないことは先行研究(田辺 2018a)で示されており、少なくとも個人的不満がナショナル・プライドを高めたゆえに排外主義が強まったと考える香山リカ(2002)や高原基彰(2006)の議論が、データ分析の結果とは整合しないことが確認された。

また第3章では「移民」が増加することの影響に対する認知、いわゆる「脅威認知」について検討した。その結果、二〇〇九年から二〇一七年にかけて移民への肯定的認知は上昇したものの、否定的認知は横ばいであった。日本社会に居住する外国人が同時期に二割近く急増していた現実との乖離を考えれば、この結果は「外国人増加への懸念」というものが実態に基づかず、イデオロギー的な認知であることの証左となるだろう。また他の意識との関連をみたところ、経済面での肯定的認知は、中国・韓国に対する好感度や外国一般に対する好感度が高い人や、政治不信が少ない人で強かった。一方で否定的影響の認知に対しては、愛国主義や純化主義の類型(単一民族神話型で高く、市民・政治型で低い)などのナショナリズムに関する変数が相対的に大きい影響を与えていた。その結果からも外国人増加への否定的評価が、現実的な脅威の正確な反映ではなく、序章の概念図式で示した通りナショナリズムの一部として形成される意識であることが示された。

さらに第4章では、近年世界的に問題視されている排外主義について、今後さらに外国人居住者の増加が予想される文脈を踏まえつつ、集団脅威仮説と集団間接触仮説を適用した分析を行った。まずは脅威認知が排外主義を高め、一方で接触は排外主義を弱めるという一般的な傾向が確認された。その上で、たとえば単一民族神話型の純化主義は排外主義を高め、一方で市民・政治型純化主義は排外主義を低下させる可能性が示唆された。また愛国主義が強い人ほど中韓排外主義も強く、中国人や韓国人に対する排外主義が「国対国」という地政学的紛争をベースにした、樋口直人のいう「日本型排外主義」（樋口 2014）に当てはまることが傍証された。さらに外国人居住比率の高さや増加率などに着目した分析の結果、とくに生活圏といえる地域レベルの影響は確認されなかった。この結果からも現代日本における排外主義が、何らかの生活実態を反映するわけではなく、あくまでナショナリズムの一部として生じた偏見であることが示唆される。

続く第5章では、入管法改正を踏まえて今後さらなる議論が必要な外国籍住民の社会権に対する人々の意識について検討した。分析の結果、第一に外国籍者を脅威として認知する人ほど、外国籍者の社会的権利に否定的であった。第二に民族・文化的国民観、つまり「単一民族国家」の神話を受け入れている人ほど、外国籍者の社会的権利に否定的であった。単一民族神話型の純化主義を抱く人々の目から見れば、外国籍者は「自分たちの共同体」の外部の存在で、当然の理としてその権利が否定されるのであろう。第三に、社会保障制度を信頼せず、生活保護制度にも否定的な意識の人ほど、外国籍者への社会的権利付与に反対していた。この点は、そもそも日本の社会保障制度が選別主義的で、制度の「受給者」を自分たちとは異なる存在と見なしやすい制度設計であるため、外国籍者（に限らず、他者一般）の社会的権利の否定につながる可能性を示唆するものである。

第6章以降では、ナショナリズムと政治、社会意識との関連について検討した。第6章では、固定的な支持者が減少しつつも、選挙制度上その存在を無視できない政党への支持について検討した。ナショナリズムと政党支持との関連についても、二〇〇九年と二〇一三年の間の差異が大きかった。二〇〇九年の民主党政権期と比べ、一三年と一七年の自民党政権期では、ナショナリズムが政党間対立に強く影響するようになっていた。愛国主義は二〇〇九年時点でも自民党支持に強い影響を与えていたが、一三年以降はその影響力をさらに増していた。また、民族的純化主義が強い人ほど自民党を支持する傾向も示され、さらに中韓排外主義もわずかながら有意な影響を持つようになった。このように近隣諸国との緊張状態がテコとなり、国民的結束や一体性を重視する愛国主義的な考えを持っているか、あるいは日本人としての民族的同質性を重視するような純化主義的な考えを持つかどうかによって、自民党を支持するか否かがはっきりと分かれるようになっているのである。

第7章では、二〇一二年と二〇一七年の衆院選における投票行動を検討した。愛国主義は自民党への投票を促す効果を有しており、それは二〇一二年の政権復帰から現在に至るまで変わっていなかった。また純化主義と排外主義については、二〇一七年において自民党への投票に対する影響力が強まっていた。とくに二〇一二年には効果がなかった外国人一般排外主義が二〇一七年には自民党への投票を促すとの結果については、第6章における自民党支持の分析でも排外主義が影響を強めた様子とも重なり、日本においても排外主義が政治的アリーナに影響を与えはじめている可能性を示唆するものである。

また投票以外の政治行動についても、ナショナリズムは興味深い関連を示していた。第8章で示したように、「在特会」のような目立つ存在が出現していても、その主たる主張である排外主義は、政治参加一般を押し上げるような効果を持っていなかった。むしろ「ナショナリスト」と称される安倍首相による長期政権が続いていることを反映してか、市民・政治的プライドが高かったり、民族的純化主義や外国人一般排外主義の強い人々のほうが、投票を超える政治参加をあまり行っていない様子が浮かび上がった。また日本型愛国心が強い人々のほうが、その権威主義を媒介として政治参加は「投票まで」という「おまかせ民主主義」者となる確率が高まるようである。ただし、（他の要因を統制した上では）市民的純化主義が強い人たちが、投票以上の政治参加を行いやすい傾向も示された。この点は、欧米の研究で主張されていたリベラル・ナショナリズム（Miller 1995＝2007 他）的なものの萌芽が、日本にも生まれていることを示す結果とも考えられよう。

脱原発志向のような政策志向を分析した第9章の分析結果からも、ナショナリズムが一定の影響力を持つことが示された。とくに（日本型）愛国心は、安倍政権が長期化する中で、原発のようなナショナリズムとは直接的な関連が見えにくい個別の政策イシューに対しても、その影響力を強める傾向がうかがえる。さらには、排外主義の中でも中韓排外主義が反・反原発志向と関連していた。この点は、「在特会」が反・反原発デモを行っていたという事例で示されていた中韓排外主義の「反リベラル」な意識との連動について、量的調査の分析から検証できたものであり、興味深い結果である。また、「反リベラル」（反サヨク）という世界観を基盤として中国・韓国への排外主義が生じている議論（明戸 2016）などが傍証されたとも言いうるだろう。

それでは日本の政治社会においても、アメリカやイギリスで見られるような「分極化」が進んでいるのであろうか。つまり、価値意識を異にする人同士では、特定の政策イシューについても対立が強まってきているのであろうか。その点については、次節で詳細に論じたい。

第9章において若年層に独特な強い親原発傾向が示されたが、「変化」という側面を見ていくためには、若い世代に着目する必要があろう。そこで第10章では、とくに「右傾化」の担い手と名指しされやすい若年層を対象に、そのナショナリズムや政治意識の実態を検討した。まず「右」を構成する要素をナショナリズム、反自由主義、新自由主義の三つとし、その各下位次元について世代と時点、また世代と時点の交互作用の影響を分析した。その結果、二〇一〇年代の日本の「若者」の特徴として明確に指摘できるのは、権威あるものには従ったほうがよいという権威主義的傾向が（以前の世代よりも）強まっていることのみであり、他の意識にはとくに右傾化の傾向は見られなかった。第10章の言葉を再掲すれば、「右傾化なき保守化」という状況であった。

このように本書の分析結果から考えれば、少なくない実証的研究（竹中 2017 など）が示していた結果と同じく、安倍政権がたとえ長期化していても、「右」方向に強まった人々の意識はあくまで限定的であった。とはいえ、各種政治意識や政治行動に対して愛国主義や特定の純化主義の類型などの影響力が強まる部分もあり、たしかにその点だけを取り出せば「右傾化」が進展したともみなせるだろう。ただし、特定の意識やナショナリズムが影響するということは、それが強い人と弱い人の間での差異が広がったということでもある。それでは、日本社会は価値意識、とくにナショナリズムにおける分断化・分極化が広がっているのであろうか。

2　ナショナリズムによる分極化と階層的分断

2・1　日本社会は分極化しているか？

近年、世界各地で社会の分断や断絶の深まりが懸念されている。マス・メディアなどでは、排外主義デモ団体とそれへのカウンターの衝突などといった、わかりやすくて絵になりやすい対立がセンセーショナルに報道されやすい。その結果、世界各地で起こる現象の多くが「右傾化」としてひとまとめにされた上で、その原因が人々の価値観や意識の問題として語られるきらいがある。

前節でも示したように、たとえば中国・韓国への排外主義が反・反原発志向と結びつくなど、日本社会においても特定の価値意識と政策志向の間の関連が見てとれ、それに基づいて政治的意見にも一定の対立が見いだされた。それでは欧米諸国でみられるような政治意識の分極化や分断などが、日本社会でも生じているのであろうか。

その点を確認するために、第10章で用いられた右派・保守主義を示す概念のうち、三時点比較が可能なナショナリズム（愛国主義、純化主義、排外主義）と権威主義、それに新自由主義を測定する各設問について、その標準偏差を時点ごとに計算した。標準偏差は回答のバラツキ度合いを示す値であるが、理論的には分極化が最大の時（平均値に近い中間的な回答が皆無で、両極端な回答がちょうど半分半分となった場合）に最大値となる。そのため、その値が高まっていれば分極化が進んだと考えてもよいだろう。

図表11－1は、各概念の測定項目の標準偏差を平均化した値を、時点ごとに示したものである。三時点の数値は横ばいか、むしろ一部は低下傾向にある。各項目の標準偏差の詳細な数値は巻末付表11を参照してほしいが、個々の項目単位でも分極化が進んだものはない。それら分析結果から少なくとも、二〇〇九年から二〇一七年の八年間でとくに分極化が進んだ証拠は見いだされなかった。

また多くの政策的なトピックについても、価値対立による二分化・分極化は成立していなかった。たとえば日米安保や沖縄米軍基地問題などに関する質問に対して、もっとも多くの回答者が選んだのは「どちらともいえない」という中間回答であり、三割以上から五割程度の人が選択していた。その

図表 11－1 「右傾化」の指標の標準偏差の時点比較

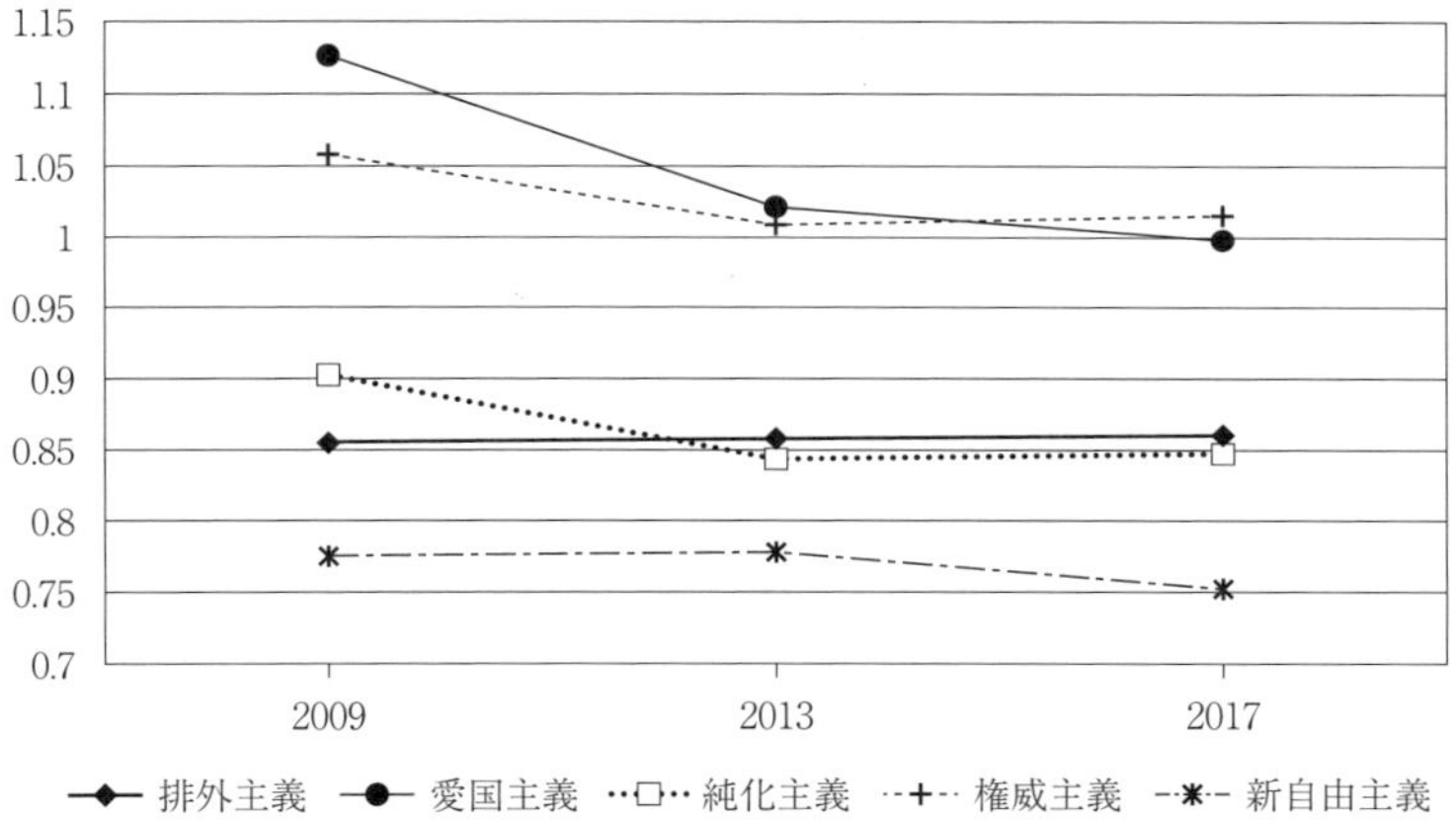

一方、明確な意見表明と見なせる「そう思う」や「そう思わない」という選択肢を選んだ人たちは、合計してもそれぞれ二割から三割程度を占めるに過ぎず、残りの人々は「やや」（そう思う／そう思わない）がついた、どちらかといえば中間的な選択肢を選んでいたのである。つまり日本社会では、日米安保強化や沖縄米軍基地問題など「国論を二分」しているかにみえる政策について、最大多数の人々が「どちらともいえない」などの中間的な回答をしているのである。

それらが熟慮の結果の「中間」であるのか、それとも方向性が定まらないゆえの「中間」であるのか。後者である場合、何かのきっかけでその方向性が雪崩のようにどちらかに向かえば、まさにポピュリズムが入り込む余地となろう。たしかに政党支持について、自民党は二〇一七年データで四割近い人々の支持を得てはいるが、それでも「支持なし」は三割を占める。さらに直近二回の衆議院総選挙の棄権率が五割近いことを考えれば、そのような「中間」的意見の人々の一部が投票に行くだけで、全く異なる結果となりうる。

ポピュリズム研究で著名な政治学者の水島治郎や遠藤乾の見立てでは、対談のタイトル通り「大衆のマグマは、日本にも溜まっている」として、日本におけるポピュリズムの発生を危惧している（遠藤・水島 2017）。また日本社会でもある種の「負け組」は相当数いて、そのマグマが将来的に排外主義に向かう危険性をも指摘している。

世界的に、トランプ大統領誕生やイギリスのEU離脱、あるいはヨーロッパの極右政党の伸張など序章でも挙げた「右傾化」の事例は、すべてポピュリズムの象徴的帰結としても語られる。同時にその担い手は、製造業の労働者としてかつては左派政党を支持していた「置き去りにされた人々」や「忘れられた人々」だと言われている。また欧米では価値観や政治意識の対立が、階層的、地域的、民族・人種的基盤を持ちやすいといわれ、たとえば排外主義は、比較的低階層の人々、地域としては地方、また民族・人種的には主要民族の成員（とくに民族的純化主義で内部とみなされる、いわゆる「ネイティブ国民」）が抱きやすい傾向が示されている。そこで次項では、そのような社会階層とナショナリズムの関連の考察を通じて、「右傾化」の議論を再考する。

2・2　階層化による分断のナショナリズムによる隠蔽

グローバル化が進展し、新自由主義的福祉国家改革が広がった一九八〇年代以降、先進諸国の国内で進んだのは、主として経済的地位や資産などに基づく経済的な分断と考えられている。話題となったトマ・ピケティの『二一世紀の資本』（Piketty 2013=2014）などが示すように、上位一％に属する人々の富や資産は増え続けている。その一方、いわゆる「国民」の中核を担っていた中間層の実質所得は伸び悩み、とくに製造業で働く労働者などの相対所得は低下した。さらには非正規労働者の増加などによってフルタイムで働いても貧困線以下というワーキングプアが増加しており、新たな「アンダークラス」の出現を主張する論者もいる（橋本 2018）。総じて言えば、新自由主義に基づく緊縮財政や富裕層のマネーゲームの失敗で発生する経済危機（リーマンショックなど）などこそが、かつてのメインストリームの労働者たち、いわゆる「置き去りにされた人々」や「忘れられた人々」の生活を不安定化させ、各種の「負け組」を生み出している。

そのような社会的分断が政治的対立を生むのであれば、経済格差こそ対立点となるのが必然である。たしかに二〇一一年に発生したオキュパイ・ウォールストリートのように、「一％対九九％」という階層格差を主要な問題として提起した政治運動も存在した。また近年も、イギリスでは最大野党の労働党党首に「極左」と称されていたジェレミー・コービンが就任。アメリカでも二〇一八年の中間選挙において躍進した若手民主党議員たちは、経済格差こそが問題であると主張している。

しかし政治を動かす力として実際に「成果」を出しているのは、階層格差を問題にする運動ではない。成果を出しているのはアメリカでのトランプ大統領誕生、イギリスのEU離脱、ヨーロッパ各国における極右政党の躍進、さらには安倍長期政権に示されるように、純化主義に基づき国民の基準を厳格化し、排外主義として移民や外国籍者を排除する類いのナショナリズムであろう。富裕層という（上位）「一％」と対立すべき階層・階級の人々の多くが、そのような「右」のナショナリズムによって政治的に動員され、より身近で可視化しやすい外国人や移民に対する反発を強めているのである。新自由主義によって正当化される緊縮財政、あるいは富裕層の火遊びによって生じた経済破綻と景気後退（リーマンショックなど）こそが、人々を「置き去り」にしている。しかしその怒りの矛先が、「労働力」としてだけ使われ、使い捨てられている点で同様の境遇にあり、本来であれば連帯すべき相手である移民や外国籍住民に向かってしまう。そのこと自体、大いなる矛盾である。

そのような矛盾は、新自由主義による格差の正当化や、グローバル化のもたらす経済的な利益という果実が、実は不平等に分配されているという視点の欠落が原因であろう。その認識の転倒の説明には、新自由主義的政策への大衆の支持を、確証バイアスの帰結として生じる「均衡幻想」などの言葉で説明したアメリカの経済学者ジョセフ・スティグリッツの議論（Stiglitz 2012=2012）が同様に利用可能だろう。近年のナショナリズムは、現行の秩序を「均衡的なもの」と納得させ、現実をゆがめて見せるための認識枠組み、世界観となっている。「国の経済成長」などの形で主張される愛国主義によって、経済的上位一％の富裕層や彼ら・彼女らが推進する新自由主義的政治・政策の問題から、人々の目はそらされている（この点は余談となるが、「共産主義」を標榜しながら経済格差が広がり続ける中国においても「中華民族の偉大な復興」という標語による愛国主義の強調によって、格差問題が隠蔽されている様子とも重なる）。またネイティブ国民の一部は、民族的純化主義によって身近な社会を共同で営む（二世・三世を含む）移民を「われわれ」から除外し、結果として排外主義的排除を正当化している。

とはいえ、実は勃興当時のナショナリズムは、封建的な身分制度や階級による分断を乗り越え、平等な「ネイション」という共同体を構築しようとする社会運動であった。そのため、貴族や王族などの特権的な上位一％の支配に対抗し、大多数の「国民」の間の平等性・水平性を求める思想・運動であったのである。たとえばフランス革命の主導者の一人アベ・シェイエスは（自らは第一身分の聖職者でありながら）「第三身分とはすべてである」とし、当時の上位「一％」（正確には二％程度の人口）であった聖職者（第一身分）と貴族（第二身分）以外の人々の間の平等な共同体としての「ネイション」の必要性と必然性を主張した。

そのナショナリズムの向く方向が、二一世紀の現在は逆転している。現代の上位一％の富裕層は、たとえ租税回避地（タックス・ヘイブン）などを利用してネイションという共同体の責務から逃れようとしていても、排除の対象とされることはあまりない。納税申告書を結局提出しないまま大統領となったトランプ氏は、まさにその象徴的存在であろう。

一方、その多くが当該社会において欠くことのできない仕事を担い、各種納税義務をしっかり果たし、社会保険料の担い手にもなっている（二世・三世を含む）移民や外国籍住民は、ネイティブ国民の一部が抱く民族的純化主義と各種の排外主義の対象となりやすい。さらにその種の純化主義と排外主義は、移民や外国籍者の社会的地位がネイティブ国民より低位であることや、その社会的権利を抑圧することを正当化する世界観ともなっている（ただしそのように移民や外国籍者の権利が十全に保障されないこと自体は、むしろ福祉国家の後退局面において、各種労働者の権利などネイティブ国民の持つ権利を劣化させることの正当化にも使われている）。

もともと移民たちの多くは、労働力不足を解消するための「低賃金労働力」として移住していることから、ネイティブ国民よりも低地位の存在とみなされやすかった。その移民たちは二世や三世に至っても、民族的純化主義と排外主義に基づく差別によって低地位にとどめおかれ、「二流市民」という扱いを受けやすい。ホームグロウンテロリストのようなさまざまな問題は、不公平（unfair）と感じられるそのような状況が、二世や三世になっても改善されなかった結果でもあろう。そして皮肉なことに、そのようなテロリズム自体が、ネイティブ国民側の偏見を正当化するための素材を提供することになってしまっているのである。

近似したメカニズムは、日本のデータ分析の結果からもある程度見いだされている。「アベノミクスなどの経済政策への評価」が安倍政権の長期化の原因ともいわれるが（竹中 2017 など）、近年の日本経済の実態については、むしろ否定的な状況であることを示す数値も多い。たとえば日本経済新聞二〇一九年三月一九日付一面記事「賃金水準、世界に劣後　脱せるか『貧者のサイクル』」にあるように、「過去20年間の時給をみると、日本は9％減り、主要国で唯一のマイナス」であり、アベノミクスによって特段改善したわけではないようである。

そのような中、なぜ安倍政権が比較的高い支持率のまま維持されているのか。たとえば学術的には「神話」として批判されつつも、戦後日本社会の自己理解に用いられる単一民族神話型の純化主義を抱いている人ほど、現状追認的に自民党を支持して投票し、安倍長期政権の打ち出す政策（原発再稼働など）を支持する傾向がみられた。あるいは愛国主義的であるほど同様に自民党を支持し、投票する傾向が強まっている。そのように各種のナショナリズムが、「均衡幻想」として安倍政権の延命の一助となっていると考えられる。

また二〇一三年以降、愛国主義的であるほど中国・韓国への排外主義が強まっていた。たとえば元徴用工の訴訟や従軍慰安婦像（平和の少女像）の設置問題で冷え込む近年の日韓関係を考えると、愛国主義がさらに韓国への排外主義を強めている危険性も少なくない。あるいは外国人一般に対する排外主義についても、二〇一八年末には外国人労働者の受け入れ拡大に向けた改正出入国管理法が成立したことから、政治的対立に利用される危険性は増している。現状の日本の対外国人政策は、安倍政権がかたくなに「移民政策」と認めないこともあり、適切な統合原理を含まない。そのため、現況のままの外国人受け入れ政策を続ければ、外国籍者の「二流市民化」が生じていくことは避けがたい。

その結果、欧米諸国がたどった道と同じく、中下層のネイティブ国民と外国人労働者・移民との間の対立という認識枠組みが流通しかねない。二〇一八年の入管法改正は基本的に悪名高い技能実習制度の延長に過ぎず、「移民」という言葉をかたくなに拒否する安倍政権が続く限り、残念ながらまともな移民政策が出てくる可能性は低いと言わざるをえない。

欧米において先行し、日本も追随しつつある階層問題とナショナリズムの間の「矛盾」は、どのようにすれば解決・回避可能であろうか。そのためにはまず、安易に「右傾化」という言葉を使うこと自体の危険性に自覚的でありたい。実際、「置き去りにされた人々」や「忘れられた人々」のような人々を、いわゆる左派とされる人々も自分たちと異なる「右」の考えをする人々として、「下」に見てはいないであろうか。近年のポピュリズムの背景については、階層的な「負け組」、つまり階層格差の問題が厳然と存在する。しかし、そのような人々が世界の多くの地域で傾倒する各種主張を、総じて「右傾化」という曖昧な言葉でまとめてしまうこと自体、本来的な問題である階層的格差を覆い隠すこととなる。また緊縮財政下の福祉切り捨てに伴い、彼ら・彼女らの生活実感は着実に悪化している。たとえ誤った関連づけであっても、そこから生まれるさまざまな主義主張を安易に「右傾化」としてラベリングをし、その内容を熟考せずに排除していなかったであろうか。つまり、中身が曖昧なままの言葉をパッケージ化して使うことによって、本来は階層的状況から協同可能な人々すらも、一元的なラベルで他者化する。その結果、ラベルを貼られた側にも同様の対立的な認知が形作られ、「右派と左派の対立」が現実化していく。その点では、安易に使えば「右傾化」との言葉自体、「均衡幻想」の原因の一つとなる。

たしかにツイッターなどインターネット上では、本書で扱ったようなトピックに関する議論は、基本的に「棲み分け」がなされた上で、両極端な見解のほうが目につきやすい状態になっている。そのようなSNSなどを通じた「学習」によって、一部では「右」と「左」というラベルに沿った「集団分極化」(有馬 2012)が進んでいるのは事実であろう。その原因として、とくにネット上では「エコーチェンバー」(Sunstein 2001=2003)や「フィルターバブル」(Pariser 2011=2016)などの言葉で論じられるように、特定の情報空間に人々が閉じこもり、確証バイアスが生じやすい環境となることが指摘されている。その結果として、現実社会においても社会や政治に対する意見の分断が広がることが危惧されており、また近年の研究知見としてもネットメディアがもたらす排外主義に対する分極化効果が実証されている(たとえば辻 2018)。

前項で述べたように、いまのところ(ネットの外の)現実の日本社会では、そこまで分極化は起きていない。しかし、そのような分極化と、同時に階層化とその固定化という事態を避けるためには、「置き去りにされた人々」と移民の両者を「われら(社会)の子ども(our kids)」(Putnam 2015=2017)とみなすための、なんらかの共同性、あえていえば従来型とは異なる純化主義が必要であると主張したい。その点は前著(田辺編著 2011)でも新たな「内国人」の構築の必要性を主張したが、その必要性は世界的に高まっているといえよう。

3 ポスト平成、ポストオリンピック、ポスト安倍政権に向けて

本来は協力し、共闘すべき人々が、現在は特定の純化主義と排外主義によって分断されている。その状況を乗り越えて協力するためには、その基盤としての「われわれ」意識はある程度必要となる。

とくに異なる文化をルーツに持っている人々の間で「われわれ」という意識を持つためには、お互いさまざまな文化を背負っているということは認め合おうという「間文化主義」と呼ばれるある種の多文化主義が必要と考えられる。とくに第4章でも説明されていた集団間接触の排外性低減効果が頑健であったように、お互いの文化を認め合った上での交流を通じ、「お互い同じ社会で生きている」という意識を持ちえるのではないか。

日本についても、明治維新の当時から比較的均一性が高かったと思われているが、たとえば薩摩藩と会津藩とでは相当の違いがあり、一般の人々の間では言葉もきちんと通じたとは考えにくい。また身分によって厳然と人々は「縦」に分断されていた。明治期にネイションを作るため、それら地域的な多様性や身分の上下を乗り越え、水平的な共同体となることを目指した。戊辰戦争や西南戦争などを思い起こせば、その道は現在考えられているほど、実は平坦なものではなかった。しかし、それでも何とか「成功」したのである。

現代の日本社会を生きるわれわれも、「移民」として来訪する人たちとの間に新たな統合原理を作り出す必要があるだろう。この人口減少社会において、わざわざ同じ社会で一緒に働き、生きたいと願う人々を、「日本人」と「外国人」という区別によって「上と下」の関係で固定化してしまえば、近年のヨーロッパにおいて移民統合で生じている問題の繰り返しとなる。あるいはよりディストピア的に、明治維新以前と同様のある種の「身分制社会」を構築することにもなりかねない。

本書で何度も述べているように、日本社会はすでに複数の民族が定住する社会で、「単一民族国家」というものはイメージにすぎない。単一民族神話型の純化主義の各種影響力を考えれば、日本社会の現実はすでに変わっていることをまず理解し、少なくとも「単一民族国家」というイメージに基づく類いの純化主義を変えていくことが必須である。

人々の意見は、制度や社会体制が変わる、あるいは特定の事件の影響で、いとも簡単に変わる部分も存在する。実際日本では、一九四五年八月一五日前後が象徴的であるように、一夜にして多くの人々の主義主張が大きく変わった実例がある。また近年でも、第9章の脱原発世論でも紹介されていたように、三・一一の東日本大震災以前は七割が原発推進に賛成していたものが、事故後は七割以上が反対と、賛否の比率がいっきにひっくり返ったのである。

二〇一七年以降の日本社会において、日本に住む人々のナショナリズムや政治に関する意識や認識枠組みを変えそうな社会的なイベントは少なくない。二〇一九年四月三〇日をもって平成が終わり、元号は新たに「令和」となった。また二〇二〇年の東京オリンピック、さらには安倍政権も二〇二一年には任期が切れる。たしかに元号が変わることが人々の意識の変化と関連するとは限らない。また二〇二〇年のオリンピックも、一九六四年のものと比べると、いわゆる「国民的盛り上がり」には欠けている。また自民党の党則変更で安倍総裁の「四期目」という可能性もゼロではない。

このような特定の社会的な事件や変化は、はたして人々の意識や態度を変えるのか。そのことを実証的に確認するためには、人々の意識や態度を定期的に測定し続ける必要がある。民主主義社会では人々の意識と態度が「世論」となり、政治権力や制度を変えることもできる。一方で、政治権力の側が自ら制定する制度を利用しつつ、「世論」を誘導することも多い。その循環構造のメカニズムが見えないままでは、民主主義社会を理解し、その行く末を考えていくことは困難である。本書は、前著に続くそのようなメカニズム理解の研究の一つであり、著者一同今後もそのような試みを続けていきたいと考えている。

あとがき

二〇一一年に出版した前著『外国人へのまなざしと政治意識』のあとがきにおいて、「現代日本を生きる人々が抱く外国人や政治に対する社会意識を、計量分析を通じて読み解こうとした我々の挑戦は、ひとまずここで終わる」と書いた。本作はその続編として、「右傾化」という視点からその「変化」を分析するとともに、いくつかの新たなテーマにも取り組んだ一冊である。

前著の執筆時に比べても、ナショナリズムやそれに関連する書籍の出版数は増えているように思われる。ただし、「流行」して売上数の多い本については、序章でも紹介した「ヘイト本」は論外としても、どちらかといえば「右」的な論調のモノが目立つようになってきているようである。たとえばイギリスの保守派ジャーナリストであるダグラス・マレーの扇情的なタイトルの一冊『ヨーロッパの奇妙な死（*Strange Death of Europe*）』（邦訳は『西洋の自死』）は、移民、とくにイスラム系移民の急増により、ヨーロッパは自らを殺しているのだと主張する一冊である（Murray 2017=2018）。そして「非イスラム的」であることこそ、本来のヨーロッパのアイデンティティであると論じる。日本でもアマゾンのネット書評などを見る限り大変好評のようで、彼のイスラムを「外部」とみなすイギリス版純化主義の表明が、日本においても少なからぬ人々の琴線に触れたようである。

ただ現在のマレー氏が抱くのとほぼ同種の民族的純化主義によって、イギリスでは歴史上、ユダヤ人（教徒）は当然のこと、カトリック教徒も「カトリック刑罰法」などで排除されていた。またカトリック系とされる北アイルランド共和国軍（ＩＲＡ）によるテロも、二〇一九年現在に至ってもいまだに終息に至っていない（むしろ、イギリスのＥＵ離脱によってアイルランドとの国境問題が再燃したため、残念ながら再活性化の兆しすらある）。なるほどマレー氏の見解に従えば、「非カトリック」であることはイギリスのアイデンティティであり、カトリックを認めた数百年前のとうの昔に、イギリスは「自死」していたのであろう。

あるいはほぼ一〇〇年前まで、女性たちも「政治のことなどわかるはずもない」という当時の主流国民＝男性が抱く市民的純化主義によって、参政権が与えられていなかった。女性参政権のために戦った女性（サフラジェット）たちは、当時の「常識」によって蔑まれ、貶められ、投獄までされていたのである。マレー氏が当時ご存命であれば、きっと女性参政権がもたらす文明劣化の危険性を流麗に説明したうえで、女性参政権など「イギリス民主主義の自死である」と宣言していたことであろう。

もちろんそのような話は別段、イギリスの専売特許ではない。たとえばアメリカでも二〇世紀初頭、東・南欧からの（当時の）「新移民」たちは「人種的劣等者」とみなされ、「白人未満」として排除されていた（中野 2005）。いま現在の大統領トランプ氏は、ヒスパニック系移民を問題視し、純化主義による概念的な壁にとどまらず、物理的な国境の壁までも必要と主張する。しかし彼の夫人メラニア氏は南欧出身なので、二〇世紀初頭流の純化主義に基づけば、現ファーストレディは「壁の外の人」

であった。

このことは逆に考えれば、イギリスはカトリック教徒や女性を、たしかに時間はかかりながらも「国民」として統合してきた歴史を持つともいえる。同様にアメリカも、「新移民」が「白人」となり、公民権運動によって黒人も（まだ「道半ば」と言わざるをえないところも多いが）「国民」となっていったのである。つまり、主流国民の抱く純化主義の基準が、社会の変化にともなって変わることは歴史的に何度も繰り返されてきたことである。

とはいえ現状では、一〇〇年程前のイギリスにおけるカトリック教徒や女性、あるいはアメリカの「新移民」が辿った道筋と、二一世紀現在のヨーロッパのイスラム教徒やアメリカのヒスパニック系移民（そしていまだに差別を受け続ける黒人）の現況には差がある。その差は、終章でも述べたように階層的な格差であり、むしろその差を正当化するようなナショナリズムのロジックこそが、そのロジックを支える現実を作り出すという循環構造が存在する。

終章でも論じたが、アメリカやヨーロッパにおいて移民の統合が「失敗」したのは、結果的に多くの国々においてその移民たちの階層的地位が比較的低位にとどめ置かれ、結果的に「二流市民」化してしまったからであろう。受け入れ当初、労働力不足への対応としてただ「低賃金で使える労働力」とみなし、マジョリティの「国民」よりも社会的劣位に位置づけられた点は、過去のカトリック教徒や「新移民」、あるいは女性たちと共通している。しかしながら経済成長の果実が上層にとどまり、中間層とされる人々の増加ペースが鈍化したことにより、結果的にその階層的状況が移民の二世や三世になっても改善されにくくなっている。結果的に、近年の移民やその子孫たちの二流市民からの脱出も阻まれ、最悪のケースとしてはホームグロウンテロリストのようなさまざまな問題までもが発生している。

さてひるがえって日本社会では、たしかにまだまだ単一民族神話型の純化主義を抱く人の割合は高い。そのため、このままの状態での移民受け入れは、近年の欧米における「統合失敗」と同じ轍を踏む危険性が高い。とはいえ、まさに欧米の「失敗」から、後発の日本は学びうる。本書で実証的に示したように、現状の日本では移民と国民間の分断を強める排外主義について、その階層的な基盤は弱い。そのため、移民・外国籍住民を低地位に追いやったり、その状態が固定化することを避けられれば、日本社会の未来も少しはましになるのではとも考えられる。そのような未来を見据えるためにも、今後も同様の研究を続けていきたいと思っている。

これまでの本と同じく本書も、本当に多くの方々のご助力とご尽力によって完成した。この場を借りて、厚く御礼を申し上げたい。

まず今回編集を担当してくださった勁草書房の上原正信氏は、ついつい日々の多忙を理由に原稿提出を先延ばしする口実を見つけようとする編著者を、激励しつつ締め切りを明示して導いて下さった。お陰で、本書を世に出すことができた。ここに記して感謝したい。

また本書の土台とも言える三回にわたる全国調査は、もちろん執筆者たちだけで行えるものではなかった。全国各地でのサンプリング、回収した調査票のチェックと入力、データクリーニングその他膨大な作業に協力して下さった方々の多大なご尽力とご助力によって成しえたものである。そのお一人お一人のお名前をここでは挙げることができないが、ご協力くださった皆様に対し、ここにあらためて謝意を表したい。

そして最大限の感謝を、調査票に対してご回答くださったすべての皆様方に捧げたい。突然の送りつけられた封書と、その中の一〇ページを超える調査票。そのうえ予算不足ゆえ満足な謝礼品もなく、入っているのはボールペン一本。ゴミ箱に直行でも全く返す言葉のないわれわれの調査に対し、二〇〇九年は三六一〇名、二〇一三年は四一三四名、二〇一七年は三八八二名もの方々がご回答を下さった（なお本書では活用できていないが、二〇一七年の沖縄調査にも五〇四名の方々からご協力いただいた）。その貴重な一票一票の集積によって、各時点における現代日本の正確な姿を知ることができ、その成果として本書も生まれた。なお本書で用いたデータのうち、二〇〇九年と二〇一三年のものはすでに、東京大学社会科学研究所のSSJDAというデータアーカイブ（社会調査データの図書館のようなもの）に寄託済みで、二〇一七年データも当然寄託予定である。そのため本書で使用したデータは、執筆者以外のさまざまな研究者も利用可能であり、日本社会の人々の意識の学術探求に資する共有財であると自負している。ただ、そのような価値あるデータの生みの親は、やはりお一人お一人の回答者の皆様です。前著からの繰り返しともなりますが、本書で用いた社会調査へのご協力に、深く感謝いたします。

さらにそれら社会調査は、税金を原資とする「文部科学省科学技術研究費若手（B）」並びに二度の「文部科学省科学技術研究費基盤（B）」の支援を受けて行われたものである。その点において、（外国籍者も含む）すべての納税者の方々にもあらためて謝意を申し上げたい。同時に前著と同じく、本書の知見によって日本社会に住むすべての方々にわずかながらでも恩返しができれば、社会を研究する者として望外の喜びである。

そして最後に私事となるが、妻と娘にも「ありがとう」と伝えたい。正直数年前までの自分は、社会について語る書籍で家庭のような「私事」を語ることを嫌っていた。しかしこの四年弱、家事・育児を担う中で、育児休業制度や保育園などリアルな社会制度と関連を持つことが多くなった。その経験を通じて、「私事」と「公事」を厳密に分けられると考えること自体、実は非常にマッチョな、同時に新自由主義的な「自己責任論」的な世界の見方であることに気づかされた。またこどもの成長を見守る中で、日々の「変化」というモノに目を開かされ、さらには「未来」を考える重要性を実感するようになった。そこで妻には、原稿を読んでもらい、的確なコメントをくれるなど実質的側面も含めて数々の助力への深い御礼と、娘には（各種の「遊んで攻撃」で原稿執筆を邪魔された部分は少なくないが）社会のリアルと将来を考えさせてくれた点に感謝し、本書を締めくくりたいと思う。

田辺　俊介

田辺俊介編著　外国人へのまなざしと政治意識　社会調査で読み解く日本のナショナリズム　四六判　二五〇〇円

田辺俊介編著　民主主義の「危機」　国際比較調査からみる市民意識　四六判　三〇〇〇円

浅野智彦編　検証・若者の変貌　失われた10年の後に　四六判　二四〇〇円

高　史明　レイシズムを解剖する　在日コリアンへの偏見とインターネット　四六判　二三〇〇円

池田謙一編著　日本人の考え方 世界の人の考え方　世界価値観調査から見えるもの　A5判　四三〇〇円

池田謙一編著　「日本人」は変化しているのか　価値観・ソーシャルネットワーク・民主主義　A5判　三五〇〇円

数土直紀　信頼にいたらない世界　権威主義から公正へ　四六判　二八〇〇円

中西泰子　若者の介護意識　親子関係とジェンダー不均衡　四六判　二六〇〇円

＊表示価格は二〇一九年一一月現在。消費税は含まれておりません。

日本人は右傾化したのか
データ分析で実像を読み解く

2019年 9 月 20 日　第 1 版第 1 刷発行
2019年 11 月 20 日　第 1 版第 3 刷発行

編著者　田《た》 辺《なべ》 俊《しゅん》 介《すけ》

発行者　井 村 寿 人

発行所　株式会社　勁《けい》 草《そう》 書 房

112-0005 東京都文京区水道2-1-1　振替　00150-2-175253
（編集）電話　03-3815-5277／FAX　03-3814-6968
（営業）電話　03-3814-6861／FAX　03-3814-6854
本文組版 プログレス・日本フィニッシュ・松岳社

ISBN978-4-326-35179-4　Printed in Japan

http://www.keisoshobo.co.jp

執筆者紹介（執筆順）

田辺 俊介（たなべ しゅんすけ）〔編著者。はじめに・序章・第1章・終章・あとがき担当〕

東京都立大学大学院社会科学研究科博士課程単位取得退学、同大学より博士（社会学）を取得。東京大学社会科学研究所准教授などを経て、

現在：早稲田大学文学学術院教授。専門は社会意識論、計量社会学。

主著：『ナショナル・アイデンティティの国際比較』（慶應義塾大学出版会、2010年）、『民主主義の「危機」——国際比較調査からみる市民意識』（勁草書房、2014年、編著）、『外国人へのまなざしと政治意識——社会調査で読み解く日本のナショナリズム』（勁草書房、2011年、編著）など。

齋藤 僚介（さいとう りょうすけ）〔第2章担当〕

大阪大学大学院人間科学研究科修士課程修了。

現在：大阪大学大学院人間科学研究科博士後期課程在学、日本学術振興会特別研究員。専門は社会意識論、計量社会学。

濱田 国佑（はまだ くにすけ）〔第3章担当〕

北海道大学大学院教育学研究科博士後期課程修了、博士（教育学）を取得。駒澤大学文学部講師などを経て、

現在：駒澤大学文学部准教授。専門は地域社会学。

主著：『現代アイヌの生活と地域住民——札幌市・むかわ町・新ひだか町・伊達町・白糠町を対象にして』（東信堂、2018年、共著）、『民主主義の「危機」——国際比較調査からみる市民意識』（勁草書房、2014年、共著）、『現代を生きる若者たち』（学文社、2013年、共著）など。

五十嵐 彰（いがらし あきら）〔第4章担当〕

東北大学大学院文学研究科博士課程修了、博士（文学）を取得。

現在：立教大学社会情報教育研究センター助教。専門は社会意識論、計量社会学。

執筆者紹介

永吉 希久子（ながよし きくこ）〔第5章担当〕
大阪大学大学院人間科学研究科博士後期課程修了、博士（人間科学）を取得。
ウメオ大学（スウェーデン）客員研究員などを経て、
現在：東北大学大学院文学研究科准教授。専門は計量社会学、社会意識論。
主著：『行動科学の統計学——社会調査のデータ分析』（共立出版、2016年）、『民主主義の「危機」——国際比較調査からみる市民意識』（勁草書房、2014年、共著）、『外国人へのまなざしと政治意識——社会調査で読み解く日本のナショナリズム』（勁草書房、2011年、共著）など。

米田 幸弘（よねだ ゆきひろ）〔第6章担当〕
大阪大学大学院人間科学研究科博士後期課程修了、博士（人間科学）を取得。
和光大学現代人間学部講師などを経て、
現在：和光大学現代人間学部准教授。専門は社会意識論、計量社会学。
主著：『分断社会と若者の今』（大阪大学出版会、2019年、共著）、『社会意識からみた日本——階層意識の新次元』（有斐閣、2015年、共著）、『流動化の中の社会意識（シリーズ現代の階層社会3）』（東京大学出版会、2011年、共著）など。

桑名 祐樹（くわな ゆうき）〔第7章担当〕
首都大学東京大学院人文科学研究科修士課程修了。
現在：首都大学東京大学院人文科学研究科博士後期課程在学、日本学術振興会特別研究員。専門は政治社会学、社会調査法。

伊藤 理史（いとう たかし）〔第8章担当〕
大阪大学大学院人間科学研究科博士後期課程修了、博士（人間科学）を取得。
大阪大学大学院人間科学研究科助教などを経て、
現在：同志社大学政策学部助教。専門は政治社会学、社会調査法。
主著：『後期近代と価値意識の変容——日本人の意識 1973-2008』（東京大学出版会、2016年、共著）、『長期追跡調査でみる日本人の意識変容——高度経済成長世代の仕事・家族・エイジング』（ミネルヴァ書房、2012年、共著）、『外国人へのまなざしと政治意識——社会調査で読み解く日本のナショナリズム』（勁草書房、2011年、共著）など。

阪口　祐介（さかぐち　ゆうすけ）〔第 9 章担当〕
大阪大学大学院人間科学研究科博士後期課程修了、博士（人間科学）を取得。
桃山学院大学社会学部講師などを経て、
現在：桃山学院大学社会学部准教授。専門はリスク社会論、計量社会学。
主著：『リスク社会を生きる若者たち――高校生の意識調査から』（大阪大学出版会、2015 年、共著）、『終わらない被災の時間――原発事故が福島県中通りの親子に与える影響』（石風社、2015 年、共著）、『民主主義の「危機」――国際比較調査からみる市民意識』（勁草書房、2014 年、共著）など。

松谷　満（まつたに　みつる）〔第 10 章担当〕
大阪大学大学院人間科学研究科博士後期課程修了、博士（人間科学）を取得。
桐蔭横浜大学スポーツ健康政策学部講師などを経て、
現在：中京大学現代社会学部准教授。専門は政治社会学、社会意識論。
主著：『ネット右翼とは何か』（青弓社、2019 年、共著）、『分断社会と若者の今』（大阪大学出版会、2019 年、共著）、『再帰的近代の政治社会学――吉野川可動堰問題と民主主義の実験』（ミネルヴァ書房、2008 年、共著）など。

索　引

ア　行

愛国（愛国心、愛国主義）　4, 5, 8-10, 17, 23, 26, 28, 30, 32, 34, 35, 37-39, 42, 45-47, 51, 53, 63, 65, 80, 86, 90, 92, 104, 107, 109, 110, 127, 128, 131, 140, 145, 147, 148, 150, 152, 156, 158, 163-165, 167-171, 174-176, 179, 180, 187, 189-191, 196, 198, 200, 201, 206, 216, 220, 221, 224, 226, 231, 235, 236, 241, 243, 247-254, 258, 260
新しい歴史教科書をつくる会　45, 185
安倍晋三（安倍政権）　i, ii, 2, 14, 23, 38, 41, 58, 68, 76, 84, 139, 157, 159, 162, 163, 168-173, 178-182, 211, 227, 240, 241, 243, 244, 248, 251-253, 257, 260, 261, 264
アベノミクス　25, 154, 157, 172, 181, 260
安全保障　2, 138, 139, 144, 145, 147, 163, 166, 170, 180, 186
EU 離脱（イギリスによる）　1, 138, 256, 257, 266
イデオロギー　9, 29, 50, 71, 80, 96, 138-140, 142-145, 147, 148, 150-152, 154-158, 160, 161, 163-166, 169, 184-186, 202, 203, 232, 237, 249
移民　i-iii, 1, 10, 25, 67, 71, 72, 75, 82, 89, 97, 98, 102, 112, 118, 119, 123, 124, 132, 134, 135, 137, 138, 159, 180, 249, 257-261, 263, 265-268
右傾化（保守化）　i, ii, 1-3, 16, 25, 28, 139-141, 143, 145, 150, 151, 158, 159, 161, 163, 227-230, 232-237, 240, 243, 244, 246-248, 252-256, 261, 265
内集団・外集団　48, 79, 97, 99, 100, 118
エコーチェンバー　262
エスニシティ　18, 33

カ　行

階級　50, 143, 257, 258
改憲　→「憲法改正」を参照
外国一般排外主義（反外国主義）　12, 13, 30, 35-37, 39, 41, 97, 104-107, 109, 110, 171, 176, 180, 196,

198, 201, 203, 235, 251, 252, 260
外国人と顔を合わせる頻度　→「接触」を参照
外国人労働者　67-69, 72-77, 79, 81, 84, 85, 87-92, 107, 115, 180, 201
外国籍者（外国籍居住者、外国籍住民、定住外国人）　15, 24, 25, 27, 94, 115-118, 121, 123-126, 128-134, 249, 250, 257-260, 268
階層　→「社会階層」を参照
格差　23, 215, 216, 232, 237, 257, 258, 261
教育基本法改正　28, 168
脅威認知　5, 11-13, 31, 79-81, 87, 98, 103, 104, 106-108, 110, 118, 125, 126, 130, 131-133, 136, 249, 250
→「集団脅威理論」も参照
競争主義　140, 145, 146, 153, 154, 156, 172
極右（極右政党）　2, 7, 27, 116, 138, 143, 159, 167, 169, 185, 202, 256, 257
草の根保守運動　147, 185, 186, 201, 202, 204
国への誇り　→「ナショナル・プライド」を参照
グローバル化　iii, 27, 46, 50, 54, 69-73, 81, 82, 137, 144, 256, 258
血統主義　122-124
権威主義　51, 52, 60, 81, 85, 87, 89, 91, 92, 127, 128, 140, 143, 145, 146, 148-150, 152, 155, 156, 158, 172, 191, 216, 220, 221, 225, 228, 231, 232, 235-237, 240, 241, 243-245, 248, 252, 253
原発・脱原発　i, ii, 2, 15, 16, 20, 170, 172, 178, 180, 208-218, 220-222, 224-226, 240, 243, 245, 248, 252, 254, 260, 264
憲法改正　2, 144, 166, 170, 180
構造方程式モデリング　37, 59, 60, 205, 218, 226
国際社会調査プログラム（ISSP）　21, 57, 190, 204
五五年体制　24, 144, 165, 172, 184, 185
国旗及び国歌に関する法律　34, 168

サ　行

在日特権を許さない市民の会（在特会）　15, 16, 45, 64, 94, 98, 185, 201, 204, 216, 251, 252
自国中心主義　1, 13, 29, 42, 190, 191
シティズンシップ　iii, 180, 181
市民（・政治）的純化主義　6, 7, 10, 12, 31-34, 37, 38, 49, 81, 86, 136, 167, 173, 174, 177, 180, 196, 197, 200, 226, 235, 249, 250, 252, 266
市民・政治的プライド　10, 11, 14, 52-54, 56, 58, 60-64, 196-198, 200, 201, 248, 249, 251
自民党　i, ii, 15, 24, 25, 41, 68, 75,

81, 84, 89, 139-141, 144, 146, 147, 149-159, 163-181, 183, 184, 201, 227, 229, 240-242, 244, 247, 251, 255, 260, 264
社会階層　iii, 49, 52, 62, 107, 146, 148, 152, 173, 212-214, 217, 218, 220, 224, 239, 246, 253, 256, 257, 261, 262, 267, 268
「社会階層と社会移動」全国調査（SSM 調査）　227, 232
社会的アイデンティティ理論　11, 30, 48, 49, 52, 59, 61, 64, 65, 191, 200, 206
社会的亀裂　138, 159, 165
社会的権利　115-118, 121, 124, 125, 129-132, 134, 250, 259
社会保障　10, 11, 56, 57, 60, 112, 116-120, 125-127, 130-134, 172, 237, 250
衆議院議員総選挙　i, ii, 15, 21, 24, 25, 163, 169, 171, 181, 183, 251, 255
従軍慰安婦　24, 138, 260
集団間接触理論　96, 97, 99-101, 108, 112, 249, 263
集団脅威理論　79, 96, 97, 101, 108, 118, 249
→「脅威認知」も参照
集団的自衛権の容認　169
出生地主義　122, 123
出入国管理法　→「入管法」を参照
純化主義　4, 6-8, 11, 26, 30-33, 37, 39, 41, 49, 52, 53, 59, 60, 80, 86, 90, 92, 104, 106, 107, 109, 127, 131, 150, 156, 167, 171, 173, 180, 187, 190, 191, 196, 197, 200, 226, 231, 237, 244, 247-250, 253, 254, 257, 259, 260, 262, 263, 266-268
純ジャパ　25
新自由主義　iii, 27, 50, 81, 92, 140, 144-146, 153-157, 160, 166, 172, 216, 220, 221, 224, 226, 232, 236, 237, 242, 243, 253, 254, 256-258, 270
人種主義（レイシズム）　13, 28, 42
スキーマ　→「認知図式」を参照
生活保護　15, 117, 125-127, 131, 133, 135, 172, 250
政権交代　ii, iii, 15, 19, 24, 41, 155, 211
政治参加　i, ii, 15, 20, 169, 182, 184-195, 199-206, 251, 252
政治不信　52, 84, 85, 92, 127, 128, 164, 172, 181, 213, 216, 217, 220, 221, 224, 225, 249
政党支持　i, iii, 15, 20, 137, 142, 145, 147-149, 155, 160, 162, 164, 167, 172, 192, 198, 199, 227, 240, 244, 250, 251, 255
世界価値観調査（WVS）　228, 229
世代　29, 31, 35, 53, 66, 143, 163, 165, 168, 173, 209, 212, 218, 220, 221, 224, 225, 228, 229, 232-238, 240, 241, 243, 245, 246, 253

接触（外国人と顔を合わせる頻度）　88, 92, 99, 100-103, 106-108, 110-114, 127, 128, 132, 250
尖閣・竹島問題　→「領土問題」を参照
戦後レジーム　23, 171
潜在クラス分析　33, 43, 189, 192, 194-196, 204, 205
選別主義　119, 120, 133, 134, 250

タ　行

脱物質主義　143, 168, 214
→「物質主義」も参照
多文化共生　iii, 143, 263
単一民族国家　23, 25, 30, 33, 41, 61, 68, 133, 250, 263
単一民族神話型純化主義　33, 49, 52, 84-86, 89, 90, 92, 106, 107, 131, 136, 173, 174, 226, 249, 250, 260, 263, 268
単純接触効果　9
中韓排外主義　39, 42, 97, 104-107, 109, 110, 140, 147, 153, 156, 158, 171, 175, 196, 220, 225, 226, 235, 250-252, 260
中庸型　34, 60, 81, 84, 92, 107, 173, 174, 226
徴用工　138, 160, 260
「定住者」資格　73, 74, 82, 90, 117
投票　i, ii, 15, 20, 21, 52, 138, 139, 145, 147, 159, 160, 162-172, 176, 178-183, 185, 187, 188, 190, 191, 193-201, 203, 206, 251, 252, 260
トランプ（Donald J. Trump）　1, 72, 73, 89, 256, 257, 259, 266

ナ　行

ナショナリズム　i-iii, 1-5, 8-11, 14, 17, 18, 20, 22, 23, 25, 27-30, 33, 39-42, 45, 47, 48, 50, 53, 54, 63, 64, 80, 84, 86, 87, 90, 96, 137-141, 144, 145, 147, 150-153, 155, 156, 158, 159, 162, 164-166, 169-173, 176, 177, 179-181, 183-187, 189-192, 196-200, 202-205, 228, 230-232, 235, 236, 241, 243, 244, 247-253, 256-261, 264, 265, 267
パラノイア・──　50
不安型──　46, 55
ぷち──　27, 46, 58
リベラル・──　10, 33, 191, 252
ナショナル・プライド（国への誇り）　i, ii, 5, 8, 11, 14, 30, 44, 46-65, 166, 178, 187, 190, 191, 196, 198, 200, 248, 249
難民　2, 116
日米安全保障条約　144, 169, 172, 185, 222, 254, 255
日系外国人　73-75, 82, 90, 92, 110, 113
日本経済団体連合会　68, 74, 75
「日本人の意識」調査　26, 28, 228, 229, 232, 233
日本版総合社会調査（JGSS）　13

日本礼賛番組（「日本スゴイ」系番組） ii, 2, 14, 26-28, 44-46, 63
入管法（出入国管理法） 15, 25, 73, 75, 76, 88, 91, 92, 95, 107, 110, 111, 115, 138, 160, 180, 201, 250, 260, 261
認知図式（認知枠組み、フレーム、スキーマ） 18, 32, 33, 42
ネイション 4, 6-11, 13, 32, 34, 42, 47-52, 59, 61, 62, 64, 167, 249, 258, 259, 263
ネット右翼 45, 190, 205

ハ 行

排外主義 i, ii, 1-5, 10, 11, 13, 15-17, 23, 26-28, 30-32, 35, 36, 38, 39, 41, 42, 45, 46, 50, 51, 54, 64, 67, 79, 94-104, 106-114, 138, 145, 147, 159, 166-172, 175-177, 180, 187, 190, 191, 196, 198, 200, 201, 203, 206, 216, 220, 231, 235, 237, 244, 247-251, 253, 254, 256-259, 262, 268
反外国主義 → 「外国一般排外主義」を参照
反平等主義 140, 145, 146, 150, 154, 156, 172, 178, 179, 214, 232, 235, 237, 243, 245
反福祉主義 140, 145, 146, 157, 172, 177-179, 226, 232, 235, 237
東日本大震災 36, 41, 95, 208, 213, 224, 264
非正規雇用（非正規労働） 46, 54, 59, 63, 92, 127, 246, 256
平等主義 148, 213, 215-217, 226
フィルターバブル 262
福祉愛国主義 116, 121
福祉国家 50, 121, 191, 256
物質主義 143, 168, 242
→「脱物質主義」も参照
フレーム → 「認知図式」を参照
分極化（両極化） 3, 16, 163, 252-254, 262
ヘイトスピーチ ii, 26-28, 45, 94, 95, 169, 182, 185
ヘイト本 2, 265
保守化 → 「右傾化」を参照
ポピュリズム iii, 168, 255, 256, 261
本質主義 96

マ 行

マルチレベル分析 92, 93, 104, 135
緑の党 143
民主主義 10-12, 17, 51, 52, 55-57, 60, 61, 122, 184, 191, 228, 252, 264, 266
民主党（民主党政権） i-iii, 14, 15, 19, 24, 41, 129, 139, 141, 142, 147, 155, 156, 164, 169, 172, 179, 210, 211, 248
民族（・文化）的純化主義 6, 7, 9, 12, 13, 31-33, 37, 38, 41, 140, 145, 147, 148, 150-153, 156, 158, 161, 167, 168, 196, 197, 235, 236,

247, 248, 251, 256, 258, 259, 266
民族・文化的プライド　9, 11, 14, 52, 54, 57, 60-63, 196-198, 200, 248, 249

ラ　行

ラストベルト　72, 82, 89
リーマンショック　i, 71, 75, 76, 90, 154, 257
リスク社会　209, 224
立憲民主党　76, 141, 142, 157
両極化　→「分極化」を参照
領土問題（尖閣・竹島問題）　24, 39, 41, 67, 80, 109, 138, 169, 172, 182
レイシズム　→「人種主義」を参照
歴史修正主義　23, 28, 45, 58, 185, 201
歴史認識　2, 24, 41, 67, 80, 138, 147, 186

ワ　行

若者の右傾化（保守化）　ii, 16, 17, 53, 221, 225, 227, 229, 233

巻末付表

使用変数リスト

ナショナリズム	純化主義	「ある人を本当に日本人であると見なすためには、以下にあげるようなことが「重要だ」という意見と「重要ではない」という意見があります。それぞれについて、あなたはどの程度重要だと思いますか。」との質問の上で、(ア)日本で生まれたこと、(イ)日本の国籍を持っていること、(ウ)人生の大部分を日本で暮らしていること、(エ)日本語が話せること、(オ)日本の政治制度や法律を尊重していること、(カ)自分自身を日本人だと思っていること、(キ)先祖が日本人であること、という項目を提示し、「1. とても重要だ」「2. まあ重要だ」「3. あまり重要ではない」「4. まったく重要ではない」の4択で回答を求めた。それら項目の回答について、因子分析か主成分分析による因子得点か主成分得点で得点化（変数の方向は調整済）した章と、第1章で行った潜在クラス分析による分類を用いた章がある。
	愛国主義（愛国心）	「国旗・国歌を教育の場で教えるのは当然である」「日本人であることに誇りを感じる」「子どもたちにもっと愛国心や国民の責務について教えるように、戦後の教育を見直さなければならない」、以上3項目について「1. そう思う」「2. ややそう思う」「3. どちらともいえない」「4. あまりそう思わない」「5. そう思わない」との回答を、基本因子分析か主成分得点で得点化（変数の方向は調整済）。なお個別の項目を使用し、加算尺度としている章もある。
	ナショナル・プライド	「あなたは、以下にあげるようなことを、どの程度誇りに思いますか。」と尋ねた上で、(ア)日本における民主主義の現状、(イ)世界における日本の政治的影響力、(ウ)日本の経済的成果、(エ)日本の社会保障制度、(オ)日本の憲法、(カ)日本の科学技術、(キ)スポーツの分野で日本人が成し遂げたこと、(ク)日本の歴史、(ケ)日本の自衛隊、(コ)日本社会における公正さと平等、(サ)日本社会における礼儀正しさ、という項目に対して、「1. とても誇りに思う」「2. まあ誇りに思う」「3. あまり誇りに思わない」「4. まったく誇りに思わない」の4択で回答を求めたものから数項目を用いている。なお、「憲法」という項目だけ用いた章もある（第7章）。
	中韓排外主義	「あなたが生活している地域に外国人が増えることに賛成ですか、反対ですか。」と聞き、選択肢として「1. 賛成」「2. やや賛成」「3. やや反対」「4. 反対」の4択を提示。さらに「外国人」の部分を「中国人」「韓国人」として回答を求めた。それら項目の回答について、基本因子分析か主成分分析による因子得点か主成分得点で得点化（変数の方向は調整済）。

ナショナリズム	外国一般排外主義	「あなたが生活している地域に外国人が増えることに賛成ですか、反対ですか。」と聞き、選択肢として「1. 賛成」「2. やや賛成」「3. やや反対」「4. 反対」の4択を提示。さらに「外国人」の部分を「アメリカ人」「ドイツ人（2009年調査は「西ヨーロッパ諸国の外国人」）」「フィリピン人（2009年調査では「東南アジア諸国の外国人」）」「日系ブラジル人（2009年調査は「南米諸国（ブラジルなど）の外国人」）」として回答を求めた。それら項目の回答について、基本因子分析か主成分分析による因子得点か主成分得点で得点化（変数の方向は調整済）。
	脅威認知（脅威）	「あなたは、日本に住む外国人が増えるとどのような影響があると思いますか。」と訪ねた上で、（ア）日本社会が活性化する、（イ）異文化の影響で日本文化が損なわれる、（ウ）日本社会の治安・秩序が乱れる、（エ）日本経済が活性化する、（オ）日本人の働き口が奪われる、（カ）生活保護などの社会保障費用が増える、（キ）日本社会の文化が多様化する、（ク）犯罪発生率が高くなる、という項目に対して、「1. そう思う」「2. ややそう思う」「3. どちらともいえない」「4. あまりそう思わない」「5. そう思わない」の5件法で回答を求めたものを用いている。なお、第4章では（イ）（ウ）（オ）（カ）（ク）の項目で因子分析を行っている。
	好感度（中韓・外国一般）	「以下の国をあなたは好きですか、嫌いですか。」と尋ね、各国の好感度を+3～−3の得点で回答を求めた。中韓は「中国」「韓国」、「外国一般」は「アメリカ」「ドイツ」「ロシア」「ブラジル」の4つについて主成分分析を行い得点化したものを用いた（第3章）。
新自由主義	反平等主義	A「所得をもっと平等にすべき」とB「個人の努力を促すため所得格差をもっとつけるべき」の2つの意見を示して、意見が近いほうを4件法で選んでもらい、「Aに近い」= 1、「どちらかといえばA」= 2、「どちらかといえばB」= 3、「Bに近い」= 4を割り当てた。
	反福祉主義	A「生活に困っている人たちに手厚く福祉を提供する社会」とB「自分のことは自分で面倒をみるよう個人が責任を持つ社会」の2つの意見を示して、意見が近いほうを4件法で選んでもらい、「Aに近い」= 1、「どちらかといえばA」= 2、「どちらかといえばB」= 3、「Bに近い」= 4を割り当てた。なお、上記「反平等主義」とこの項目の2つを逆転し「反新自由主義」として用いている章もある。
	競争主義	A「競争は、社会の活力のもとになる」とB「競争は、格差を拡大させるなど、問題の方が多い」の2つの意見を示して、意見の近いほうを4件法で選んでもらい、「Aに近い」= 4、「どちらかといえばA」= 3、「どちらかといえばB」= 2、「Bに近い」= 1を割り当てた。
	新自由主義	「反平等主義」「反福祉主義」「競争主義」の3つの変数を、主成分分析で得点化したものである。（第3章）

価値意識	権威主義	「権威ある人々にはつねに敬意を払わなければならない」「伝統や慣習にしたがったやり方に疑問を持つ人は、結局は問題をひきおこすことになる」「この複雑な世の中で何をなすべきか知る一番よい方法は、指導者や専門家に頼ることである」、以上3項目について「1. そう思う」「2. ややそう思う」「3. どちらともいえない」「4. あまりそう思わない」「5. そう思わない」との回答を主成分得点で得点化（変数の方向は調整済）。なお、個別項目を用いた章もある。
	政治不信（政治家不信・政治的有効性感覚）	第5章と第8章では「自分のようなふつうの市民には政府のすることを左右する力はない」、「国民の意見や希望は、国の政治にほとんど反映されていない」、「ほとんどの政治家は、自分の得になることだけを考えて政治にかかわっている」への賛意を尋ねた質問に対する回答を「政治不信」（政治的有効性感覚）の指標とした（回答は「そう思う」（＝5）から「そう思わない」（＝1）までの5点尺度で与えられており、値が高いほど賛成の度合いが高いことを意味する）。なお、第7章では「ほとんどの政治家は、自分の得になることだけを考えて政治にかかわっている」を政治家不信の指標とし、第9章では「自分のようなふつうの市民には政府のすることを左右する力はない」の代わりに「どの政党が政権を握っても大きな違いはない」を用いて、政治不信の指標とした。
	社会保障への信頼	「あなたは、以下にあげるようなことを、どの程度誇りに思いますか」につづく、「日本の社会保障制度」への回答を用いる。選択肢は「とても誇りに思う」、「まあ誇りに思う」、「あまり誇りに思わない」、「まったく誇りに思わない」の4つで与えられており、誇りに思う程度が高いほど、値が大きくなるように得点を与えている。
	生活保護忌避	「たとえ生活に困っても、生活保護を受給することは恥ずかしいことだ」への賛意を尋ねた質問に対する回答を用いる。選択肢は「そう思う」、「ややそう思う」、「どちらともいえない」、「あまりそう思わない」、「そう思わない」の5つで与えられており、生活保護への否定的態度が強いほど、値が大きくなるように得点を与えている。
	日本の経済見通し	「今後、日本の経済状況は悪くなっていく」という意見について、「1. そう思う」「2. ややそう思う」「3. どちらともいえない」「4. あまりそう思わない」「5. そう思わない」という選択肢を提示して回答を求めた。第6章では「日本経済楽観」として、第5章と第9章では「経済不安」として変数の向きを調整して用いられている。
	日米安保体制の強化	「日米安保体制は現在よりももっと強化するべきだ」という意見について、「そう思う」を5点、「ややそう思う」を4点、「どちらともいえない」を3点、「あまりそう思わない」を2点、「そう思わない」を1点として得点化。

価値意識	領土問題に対する強硬さ	「周辺諸国との関係改善のためには、領土問題について日本政府にも一定の譲歩が必要だ」という意見に対して「そう思う」を1点、「ややそう思う」を2点、「どちらともいえない」を3点、「あまりそう思わない」を4点、「そう思わない」を5点として得点化。
	脱原発志向（原子力利用賛成）	「今後も原子力発電を利用していくべきだ」という社会に対する意見に対して「1. そう思う」「2. ややそう思う」「3. どちらともいえない」「4. あまりそう思わない」「5. そう思わない」という選択肢を提示して回答を求めた。なお、第10章では「原子力利用賛成」として変数の向きを調整して用いている。
	安倍晋三好感度	「次にあげる政党、政治家や団体をあなたは好きですか、嫌いですか」と尋ね、「安倍晋三」の好感度を＋3〜－3の得点で回答を求めたものを用いている。
	支持政党なし（あり）	「今現在は、どの政党を支持していますか」と尋ね、「支持する政党はない」という回答を1、それ以外を0として用いた。反転させて支持政党ありとして用いた章（第8章）もある。
	セキュリティ意識	「犯罪の取り締まりのために、生活がある程度不自由になっても構わない」、「プライバシーが制限されても、治安を維持するには監視カメラを増やすべきである」という意見について、「そう思う」、「ややそう思う」、「どちらともいえない」、「あまりそう思わない」、「そう思わない」の5択で回答を求めた。それらを変数の方向を調整し、因子分析を行って用いている（第10章）。
	不安（将来不安）	「日本の経済見通し（前項参照）」と「日本社会の未来には、希望がある」という意見（「1. そう思う」「2. ややそう思う」「3. どちらともいえない」「4. あまりそう思わない」「5. そう思わない」と尋ねている）を、変数の方向を調整して主成分分析または因子分析を行って用いている。
回答者個人の属性・意識	不満	「主観的経済状況（次項参照）」と「生活満足度（次項参照）」を因子分析を行って得点化（第2章）。
	性別	男性と女性の2値に対して数値（0あるいは1）を割り当てた。割り当て方は（男性が1なのか、女性が1なのか）は章によって扱いが異なる。
	年齢	調査時点の満年齢。章によって実数を2乗したものも用いている。世代による区分を用いている章もある（第10章）。
	教育年数	それぞれのカテゴリーに次のように教育年数を割り当てた。中学卒＝9、高校卒＝12、短大・専門学校卒＝14、大学＝16、大学院卒＝18、旧制尋常小卒＝6、高等小卒＝8、中学・高等女学校・実業学校卒＝11、師範学校卒＝13、高等学校・高等専門学校・高等師範学校＝14。章によってはカテゴリーで用いている。

回答者個人の属性・意識	職業（分類）	経営者と30人以上の企業の管理職を「経営・管理」に、正規雇用の専門職・事務職・販売サービス職を「正規ホワイト」、正規雇用のブルーカラー職を「正規ブルー」、自営業者とその家族従業者を「自営・家族従業」、既婚女性を除いた非正規雇用者を「非正規」、男性と未婚・離死別女性の無職者を「無職」、既婚女性の無職者・非正規雇用従事者を「主婦」、大学生を「学生」と分類した。
	雇用形態（第5章、第9章）	雇用形態について、「正規」「非正規」「自営」「学生」「無職」に分類している。第5章では「無職」と「失業」を別のカテゴリとした。
	職種（第9章）	職種について、「専門・管理」「事務・販売」「マニュアル」に分類している。
	世帯年収	それぞれのカテゴリーに次の数値を割り当てた上で対数変換やカテゴリーに分類して用いた。「なし」＝0、「300万円未満」＝150、「300～600万円未満」＝450、「600から900万円未満」＝750、「900～1200万円未満」＝1050、「1200～1500万円未満」＝1350、「1500万円以上」＝1500、「わからない・答えたくない」＝欠損値。
	階層帰属意識	「仮に現在の日本の社会全体を、以下のように5つの層に分けるとすれば、あなたご自身は、この中のどれに入ると思いますか。」と尋ね、「1. 上」「2. 中の上」「3. 中の下」「4. 下の上」「5. 下の下」の選択肢を提示し回答を求めた（変数の向きを調整）。
	生活満足度	「あなたは生活全体に満足ですか、それとも不満ですか。」と尋ね、「1. 満足している」「2. どちらかといえば満足している」「3. どちらかといえば不満である」「4. 不満である」という選択肢を提示し回答を求めた（変数の方向は調整済み）。
	主観的経済状況	「世間一般と比べて、あなたのお宅（生計をともにしている家族）の世帯収入はどれくらいですか。」と尋ね、「1. 平均よりかなり少ない」「2. 平均より少ない」「3. ほぼ平均」「4. 平均より多い」「5. 平均よりかなり多い」の選択肢を提示し、回答を求めた。
	本人経済状態の向上	「この2～3年の間に、あなたの経済状態はどう変わりましたか。」と尋ね、「1. 良くなった」「2. 悪くなった」「3. 変わらない」という選択肢を提示して回答を求めた。
	婚姻状態	「あなたは現在、配偶者（夫または妻）の方がいらっしゃいますか。」と尋ね、「いる」「結婚したことがない（未婚）」「離別」「死別」「その他」の選択肢を提示し、回答を求めたものを加工して用いている。
	12歳未満子あり	「あなたには、お子さんがいらっしゃいますか。」と尋ね、「いる」と回答した場合に末子の年齢について実数で回答を求めたものに対し、11以下の回答を1、それ以外を0として加工している。

回答者個人の属性・意識	15歳時家庭の経済状況	「あなたが15歳の頃（中学3年生の時）、あなたのお宅の経済状況はどうでしたか。」と尋ね、「1. 豊か」「2. やや豊か」「3. ふつう」「4. やや貧しい」「5. 貧しい」の選択肢を提示し、回答を求めた（変数の向きを調整）。
	居住年数	「あなたは、現在お住まいの都道府県に通算で何年住んでいますか。」と尋ね、実数で回答を得た。
	家族と同居未婚、ひとり暮らし	上記の婚姻状態と同居の2つの変数を組み合わせて用いている。同居については、「あなたのお宅（生計をともにしている家族）は、あなたを含めて何人ですか。」と尋ね、実数で回答を求めた。
	接触（顔を合わせる頻度）	「あなたが生活している地域で、外国人と顔を合わせることがどの程度ありますか。」と尋ね、「1. よくある」「2. 時々ある」「3. あまりない」「4. まったくない」の選択肢を提示し回答を求めた（変数の方向は調整済み）。
居住地域特性	ブルーカラー率	2005年、2015年国勢調査データにおいて、各調査地域の総人口に対し「生産工程・労務作業者」数が占める割合。
	大学卒業者率	国勢調査の「学校卒業者総数」に占める「大学・大学院卒業者」の割合。国勢調査において教育項目は2000年と2010年の国勢調査でしか尋ねていないので、2009年調査の分析には2000年、2017年調査の分析には2010年の国勢調査を用いた。
	外国人割合	国勢調査の結果を用い、各単位（市区町村あるいは町字）での総外国人数を総人口で除した値に100を乗じた。2009年の分析では2010年の、2017年の分析では2015年の国勢調査を用いた。
	外国人増加	国勢調査における各単位（市区町村、あるいは町字）の外国人割合の比を用いた。この変数は、割合が一定であれば1、減少していれば1未満、増加していれば1よりも大きい値をとる。2013年調査の分析には2010年、2017年調査の分析には2015年の国勢調査を用いた。

付表1　純化主義の類型化（潜在クラス分析：構成割合と条件付き応答確率）

		09年 C1	09年 C2	09年 C3	13年 C1	13年 C2	13年 C3	17年 C1	17年 C2	17年 C3
	構成割合（%）	33.1	13.6	53.2	32.8	15.8	51.3	35.6	13.1	51.4
出生	全く重要ではない	0.02	**0.51**	0.03	0.01	0.30	0.01	0.01	0.38	0.01
	あまり重要ではない	0.16	0.35	0.48	0.08	**0.55**	0.36	0.07	**0.41**	0.40
	まあ重要だ	0.23	0.09	**0.43**	0.19	0.07	**0.51**	0.22	0.11	**0.49**
	とても重要だ	**0.59**	0.05	0.07	**0.72**	0.08	0.12	**0.70**	0.11	0.09
国籍	全く重要ではない	0.00	0.15	0.00	0.00	0.10	0.00	0.00	0.13	0.00
	あまり重要ではない	0.01	0.18	0.15	0.01	**0.39**	0.08	0.01	0.23	0.15
	まあ重要だ	0.12	0.29	**0.55**	0.06	0.26	**0.60**	0.10	0.25	**0.61**
	とても重要だ	**0.87**	**0.37**	0.30	**0.93**	0.25	0.32	**0.90**	**0.39**	0.24
居住	全く重要ではない	0.00	0.29	0.00	0.01	0.20	0.00	0.00	0.20	0.00
	あまり重要ではない	0.11	**0.42**	0.37	0.08	**0.52**	0.32	0.06	**0.43**	0.38
	まあ重要だ	0.24	0.18	0.56	0.23	0.19	**0.60**	0.28	0.24	**0.56**
	とても重要だ	**0.65**	0.11	0.07	**0.68**	0.09	0.08	**0.66**	0.14	0.05
日本語	全く重要ではない	0.00	0.21	0.01	0.00	0.17	0.00	0.00	0.17	0.01
	あまり重要ではない	0.05	0.27	0.28	0.02	**0.42**	0.18	0.03	0.29	0.29
	まあ重要だ	0.22	**0.35**	**0.57**	0.17	0.25	**0.65**	0.18	**0.31**	**0.62**
	とても重要だ	**0.73**	0.17	0.14	**0.81**	0.15	0.17	**0.79**	0.24	0.09
法制度遵守	全く重要ではない	0.02	0.17	0.01	0.01	0.09	0.00	0.00	0.12	0.00
	あまり重要ではない	0.08	0.15	0.20	0.05	0.30	0.16	0.05	0.20	0.17
	まあ重要だ	0.32	0.25	**0.56**	0.33	**0.36**	**0.62**	0.34	0.29	**0.65**
	とても重要だ	**0.59**	**0.43**	0.22	**0.62**	0.25	0.22	**0.60**	**0.40**	0.17
自己定義	全く重要ではない	0.01	0.24	0.01	0.01	0.10	0.00	0.00	0.15	0.00
	あまり重要ではない	0.07	0.16	0.22	0.02	0.28	0.10	0.02	0.20	0.17
	まあ重要だ	0.16	0.20	**0.52**	0.08	0.24	**0.52**	0.12	0.16	**0.55**
	とても重要だ	**0.77**	**0.40**	0.25	**0.90**	**0.38**	0.38	**0.86**	**0.50**	0.29
祖先	全く重要ではない	0.10	**0.54**	0.11	0.02	0.33	0.03	0.01	**0.47**	0.04
	あまり重要ではない	0.24	0.25	**0.51**	0.12	**0.46**	0.42	0.13	0.35	**0.52**
	まあ重要だ	0.21	0.11	0.33	0.18	0.12	**0.45**	0.25	0.10	0.38
	とても重要だ	**0.45**	0.09	0.05	**0.68**	0.09	0.10	**0.61**	0.09	0.06

注：09年 N=3555、13年 N=4086、17年 N=3833。
　C1=単一民族神話型、C2=市民・政治型、C3=中庸型。
　ゴチックは応答確率が最多の項目を示す。

クラス数	モデル適合度		
	AIC	BIC	Entropy
2クラス	195294	196242	**0.919**
3クラス	190725	192143	**0.882**
4クラス	188704	190592	0.859
5クラス	**186847**	**189206**	0.852

注：ゴチックは比較して望ましい水準の指標、
　下線は比較して望ましくない水準の指標。

付表2　ナショナル・プライドの測定と規定要因（カテゴリカル因子分析を含む構造方程式モデル）

	市民・政治的プライド			民族・文化的プライド			（社会的）不安			（個人的）不満		
測定モデル（標準化係数）												
民主主義		**0.717**			0.004		日本の経済見通し		**0.597**	主観的経済状況（逆）		**0.722**
政治的影響力		**0.668**			0.027		日本社会の希望		**0.815**	生活満足度（逆）		**0.643**
経済		**0.718**			0.004							
社会保障		**0.651**			−0.068							
歴史		0.310			0.315							
科学		0.218			**0.587**							
スポーツ		−0.009			**0.873**							
自衛隊		0.357			0.377							
公正と平等		**0.707**			−0.027							
規定モデル	B	S.E.	β	B	S.E.	β	B	S.E.	β	B	S.E.	β
女性	−0.030	0.050	−0.012	0.398 **	0.052	0.187	0.141 **	0.026	0.123	−0.100 **	0.028	−0.076
年齢	0.005 **	0.002	0.058	−0.006 **	0.002	−0.092	−0.006 **	0.001	−0.154	0.000	0.001	−0.004
教育年数	0.012	0.012	0.022	−0.041 **	0.012	−0.086	−0.022 **	0.006	−0.084	−0.093 **	0.007	−0.309
職業：正規（基準）												
非正規	−0.082	0.069	−0.027	0.011	0.071	0.004	−0.043	0.036	−0.030	0.185 **	0.040	0.113
自営・経営	−0.090	0.070	−0.027	0.157 *	0.071	0.055	−0.050	0.037	−0.032	−0.165 **	0.040	−0.092
無職	−0.036	0.067	−0.014	−0.069	0.066	−0.030	−0.077 *	0.035	−0.063	−0.048	0.038	−0.034
世帯年収（対数変換）	−0.008	0.016	−0.010	0.018	0.019	0.027	−0.015	0.009	−0.042	−0.160 **	0.005	−0.379
（社会的）不安	−0.985 **	0.058	−0.457	−0.313 **	0.056	−0.168						
（個人的）不満	−0.312 **	0.059	−0.168	0.152 *	0.061	0.095						
純化主義（基準：中庸型）												
単一民族神話型	0.524 **	0.055	0.202	0.487 **	0.053	0.218						
市民・政治型	−0.068	0.070	−0.019	0.332 **	0.066	0.106						
R^2		0.340			0.112			0.046			0.305	
N	3259											
df	137											
χ^2	1047.4 **											
RMSEA	0.045											
CFI	0.938											

注：* p<0.05, ** p<0.01。測定モデルにおいて標準化係数が 0.5 以上のものをゴチックで表記。

付表 3－1　外国人の増加による経済活性化の認知の規定要因
（マルチレベル分析）

	2009			2017		
	B	S.E.	β	B	S.E.	β
年齢	−0.005**	0.001	−0.068	−0.007**	0.001	−0.110
性別（男性）	−0.053	0.039	−0.026	0.054	0.036	0.027
教育年数	0.030*	0.010	0.066	0.021*	0.010	0.046
職業（基準：正規ホワイト）						
経営・管理	0.152	0.092	0.04	0.203*	0.088	0.031
ブルーカラー	−0.135	0.091	−0.034	−0.038	0.049	−0.014
自営・家族従業	−0.001	0.078	−0.001	−0.031	0.059	−0.012
非正規	0.002	0.065	0.000	−0.028	0.064	−0.009
主婦・学生	−0.107	0.079	−0.047	−0.057	0.045	−0.026
無職	−0.052	0.081	−0.019	−0.04	0.047	−0.013
階層帰属意識	0.069**	0.025	0.056	0.009	0.024	0.007
生活満足度	−0.008	0.022	−0.006	0.057*	0.029	0.045
愛国主義	−0.002	0.017	−0.002	0.034	0.021	0.035
純化主義（基準：中庸型）						
単一民族神話型	−0.028	0.04	−0.013	−0.098**	0.033	−0.048
市民・政治型	0.078	0.052	0.026	0.077	0.060	0.026
中韓好感度	0.157**	0.018	0.151	0.087**	0.019	0.087
外国一般好感度	0.166**	0.026	0.160	0.145**	0.019	0.146
接触	0.075**	0.019	0.067	0.038	0.019	0.035
将来不安	0.009	0.015	0.009	−0.017	0.02	−0.017
新自由主義支持	−0.002	0.021	−0.002	0.011	0.018	0.011
政治不信	−0.087**	0.016	−0.084	−0.075**	0.019	−0.076
権威主義	0.013	0.016	0.013	0.052**	0.017	0.052
ブルーカラー率	−1.152**	0.317	−0.099	−0.718*	0.319	−0.042
大学卒業者率	−0.844	0.455	−0.060	−0.048	0.259	−0.004
外国籍住民率	−0.604	0.424	−0.020	−0.293	1.062	−0.004
定数	3.108**	0.063		3.375**	0.036	
N	3573			3858		

注：* $p<0.05$, ** $p<0.01$。

付表3－2　外国人の増加による否定的影響の認知の規定要因（マルチレベル分析）

	2009			2017		
	B	S.E.	β	B	S.E.	β
年齢	0.001	0.001	0.013	0.001	0.001	0.008
性別（男性）	0.120**	0.038	0.067	−0.013	0.031	−0.006
教育年数	0.002	0.008	0.006	−0.002	0.008	−0.004
職業（基準：正規ホワイト）						
経営・管理	−0.112	0.075	−0.024	−0.169	0.097	−0.026
ブルーカラー	0.038	0.055	0.015	−0.031	0.058	−0.010
自営・家族従業	−0.019	0.079	0.003	−0.014	0.052	−0.004
非正規	0.019	0.067	0.014	0.056	0.069	0.017
主婦・学生	0.123**	0.040	0.071	−0.028	0.053	−0.011
無職	0.006	0.071	0.013	0.025	0.060	0.009
階層帰属意識	0.007	0.026	0.007	0.009	0.021	0.008
生活満足度	−0.093**	0.024	−0.074	−0.044	0.024	−0.034
愛国主義	0.137**	0.018	0.136	0.117**	0.020	0.117
純化主義（基準：中庸型）						
単一民族神話型	0.115**	0.032	0.058	0.189**	0.032	0.091
市民・政治型	−0.129*	0.057	−0.042	−0.207**	0.046	−0.069
中韓好感度	−0.158**	0.022	−0.157	−0.178**	0.018	−0.178
外国一般好感度	−0.081**	0.022	−0.081	−0.133**	0.022	−0.132
接触	0.009	0.016	0.009	0.037*	0.018	0.035
将来不安	0.063**	0.022	0.063	0.082**	0.019	0.082
新自由主義支持	0.024	0.021	0.024	−0.005	0.018	−0.005
政治不信	0.049**	0.013	0.049	0.065**	0.016	0.065
権威主義	0.098**	0.020	0.097	0.136**	0.017	0.136
ブルーカラー率	0.849**	0.231	0.076	0.501	0.312	−0.042
大学卒業者率	0.596	0.316	0.044	0.533*	0.255	−0.004
外国籍住民率	0.500	0.533	0.017	1.093	1.024	−0.004
定数	−0.102*	0.042		−0.022	0.035	
N		3573			3858	

注：* p<0.05, ** p<0.01。

付表4　排外主義の規定要因（マルチレベル分析）

	中韓排外主義						外国一般排外主義					
	モデル1			モデル2			モデル1			モデル2		
	B	S.E.	β	B	S.E.	β	B	S.E.	β	B	S.E.	β
年齢	0.007**	0.001	0.120	0.008**	0.001	0.129	0.008**	0.001	0.138	0.009**	0.001	0.145
性別（男性）	0.085*	0.033	0.042	0.074*	0.030	0.037	−0.085*	0.035	−0.042	−0.100*	0.033	−0.050
教育年数	−0.006	0.008	−0.014	−0.002	0.007	−0.005	−0.028**	0.008	−0.062	−0.021**	0.008	−0.047
職業（基準：正規ホワイト）												
経営者・管理	−0.028	0.103	−0.004	0.012	0.093	0.002	−.094	0.109	−0.014	−0.053	0.101	−0.008
自営・家族	−0.097	0.055	−0.033	−0.083	0.050	−0.029	0.006	0.058	0.002	0.009	0.055	0.003
正規ブルー	0.010	0.055	0.003	0.014	0.050	0.005	0.083	0.058	0.028	0.076	0.056	0.025
非正規	−0.037	0.061	−0.011	−0.055	0.055	−0.016	0.027	0.064	0.008	0.010	0.061	0.003
主婦・学生	−0.014	0.046	−0.006	−0.031	0.042	−0.013	0.056	0.049	0.024	0.025	0.046	0.011
無職	−0.137*	0.060	−0.042	−0.143*	0.055	−0.045	0.010	0.064	0.003	0.013	0.060	0.004
生活満足度	−0.090**	0.021	−0.070	−0.048*	0.019	−0.037	−0.066**	0.022	−0.051	−0.029	0.021	−0.023
純化主義（基準：中庸型）												
単一民族神話型	0.176**	0.035	0.084	0.077*	0.033	0.037	0.174**	0.038	0.083	0.079*	0.036	0.038
市民・政治型	−0.150**	0.048	−0.050	−0.066	0.044	−0.022	−0.204**	0.051	−0.069	−0.123*	−0.048	−0.042
愛国主義	0.159**	0.021	0.159	0.078**	0.019	0.078	−0.016	0.022	−0.016	−0.083**	0.021	−0.083
脅威				0.417**	0.017	0.417				0.358**	0.018	0.358
接触				−0.102**	0.017	−0.094				−0.153**	0.018	0.141
外国人割合：市区町村	0.003	0.013	0.005	0.013	0.013	0.019	−0.016	0.022	−0.015	0.004	0.013	0.007
外国人割合：町・字	−0.003	0.010	−0.005	0.000	0.010	0.000	0.001	0.011	0.002	0.009	0.010	0.019
外国人増加：市区町村	−0.048	0.031	−0.027	−0.008	0.031	−0.004	−0.039	0.032	−0.022	0.001	0.030	0.000
外国人増加：町・字	0.018	0.021	0.014	0.013	0.020	0.010	0.035	0.022	0.026	0.030	0.021	0.022
N（個人レベル）	3,062			3,019			3,029			2,989		

注：** $p<0.01$, * $p<0.05$。

付表5　外国籍者への社会的権利の付与に対する支持の規定要因

	モデル1		モデル2		モデル3		モデル4	
	B	S.E.	B	S.E.	B	S.E.	B	S.E.
脅威認知			−0.39**	0.02			−0.35**	0.02
社会保障制度への信頼					0.09**	0.03	0.09**	0.03
生活保護忌避					−0.16**	0.02	−0.13**	0.02
国民観（基準：中庸型）								
単一民族神話型					−0.26**	0.04	−0.18**	0.04
市民・政治型					0.15*	0.06	0.10	0.05
年齢	−0.00	0.00	−0.00	0.00	−0.00	0.00	−0.00	0.00
性別（男性）	0.01	0.04	0.02	0.04	0.02	0.04	0.03	0.04
教育年数	0.01	0.01	0.01	0.01	0.01	0.01	0.01	0.01
職業（基準：正規）								
非正規	0.07	0.06	0.05	0.05	0.09	0.05	0.07	0.05
経営・自営	0.10	0.06	0.06	0.06	0.13	0.07	0.09	0.06
無職	0.16**	0.05	0.14**	0.05	0.16**	0.05	0.14**	0.05
失業	0.04	0.10	0.03	0.09	0.04	0.09	0.04	0.09
婚姻状態（基準：既婚）								
未婚	0.11	0.06	0.08	0.05	0.10	0.05	0.07	0.05
離死別	0.08	0.07	0.08	0.07	0.11	0.07	0.11	0.07
主観的経済状態	0.03	0.03	0.02	0.02	0.03	0.02	0.03	0.02
経済不安	−0.05	0.03	−0.02	0.03	−0.05	0.03	−0.02	0.03
政治不信	−0.12**	0.03	−0.06*	0.03	−0.08**	0.03	−0.03	0.03
権威主義的態度	−0.07	0.04	−0.01	0.03	−0.00	0.04	0.03	0.03
愛国主義	−0.17**	0.03	−0.09**	0.03	−0.13**	0.02	−0.06*	0.03
顔を合わせる頻度	0.00	0.02	0.02	0.02	0.01	0.02	0.02	0.02
外国籍人口割合	−0.03**	0.01	−0.02**	0.01	−0.02**	0.01	−0.02*	0.01
定数	3.19**	0.20	3.02**	0.19	3.34**	0.21	3.09**	0.20
R^2	0.038		0.126		0.089		0.157	
N	3204		3204		3204		3204	

注：$^{**}p<0.01$, $^{*}p<0.05$。

付表 6　自民党支持の規定要因（ロジスティック回帰分析）

	2009 年		2013 年		2017 年	
	B	S.E.	B	S.E.	B	S.E.
性別（男性）	−0.045	0.127	0.336**	0.102	0.149	0.096
年齢	0.013**	0.004	0.009**	0.003	0.004	0.003
年齢（2 乗）	0.000	0.000	0.000	0.000	0.000	0.000
教育（基準：中等教育）						
初等教育	−0.134	0.159	−0.049	0.137	−0.063	0.136
高等教育	−0.119	0.125	−0.110	0.100	−0.030	0.101
職業（基準：正規ホワイト）			—		—	
正規ブルー	0.277	0.214	0.076	0.165	−0.126	0.171
非正規	0.096	0.203	−0.009	0.164	−0.283	0.163
正規管理	0.271	0.292	0.029	0.201	0.051	0.226
自営・家族従業	0.445*	0.183	0.340*	0.157	0.126	0.145
無職	−0.033	0.197	−0.132	0.153	−0.093	0.152
主婦・学生	0.062	0.169	0.228	0.135	0.099	0.131
権威主義	0.315**	0.052	0.274**	0.043	0.165**	0.043
愛国主義	0.379**	0.056	0.532**	0.051	0.511**	0.051
民族的純化主義	−0.002	0.053	0.189**	0.043	0.133**	0.043
中韓排外主義	0.034	0.031	0.034	0.024	0.063*	0.025
反平等主義	0.122	0.071	0.011	0.057	0.235**	0.059
反福祉主義	0.180**	0.065	0.144**	0.052	0.119*	0.056
競争主義	0.261**	0.074	0.070	0.059	0.122*	0.060
本人経済状態の向上	0.011	0.089	0.172*	0.068	0.287**	0.068
日本経済楽観	0.168**	0.051	0.327**	0.043	0.270**	0.044
階層帰属意識	−0.030	0.069	0.150**	0.054	0.069	0.044
定数	−4.006	0.443	−3.933	0.356	−3.860	0.362
Nagelkerke R^2	0.130**		0.200**		0.177**	
N	2665		3406		3159	

注：*p<0.05, **p<0.01。

付表7　自民党への投票行動の規定要因（ロジスティック回帰分析）

	2012 年衆議院比例		2017 年衆議院比例	
	ランダム効果		ランダム効果	
	β	S.E.	β	S.E.
性別（男性）	0.035	0.054	0.045	0.056
年齢	0.793*	0.328	0.051	0.353
年齢（2 乗）	−0.581	0.337	0.075	0.359
大卒ダミー	0.087	0.048	0.090	0.055
職業（基準：正規ホワイト）				
経営・管理職	0.027	0.044	−0.004	0.052
自営業・家族従業者	−0.009	0.052	0.005	0.059
正規ブルー	0.002	0.049	−0.086	0.055
非正規	−0.032	0.058	−0.095	0.065
主婦・学生	0.081	0.061	0.033	0.067
無職	−0.109	0.064	−0.119	0.065
階層帰属意識	0.016	0.054	0.083	0.061
愛国主義	0.155**	0.056	0.197**	0.065
純化主義（基準：中庸型）				
単一民族神話型	0.043	0.047	−0.072	0.054
市民・政治型	−0.030	0.049	0.152**	0.057
中韓排外主義	0.045	0.055	−0.105	0.069
外国一般排外主義	0.008	0.054	0.252**	0.068
権威主義	0.070	0.047	0.109*	0.055
生活満足度	0.072	0.052	0.095	0.061
日本経済への楽観	0.134**	0.049	−0.006	0.056
反平等主義	−0.109*	0.050	0.030	0.057
反福祉主義	0.130**	0.049	0.070	0.056
競争主義	0.062	0.048	−0.088	0.056
政治家不信	−0.068	0.047	−0.149**	0.054
日米安保体制の強化	0.126*	0.052	0.207**	0.062
領土問題に対する強硬さ	0.154**	0.048	0.075	0.053
原発利用賛成	0.354**	0.047	0.177**	0.054
ナショナル・プライド：憲法	−0.037	0.047	−0.126*	0.054
安倍晋三好感度	0.924**	0.061	1.157**	0.073
定数	−0.753**	0.105	−1.315**	0.066
N of Obs.	3143		2743	
N of Groups	51		60	
Log lik.	−1612.149		−1270.668	
Chi-squared	593.180		500.856	
Hausman test χ^2	24.9		12.39	

注：$^{*}p<0.05$, $^{**}p<0.01$。

　β はすべての独立変数を標準化して計算した値。

付表 8－1　潜在クラス分析の適合度指標

クラス数	BLRT			モデル適合度	
	⊿ G^2	⊿ d.f.	p 値	BIC	Entropy
2クラス	783.908	6	0.000	8814.275	0.649
3クラス	**102.556**	**6**	**0.000**	**8757.797**	**0.689**
4クラス	14.668	6	0.022	8789.207	0.660

注：N=2164。ゴチックは最適なクラスを示す（4クラスモデルはクラス過多または局所解が疑われるため3クラスモデルを採択）。

付表 8－2　潜在クラス分析の構成割合と条件付き応答確率

	全般参加型	投票・署名参加型	投票のみ参加型
構成割合	0.097	0.480	0.423
条件付応答確率			
投票	**1.000**	**0.975**	**0.814**
署名	**0.984**	**0.763**	0.004
集会	**0.867**	0.219	0.044
献金	**0.782**	0.209	0.000
デモ	0.424	0.029	0.004

注：N=2164。ゴチックは「経験あり」が過半数の項目を示す。

付表8－3　政治参加の活動類型の規定要因（多項ロジスティック回帰分析）

変数名		全般参加型			投票・署名参加型		
		B	Robust S.E.	β	B	Robust S.E.	β
性別	女性	−0.685**	0.176	−0.343	0.222*	0.108	0.111
年齢	線形	0.053**	0.008	0.799	0.023**	0.005	0.347
	2乗	−0.024	0.041	−0.060	−0.038	0.025	−0.097
学歴	教育年数	0.047	0.041	0.103	0.031	0.026	0.068
職業	経営・管理	0.300	0.452	0.051	0.475	0.298	0.080
	正規ホワイト（基準）						
	正規ブルー	0.140	0.310	0.048	0.072	0.147	0.025
	非正規	−0.451	0.431	−0.089	−0.238	0.271	−0.047
	自営・家族	0.202	0.241	0.068	0.050	0.167	0.017
	主婦・学生	−0.398†	0.240	−0.179	−0.371**	0.134	−0.166
	無職	−0.301	0.450	−0.084	−0.293	0.207	−0.082
収入	世帯（対数変換済）	0.292*	0.136	0.255	0.104†	0.062	0.091
関与	政治的有効性感覚	0.300*	0.147	0.188	0.051	0.084	0.032
動員	支持政党あり	0.571*	0.225	0.246	0.257*	0.126	0.111
家庭	既婚	0.115	0.288	0.051	−0.086	0.138	−0.038
	子どもあり	−0.283	0.214	−0.122	0.080	0.153	0.034
地域	居住年数	0.018**	0.005	0.351	0.010**	0.003	0.188
ナショナリズム	民族的純化主義	−0.765*	0.313	−0.511	−0.742**	0.190	−0.496
	市民的純化主義	2.719†	1.479	0.385	2.518**	0.830	0.356
	民族・文化的プライド	0.208†	0.108	0.163	0.099	0.075	0.078
	市民・政治的プライド	−0.402**	0.114	−0.357	−0.152*	0.071	−0.135
	愛国主義	−0.170	0.113	−0.131	0.024	0.065	0.019
	外国一般排外主義	−0.317*	0.138	−0.268	−0.076	0.100	−0.064
	中韓排外主義	−0.001	0.167	−0.001	−0.060	0.100	−0.048
定数		−7.580**	1.223	−1.743	−2.644**	0.616	0.160
McFadden R^2		0.070					
BIC		4165.143					
N		2164					

注：**$p<0.01$, *$p<0.05$, †$p<0.10$, 基準カテゴリ：投票のみ参加型。

ロバスト標準誤差には抽出地点（市区町村レベル）でクラスタ化したものを用いる。

βはすべての独立変数を標準化して計算した値。

付表 9　脱原発志向の規定要因（重回帰分析）

	2013						2017					
	B	S.E.	β	B	S.E.	β	B	S.E.	β	B	S.E.	β
女性	0.376**	0.061	0.133	0.243**	0.058	0.087	0.349**	0.060	0.126	0.228**	0.056	0.084
年齢	0.017**	0.003	0.173	0.020**	0.002	0.210	0.020**	0.003	0.222	0.024**	0.002	0.275
雇用形態（基準：正規）												
非正規	0.124	0.083	0.035	0.094	0.078	0.027	0.039	0.085	0.011	-0.027	0.079	-0.008
自営	0.271**	0.106	0.055	0.269**	0.099	0.055	0.032	0.097	0.007	0.042	0.090	0.010
学生	-0.250	0.341	-0.015	-0.237	0.319	-0.014	0.064	0.227	0.006	0.027	0.208	0.003
無職	0.174†	0.098	0.057	0.271**	0.092	0.091	-0.019	0.099	-0.006	-0.022	0.092	-0.008
職種（基準：マニュアル）												
専門・管理	0.106	0.093	0.030	0.133	0.088	0.038	0.076	0.100	0.019	0.077	0.093	0.020
事務・販売	0.072	0.082	0.022	0.106	0.077	0.033	-0.056	0.078	-0.019	-0.014	0.072	-0.005
教育年数	-0.001	0.015	-0.002	0.003	0.014	0.005	0.013	0.015	0.020	0.021	0.014	0.034
世帯収入	0.000*	0.000	-0.054	0.000	0.000	0.011	0.000**	0.000	-0.064	0.000	0.000	-0.004
配偶者有	-0.061	0.069	-0.019	-0.101	0.064	-0.032	0.083	0.070	0.027	0.078	0.065	0.026
12 歳未満子あり	0.006	0.087	0.001	0.037	0.081	0.009	-0.053	0.091	-0.014	-0.054	0.084	-0.014
反新自由主義				0.830**	0.098	0.269				0.649**	0.104	0.212
愛国主義				-0.297**	0.109	-0.076				-0.479**	0.111	-0.132
中韓排外主義				-0.128*	0.054	-0.071				-0.259**	0.062	-0.144
外国一般排外主義				-0.070	0.069	-0.028				0.062	0.066	0.030
権威主義				-0.238**	0.067	-0.100				-0.087	0.061	-0.043
政治不信				0.279**	0.038	0.172				0.265**	0.037	0.189
経済不安				0.077†	0.043	0.035				0.058	0.043	0.028
調整済み R^2		0.065			0.243			0.073			0.259	
N		3189			3189			2979			2979	

注：** $p<0.01$, * $p<0.05$, † $p<0.10$。

付表 10－1　価値観に対する世代の効果（重回帰分析）

	愛国主義	純化主義（民族）	純化主義（市民）	排外主義（中韓）	排外主義（一般）	権威主義	セキュリティ意識	反平等主義	反福祉主義
世代（基準：安定期世代）									
平成世代	-0.012	-0.014	-0.019	-0.063**	-0.056**	0.074**	-0.002	0.016	-0.023
氷河期世代	-0.050**	0.001	-0.042**	-0.030*	-0.053**	0.048**	0.012	0.067**	-0.029*
団塊世代	0.084**	0.058**	0.043**	0.063**	0.076**	-0.009	0.028*	-0.035*	0.044**
戦後世代	0.142**	0.104**	0.084**	0.080**	0.114**	0.069**	0.079**	-0.020	0.067**
調査時期（2017 年）	0.060**	0.113**	0.044**	0.161**	-0.094**	-0.008	-0.113**	0.003	0.073**
学歴（高等）	-0.024	-0.111**	0.061**	-0.054**	-0.091**	-0.130**	-0.004	0.063**	0.022
調整済み R^2	0.036	0.042	0.013	0.045	0.054	0.025	0.019	0.015	0.011
N	6,861	6,676	6,676	6,793	6,723	6,865	6,899	6,849	6,885
世代（基準：安定期世代）									
氷河期世代	-0.082**	0.034	-0.060**	-0.029	-0.064**	0.027	-0.057**	0.029	-0.056**
団塊世代	0.084**	0.058**	0.044**	0.063**	0.076**	-0.010	0.028	-0.036*	0.045**
戦後世代	0.142**	0.107**	0.084**	0.082**	0.115**	0.068**	0.077**	-0.022	0.067**
調査時期（2017 年）	0.040**	0.133**	0.033*	0.163**	-0.103**	-0.022	-0.157**	-0.021	0.057**
学歴（高等）	-0.025	-0.113**	0.061**	-0.056**	-0.096**	-0.131**	-0.003	0.063**	0.023
氷河期世代×調査時期（2017 年）	0.048*	-0.048*	0.027	-0.003	0.017	0.033	0.104**	0.058**	0.040*
調整済み R^2	0.038	0.044	0.013	0.044	0.05	0.023	0.023	0.016	0.012
N	6,639	6,457	6,457	6,572	6,502	6,645	6,677	6,627	6,663

注：数値は標準化偏回帰係数、$^{**}p<0.01$, $^{*}p<0.05$。

付表 10－2　権威主義の規定因（重回帰分析）

性別（女性）	−0.009
世代（基準：安定期世代）	
平成世代	0.082**
氷河期世代	0.063**
団塊世代	0.000
戦後世代	0.093**
学歴（高等）	−0.133**
非正規雇用（仮説 3）	0.030
無職（仮説 3）	−0.005
階層帰属意識（仮説 3）	0.005
15 歳時家庭の経済状況（仮説 1）	0.016
未婚（家族と同居）（仮説 2）	0.052**
未婚（ひとり暮らし）	0.006
調整済み R^2	0.031

注：N=3621。数値は標準化偏回帰係数。$^{**}p<0.01$, $^{*}p<0.05$。

付表 10－3　安倍首相に対する評価の規定因（重回帰分析）

	モデル 1	モデル 2	モデル 3
性別（女性）	−0.042*	−0.021	0.000
世代（基準：安定期世代）			
平成世代	0.076**	0.061**	0.027
氷河期世代	0.068**	0.056**	0.022
団塊世代	−0.015	−0.031	−0.014
戦後世代	0.029	−0.010	−0.002
学歴（高等）	−0.016	−0.011	−0.002
権威主義		0.112**	0.083**
愛国主義		0.319**	0.270**
嫌中嫌韓意識		−0.068**	−0.071**
反平等主義		0.137**	0.100**
原子力利用賛成			0.297**
調整済み R^2	0.009	0.169	0.247

注：N=3493。数値は標準化偏回帰係数。$^{**}p<0.01$, $^{*}p<0.05$。

付表 11 「右」の指標の時点ごとの標準偏差

	排外主義			愛国主義（愛国心）		
	増加：アメリカ人	増加：中国人	増加：韓国人	国旗・国歌を教育の場	日本誇り	戦後教育を見直すべき
2009	0.821	0.873	0.871	1.249	0.949	1.182
2013	0.783	0.884	0.909	1.076	0.861	1.130
2017	0.810	0.877	0.898	1.047	0.826	1.124

	純化主義				権威主義		
	出生	祖先	法制度遵守	自己定義	権威ある人々に敬意	伝統や慣習に疑問は問題	指導者や専門家に頼る
2009	0.948	0.987	0.816	0.863	1.111	1.001	1.064
2013	0.921	0.947	0.745	0.758	1.076	0.945	1.006
2017	0.920	0.954	0.736	0.782	1.093	0.947	1.008

	新自由主義		
	反平等主義	反福祉主義	競争主義
2009	0.769	0.819	0.739
2013	0.785	0.828	0.720
2017	0.762	0.776	0.718

参考文献

Adorno, Theodor W., Else Frenkel-Brunswik, Daniel J. Levinson, and Nevitt R. Sanford, 1950, *The Authoritarian Personality*, New York: Harper & Brothers.（田中義久・矢沢修治郎・小林修一訳，1980，『権威主義的パーソナリティ』青木書店.）

明戸隆浩，2016，「ナショナリズムと排外主義のあいだ――90 年代以降の日本における「保守」言説の転換」『社会学年誌』57：45-62.

――――，2018a,「解消法施行後のヘイトスピーチの実態」人種差別実態調査研究会『日本国内の人種差別実態に関する調査報告書　2018 年度版』（2019 年 5 月 2 日取得，https://gjinkenh.files.wordpress.com/2018/04/e4babae7a8aee5b7aee588a5e5ae9fe6858be8aabfe69fbbe7a094e7a9b6e4bc9ae5a0b1e5918ae69bb8e380902018e5b9b4e78988e380911.pdf）.

――――，2018b,「現代日本の排外主義と「対抗言論」――「ナショナリズム」から「ヘイトスピーチ」へ」樽本英樹編『排外主義の国際比較――先進諸国における外国人移民の実態』ミネルヴァ書房，201-228.

Alba, Rubén, Rubén G Rumbaut, and Karen Marotz, 2005, "A Distorted Nation: Perceptions of Racial/Ethnic Group Sizes and Attitudes toward Immigrants and Other Minorities," *Social Forces*, 84(2): 901-919.

Allport, Gordon W., 1954, *The Nature of Prejudice*, Cambridge: Addison-Wesley.（原谷達夫・野村昭訳，1968，『偏見の心理』培風館.）

Andersen, Jørgen G., 2006, *Immigration and the Legitimacy of the Scandinavian Welfare State: Some Preliminary Danish Findings*, Aalborg Universitet: Akademiet for Migrationsstudier I Danmark, Aalborg Universitet.

Andersen, Jørgen G. and Tor Bjørklund, 1990, "Structural Changes and New Cleavages: the Progress Parties in Denmark and Norway," *Acta Sociologica*, 33(3): 195-217.

Anderson, Benedict, 1991, *Imagined Communities: Reflections on the Origins and Spread of Nationalism*, 2nd ed., London: Verso.（白石隆・白石さや訳，［1997］2007，『定本・想像の共同体――ナショナリズムの起源と流行』書

籍工房早川.）

Ariely, Gal, 2011a, "Spheres of Citizenship: The Role of Distinct Perceived Threats in Legitimizing Allocation of Political, Welfare And Cultural Rights in Israe," *International Journal of Intercultural Relations*, 35: 213-225.

———, 2011b, "Constitutional Patriotism, Liberal Nationalism And Membership in The Nation: An Empirical Assessment," *Acta Politica*, 46: 294-319.

———, 2012, "Globalisation and the Decline of National Identity?: An Exploration Across Sixty-Three Countries," *Nation and Nationalism*, 18(3): 461-482.

有馬淑子，2012，『極端化する社会——共有知識構造で読み解く集団の心理』北大路書房.

Barlow, Fiona K., Stefania Paolini, Anne Pedersen, Matthew J. Hornsey, Helena R. M. Radke, Jake Harwood, Mark Rubin, and Chris G. Sibley, 2012, "The Contact Caveat: Negative Contact Predicts Increased Prejudice More Than Positive Contact Predicts Reduced Prejudice," *Personality and Social Psychology Bulletin*, 38(12): 1629-1643.

Beck, Ulrich, 1986, *Risikogesellschaft: Auf dem Weg in eine andere Moderne*, Frankfurt am Main: Suhrkamp.（東廉・伊藤美登里訳，1998，『危険社会』法政大学出版局.）

Befu, Harumi, 2001, *Hegemony of Homogeneity: An Anthropological Analysis of Nihonjinron*, Melbourne: Trans-Pacific Press.

Bell, Brian, Francesco Fasani, and Stephen Machin, 2013, "Crime and Immigration: Evidence From Large Immigrant Waves," *Review of Economics and Statistics*, 21(3): 1278-1290.

Blalock, Hubert M., 1967, *Toward a Theory of Minority-group Relations*, Hoboken: Wiley.

Blank Tomas and Schmidt Peter, 2003, "National Identity in a United Germany: Nationalism or Patriotism?: An Empirical Test with Representative Data," *Polittical Psychology*, 24: 289-312.

Blocker, T. Jean and Douglas Lee Eckberg, 1997, "Gender and Environmentalism: Results from the 1993 General Social Survey," *Social Science Quarterly*, 78(4): 841-858.

Blumer, Herbert, 1958, "Race Prejudice as a Sense of Group Position," *Pacific Sociological Review*, 1: 3-7.

Bonikowski, Bart, 2016, "Nationalism in Settled Times," *Annual Review of Sociology*, 42: 427-449.

Borjas, George J., 2003, "The Labor Demand Curve is Downward Sloping: Reexamining The Impact of Immigration on The Labor Market," *The Quarterly Journal of Economics*, 118: 1335-1374.

Borjas, George J., and Joan Monras, 2017, "The Labour Market Consequences of Refugee Supply Shocks," *Economic Policy*, 32(91): 361-413.

Brown, Rupert, 1995, *Prejudice: Its Social Psychology*, Malden, MA: Blackwell.（橋口捷久・黒川正流編訳，1999，『偏見の社会心理』北大路書房.）

Brown, David, 2008, "The Ethnic Majority: Benign or Malign," *Nation and Nationalism*, 14(4): 768-788.

Brubaker, Rogers, 1992, *Citizenship and Nationhood in France and Germany*, Cambridge Mass.: Harvard University Press.（佐藤成基・佐々木てる監訳，2005，『フランスとドイツの国籍とネーション――国籍形成の比較歴史社会学』明石書店.）

———, 2004, "The Manichean Myth: Rethinking The Distinction Between "Civic" and "Ethnic" Nationalism," Hanspeter Kriesi, Klaus Armingeon, Hannes Siegrist, and Andreas Wimmer eds., *Nation and National Identity: The European Experience in Perspective*, West Lafayette: Purdue University Press, 55-72.

Brubaker, Rogers, Mara Loveman, and Peter Stamatov, 2004, "Ethnicity as Cognition," *Theory and Society* 33(1): 31-64.（佐藤成基ほか編訳，2016，「認知としてのエスニシティ」『グローバル化する世界と「帰属の政治」』明石書店，235-287.）

Bruter, Michael and Sarah Harrison, 2011, *Mapping Extreme Right Ideology: An Empirical Geography of the European Extreme Right*, Basingstoke: Palgrave Macmillan.

Canetti-Nisim, Daphna, Gal Ariely, and Eran Halperin, 2008, "Life, Pocketbook, or Culture: The Role of Perceived Security Threats in Promoting Exclusionist Political Attitudes toward Minorities in Israel," *Political Research Quarterly*, 61(1): 90-103.

Carlsson, Magnus and Stefan Eriksson, 2017, "Do Attitudes Expressed in

Surveys Predict Ethnic Discrimination?," *Ethnic and Racial Studies*, 40 (10): 1739–1757.

Castells, Manuel, 1989, *The Informational City: Information Technology, Economic Restructuring, and the Urban-Regional Process*, Oxford: Basil Blackwell.

Castles, Stephen and Mark J. Miller, 1993, *The Age of Migration: International Population Movement in the Modern World*, Basingstoke: Macmillan.（関根政美・関根薫訳，1996,『国際移民の時代』名古屋大学出版会.）

Catalinac, Amy, 2015, "From Pork to Policy: The Rise of Programmatic Campaigning in Japanese Elections," *The Journal of Politics*, 78(1): 1–18.

Ceobanu, Alin M. and Xavier Escandell (2010) "Comparative Analyses of Public Attitudes Toward Immigrants and Immigration Using Multinational Survey Data: A Review of Theories and Research," *Annual Review of Sociology*, 36: 309–328.

Citrin, Jack, Cara Wong, and Brian Duff, 2001, "The Meaning of American National Identity," Ashmore, Richard D., Lee Jussim, and David Wilder eds., *Social Identity, Intergroup Conflict, and Conflict Reduction*, New York: Oxford University Press, 4–100.

Clark, Shaunna L. and Bengt O. Muthén, 2009, "Relating Latent Class Analysis Results to Variables not Included in the Analysis,"（2019 年 3 月 4 日取得，http://www.statmodel.com/download/relatinglca.pdf）.

Coenders, Marcel and Peer Scheepers, 2003, "The Effect of Education on Nationalism and Ethnic Exclusionism: An International Comparison," *Political Psychology*, 24(2): 313–343.

————, 2008, "Changes in Resistance to the Social Integration of Foreigners in Germany 1980–2000: Individual and Contextual Determinants," *Journal of Ethnic and Migration Studies*, 34(1): 1–26.

Collins, Linda M. and Stephanie T. Lanza, 2010, *Latent Class and Latent Transition Analysis: With Applications in the Social, Behavioral, and Health Sciences*, Hoboken, New Jersey: John Wiley and Sons.

Conover, Pamela J. and Stanley Feldman, 1987, "Measuring Patriotism and Nationalism," *ANES Pilot Study Report*, No. nes002263: 1–9（2019 年 3 月 4 日取得，https://electionstudies.org/wp-content/uploads/2018/07/nes002263.pdf）.

Cornell, Stephen, 1996, "The variable Ties That Bind: Content and Circumstance in Ethnic Processes," *Ethnic and Racial Studies*, 19(2): 265–289.

Davis, Darren W. and Brian D. Silver, 2004 "Civil Liberties vs. Security: Public Opinion in the Context of the Terrorist Attacks on America," *American Journal of Political Science*, 48(1): 28–46.

Douglas, Mary and Aaron Wildavsky, 1982, *Risk and Culture: An Essay on the Selection of Technological and Environmental Dangers*, Berkeley: University of California Press.

Downs, Anthony, 1957, *An Economic Theory of Democracy*, NewYork: Harper & Row.（古田精司監訳，1980，『民主主義の経済理論』成文堂.）

Dustmann, Christian, Uta Schönberg, and Jan Stuhler, 2016, "The Impact of Immigration: Why Do Studies Reach Such Different Results?," *Journal of Economic Perspectives*, 30(4): 31–56.

遠藤晶久／ウィリー・ジョウ，2019，『イデオロギーと日本政治――世代で異なる「保守」と「革新」』新泉社.

遠藤乾・水島治郎，2017，「対談大衆のマグマは、日本にも溜まっている――欧州を覆う暗雲の行方は？」『中央公論』131(5): 92–101.

Esses, Victoria. M., Lynne M. Jackson, and Tamara L. Armstrong, 1998, "Intergroup Competition and Attitudes Toward Immigrants and Immigration: An Instrumental Model of Group Conflict," *Journal of Social Issues*, 54(4): 699–724.

Eysenck, Hans J., 1954, *The Psychology of Politics*, London: Routledge & Kegan Paul.

――――, 1957, *Sense and Nonsense in Psychology*, Baltimore: Penguin Books.（小見山栄一訳，1961，『心理学における科学と偏見』誠信書房.）

Fabrykant, Marharyta and Vladimir Magun, 2015 "Grounded and Normative Dimensions of National Pride in Comparative Perspective," *Higher School of Economics Research Paper*, WP/BRP/62.

Finucane, Melissa, L., Paul Slovic, C. K. Mertz, James Flynn, and Theresa A. Satterfield, 2000, "Gender, Race and Perceived Risk: The 'White Male' Effect," *Health, Risk & Society*, 2(2): 159–72.

Flanagan, Scott C., 1987, "Value Change in Industrial Societies," *The American Political Science Review*, 81(4): 1303–1319.

Flanagan, Scott C. and Aie-Rie Lee, 2000, "Value Change and Democratic Re-

form in Japan and Korea," *Comparative Political Studies*, 33(6): 626-659.
Foa, Robert Stefan and Yascha Mounk, 2016, "The Democratic Disconnect," *Journal of Democracy*, 27(3): 5-17.
Foged, Mette and Giovanni Peri, 2016, "Immigrants' Effect on Native Workers: New Analysis on Longitudinal Data," *American Economic Journal: Applied Economics*, 8(2): 1-34.
Fromm, Erich, 1941, *Escape from Freedom*, New York: Reinehart and Winston.（日高六郎訳, 1951,『自由からの逃走』東京創元社.）
藤原翔・伊藤理史・谷岡謙, 2012,「潜在クラス分析を用いた計量社会学的アプローチ――地位の非一貫性, 格差意識, 権威主義的伝統主義を例に」『年報人間科学』33: 43-68.
舩橋晴俊, 2005,「原子力政策の内包する困難さについての社会学的考察」『むつ小川原開発・核燃料サイクル施設問題調査報告書』, 1-30.
――――, 2013,「震災問題対処のために必要な政策議題設定と日本社会における制御能力の欠陥」『社会学評論』64(3): 1-23.
古市憲寿, 2011,『絶望の国の幸福な若者たち』講談社.
Geiser, Christian, 2013, *Data Analysis with Mplus*, New York: Guilford Press.
Gesis, 2015, ISSP: National Identity（2019 年 3 月 4 日取得, https://www.gesis.org/issp/modules/issp-modules-by-topic/national-identity/）.
Gorodzeisky, Anastasia, 2013, "Does the Type of Rights Matter? Comparison of Attitudes toward the Allocation of Political versus Social Rights to Labor Migrants in Israel," *European Sociological Review*, 29(3): 630-641.
Green, David, 2017, "Immigrant Perception in Japan: A Multilevel Analysis of Public Opinion," *Asian Survey*, 57(2): 368-394.
Greenland, Katy and Rupert Brown, 1999, "Categorization and Intergroup Anxiety in Contact Between British and Japanese Nationals," *European Journal of Social Psychology*, 29(4): 503-521.
Hage, Ghassan, 2003, *Against Paranoid Nationalism: Searching for Hope in a Shrinking Society*, Annandale, NSW: Pluto Press.（塩原良和訳, 2008,『希望の分配メカニズム――パラノイア・ナショナリズム批判』御茶の水書房.）
Hainmueller, Jens and Michael J.Hiscox, 2010, "Attitudes toward highly Skilled and Low-Skilled Immigration: Evidence from a Survey Experiment," *American Political Science Review*, 104(1): 61-84.

Hainmueller, Jens and Daniel J. Hopkins, 2014, "Public Attitudes Toward Immigration," *Annual Review of Political Science*, 17(1): 225-249.
濱田国佑，2008，「外国人住民に対する日本人住民意識の変遷とその規定要因」『社会学評論』59(1): 216-231.
————，2011，「移民——外国人増加に誰がメリットを感じ，誰がデメリットを感じるのか」田辺俊介編著『外国人へのまなざしと政治意識——社会調査で読み解く日本のナショナリズム』勁草書房，43-67.
————，2013，「在日ブラジル人の『社会問題』化と排外意識」駒井洋監修『レイシズムと外国人嫌悪』明石書店，166-181
————，2019，「若者の従順さはどのようにして生み出されるのか——不透明な時代における権威主義的態度の構造」吉川徹・狭間諒多朗編『分断社会と若者の今』大阪大学出版会，57-90.
Han, Kyung Joon, 2013, "Income Inequality, International Migration, and National Pride: A Test of Social Identification Theory," *International Journal of Public Opinion Research*, 25(4): 502-521.
Hanson, Gordon H., 2009, "The Economic Consequences of The International Migration 0f Labor," *Annual Review of Economics*, 1(1): 179-208.
橋本健二，2018，『アンダークラス——新たな下層階級の出現』筑摩書房.
秦正樹，2015，「いつ，イデオロギーは「活性化」するのか？——JGSS-2003を用いた投票外参加の規定要因に関する分析」『日本版総合的社会調査共同研究拠点 研究論文集』15: 85-96.
早川タダノリ，2016，『「日本スゴイ」のディストピア——戦時下自画自賛の系譜』青弓社.
————，2017，「『日本スゴイ』という国民の物語」塚田穂高編『徹底検証 日本の右傾化』筑摩書房，236-255.
Helbling, Marc and Hanspeter Kriesi, 2014, "Why Citizens Prefer High-over Low-skilled Immigrants: Labor Market Competition, Welfare State, and Deservingness," *European Sociological Review*, 30(5): 595-614.
樋口直人・松谷満，2013，「右翼から極右へ？——日本版極右としての石原慎太郎の支持基盤をめぐって」『理論と動態』6: 56-72.
樋口直人，2014，『日本型排外主義——在特会・外国人参政権・東アジア地政学』名古屋大学出版会.
————，2017，「排外主義とヘイトスピーチ」塚田穂高編『徹底検証 日本の右傾化』筑摩書房，68-87.

平野浩，1994，「ポスト冷戦期の市民イデオロギー」栗田宣義編『政治心理学リニューアル』学文社，137-154.

————，2007，『変容する日本の社会と投票行動』木鐸社.

————，2011，「選挙・投票行動――政策本位に変われるか」佐々木毅・清水真人編著『ゼミナール 現代日本政治』日本経済新聞出版社，422-469.

————，2015，『有権者の選択――日本における政党政治と代表制民主主義の行方』木鐸社.

Hjerm, Mikael, 1998, "National Identities, National Pride and Xenophobia: A Comparison of Four Western Countries," *Acta Sociologica*, 41: 335-347.

————, 2001, "Education, Xenophobia, and Nationalism: A Comparative Analysis," *Journal of Ethnic and Migration Studies*, 27:37-60.

————, 2003, "National Sentiments in Eastern and Western Europe," *Nationalities Papers*, 31(4): 413-429.

————, 2007, "Do Numbers Really Count? Group Threat Theory Revisited," *Journal of Ethnic and Migration Studies*, 33(8): 1253-1275.

Hjerm, Mikael and Nagayoshi Kikuko, 2011, "The Composition of The Minority Population as a Threat: Can Real Economic and Cultural Threats Explain Xenophobia?," *International Sociology*, 26(6): 815-843.

Hooghe, Marc, 2004, "Political Socialization and the Future of Politics," *Acta Politica*, 39(4): 331-341.

堀江孝司，2009，「福祉国家と世論」『人文学報（社会福祉学）』25: 23-54.

————，2014，「安倍政権受け皿不在の強さと野党の責任――世論調査に見る安倍支持の実相を読み解く」『季刊現代の理論』第2号（2019年5月16日取得，http://gendainoriron.jp/vol.02/feature/f08.php）.

星野智，2016，「西欧諸国の極右ポピュリズム政党の台頭とその背景」『中央大学社会科学研究所年報』21: 3-20.

Howard, Mark M., 2006, "Comparative Citizenship: An Agenda for Cross-National Research," *Perspective on Politics*, 4(3): 443-455.

Huddy, Leonie and Nadia, Khatib 2007, "American Patriotism, National Identity, and Political Involvement," *American Journal of Political Science*, 51(1): 63-77.

Hurwitz, Jon and Mark Peffley, 1999, "International Attitudes," Robinson, John P., Phillip R. Shaver and Lawrence S. Wrightsman eds., *Measures of Political Attitudes*, San Diego: Academic Press, 533-590.

黄盛彬，2007，「韓流の底力，その言説」石田佐恵子・木村幹・山中千恵編『ポスト韓流のメディア社会学』ミネルヴァ書房，109-136.
五十嵐彰，2015a，「東アジアにおけるエスニックヒエラルキーに関する研究——Mokken Scale Analysis による EASS 2008 データの分析」『日本版総合的社会調査共同研究拠点 研究論文集』15：41-50.
————，2015b，「『日本人の条件』に対する一般的イメージ——Mokken Scale Analysis による条件の重要性の順位の検証」『理論と方法』30(2)：293-306.
Ignatieff, Michael, 1993, *Blood and Belonging: Journeys into the New Nationalism*, London: Chatto & Windus.（幸田敦子訳，1996，『民族はなぜ殺し合うのか——新ナショナリズム 6 つの旅』河出書房新社.）
Ignazi, Piero, 1992, "The Silent Counter-Revolution: Hypotheses on The Emergence of Extreme Right-Wing Parties in Europe," *European Journal of Political Research*, 22：3-34.
飯田健，2009，「『失望』と『期待』が生む政権交代——有権者の感情と投票行動」田中愛治・河野勝・日野愛郎・飯田健・読売新聞世論調査部『2009 年，なぜ世論交代だったのか——読売・早稲田の共同調査で読みとく日本政治の転換』勁草書房，131-152.
池田謙一編，2016，『日本人の考え方 世界の人の考え方——世界価値観調査から見えるもの』勁草書房.
池上和子，2014，「差別・偏見研究の変容と新たな展開——悲観論から楽観論へ」『教育心理学年報』53：133-146.
Inglehart, Ronald, 1977, *The Silent Revolution; Changing Values and Political Styles among Western Publics*, Princeton, NJ: Princeton University Press.（三宅一郎・金丸輝男・富沢克訳，1978，『静かなる革命——政治意識と行動様式の変化』東洋経済新報社.）
————, 1990, *Culture Shift in Advanced Industrial Society*, Princeton, NJ: Princeton University Press.（村山皓司・富沢克・武重雅文訳，1993，『カルチャーシフトと政治変動』東洋経済新報社.）
————, 1997, *Modernization and Postmodernization: Cultural, Economic, and Political Change in 43 Societies*, Princeton, NJ: Princeton University Press.
Inglehart, Ronald and Hans-Dieter Klingemann, 1976, "Party Identification, Ideological Preference and the Left-Right Dimension among Western

Mass Publics," Ian Budge, Ivor Crewe, and Dennis Farlie eds., *Party Identification and Beyond: Representation of Voting and Party Competition*, London: Wiley and Sons, 243-273.

Inglehart, Ronald and Pippa Norris, 2017, "Trump and the Populist Authoritarian Parties: The Silent Revolution in Reverse," *Perspectives on Politics*, 15(2): 443-454.

石田淳，2017，『集合論による社会的カテゴリー論の展開――ブール代数と質的比較分析の応用』勁草書房．

伊藤理史，2010，「1985 年と 2004 年の 2 時点比較における政党支持態度の規定構造分析」『年報人間科学』31：155-173．

――――，2011，「政党支持――民主党政権誕生時の政党支持の構造」田辺俊介編著『外国人へのまなざしと政治意識――社会調査で読み解く日本のナショナリズム』勁草書房，141-157．

――――，2014，「ポスト五五年体制期の大衆政治――大阪市長選挙における投票行動の実証研究」『ソシオロジ』58(3)：35-51．

――――，2016，「日本人の政治参加――投票外参加のコーホート分析」太郎丸博編『後期近代と価値意識の変容――日本人の意識 1973-2008』東京大学出版会，129-148．

――――，2018a，「政党支持意識の規定要因の時点間比較――男性有権者の階級・権威主義的態度と自民党支持の関連再考」小林大祐編『2015 年 SSM 調査報告書 9 意識 II』119-132．

――――，2018b，「失業と政治参加の平等性――投票参加頻度のマルチレベル順序ロジスティック回帰分析」『社会学研究』101：61-83．

岩井紀子・宍戸邦章，2013，「東日本大震災と福島第一原子力発電所の事故が災害リスクの認知および原子力政策への態度に与えた影響」『社会学評論』64(3)：420-438．

人権教育啓発推進センター，2016，『平成 27 年度法務省委託調査研究事業　ヘイトスピーチに関する実態調査報告書』(2019 年 5 月 2 日取得，http://www.moj.go.jp/content/001201158.pdf)．

――――，2017，『平成 28 年度法務省委託調査研究事業　外国人住民調査報告書』(2019 年 2 月 26 日取得，http://www.moj.go.jp/content/001226182.pdf)．

自由民主党，2016，「『共生の時代』に向けた外国人労働者受入れの基本的考え方」，自由民主党ホームページ，(2019 年 5 月 6 日取得，https://www.

jimin.jp/news/policy/132325.html).

Jones, Frank L. and Philip Smith, 2001, "Individual and Societal Bases of National Identity: A Comparative Multi-level Analysis," *European Sociological Review*, 17(2): 103–118.

Jugert, Philipp, Peter Noack and Adam Rutland, 2011, "Friendship preferences among German and Turkish Preadolescents," *Child Development*, 82(3): 812–829.

蒲島郁夫, 1988, 『政治参加』東京大学出版会.

蒲島郁夫・竹中佳彦, 1996, 『現代日本人のイデオロギー』東京大学出版会.

———, 2012, 『イデオロギー』東京大学出版会.

Kahan, Dan M., Donald Braman, John Gastil, Paul Slovic, and C. K. Mertz, 2007, "Culture and Identity-Protective Cognition: Explaining the White-Male Effect in Risk Perception," *Journal of Empirical Legal Studies*, 4(3): 465–505.

梶田孝道・丹野清人・樋口直人, 2005, 『顔の見えない定住化——日系ブラジル人と国家・市場・移民ネットワーク』名古屋大学出版会.

金成隆一, 2017, 『ルポ トランプ王国——もう一つのアメリカを行く』岩波書店.

Karasawa, Minoru, 2003, "Patriotism, Nationalism, and Internationalism among Japanese Citizens: An Etic-Emic Approach," *Political Psychology*, 23(4): 645–666.

加藤哲郎, 1989, 『戦後意識の変貌(岩波ブックレットシリーズ昭和史 14)』岩波書店 .

香山リカ, 2002, 『ぷちナショナリズム症候群——若者たちのニッポン主義』中央公論新社.

———, 2015, 『がちナショナリズム——「愛国者」たちの不安の正体』筑摩書房.

Kenda, Anna, Nora A. Lantos, and Péter Krekó, 2018, "Endorsing a Civic (vs. an Ethnic) Definition of Citizenship Predicts Higher Pro-minority and Lower Pro-majority Collective Action Intentions," *Frontiers in Psychology*, 9: 1–17.

Kende, Judit, Karen Phalet, Wim Van den Noortgate, Aycan Kara, and Ronald Fischer, 2017, "Equality Revisited: A Cultural Meta-Analysis of Intergroup Contact and Prejudice," *Social Psychological and Personality*

Science, 9(8): 887-895.
吉川徹, 2009, 『学歴分断社会』筑摩書房.
金明秀, 2015, 「日本における排外主義の規定要因——社会意識論のフレームを用いて」『フォーラム現代社会学』14: 36-53.
北田暁大, 2005, 『嗤う日本の「ナショナリズム」』NHK 出版.
————, 2018, 『終わらない「失われた 20 年」——嗤う日本の「ナショナリズム」・その後』筑摩書房.
Kitschelt, Herbert, 1994, *The Transformation of European Social Democracy*, Cambridge: Cambridge University Press.
————, 1995, *The Radical Right in Western Europe: A Comparative Analysis*, Ann Arbor: University of Michigan Press.
Knutsen, Oddbjørn, 2006, "The End of Traditional Political Values?," Peter Ester, Michael Braun and Peter Mohler eds., *Globalization, Value Change and Generations: A Cross-National and International Perspective*, Leiden and Boston: Brill, 115-150.
小林哲郎, 2018, 「ナショナリズムの浮上」池田謙一編『「日本人」は変化しているのか——価値観・ソーシャルネットワーク・民主主義』勁草書房, 235-257.
小林よしのり, 1998, 『新・ゴーマニズム宣言 SPECIAL 戦争論』幻冬舎.
Kohn, Hans, [1944] 1994, "The Idea of Nationalism," Hunchinson, John and Anthony D. Smith eds., *Nationalism*, Oxford: Oxford University Press, 162-165.
河野啓, 2008, 「現代日本の世代——その析出と特質」NHK 放送文化研究所編『現代社会とメディア・家族・世代』新曜社, 14-38.
河野啓・仲秋洋・原美和子, 2016, 「震災 5 年 国民と被災地の意識 防災とエネルギーに関する世論調査・2015 から」『放送研究と調査』5 月号 : 28-70.
近藤敦, 2009, 「日本在住外国人に関する法制度」『学術の動向』14(12): 20-30.
近藤康史, 2017, 『分解するイギリス——民主主義モデルの漂流』筑摩書房.
Koopmans, Ruud and Ines Michalowski, 2017, "Why Do States Extend Rights to Immigrants? Institutional Settings and Historical Legacies Across 44 Countries Worldwide," *Comparative Political Studies*, 50(1): 41-74.
Koopmans, Ruud and Paul Statham, 2000, "Migration and Ethnic Relations as a Field of Political Contention: An Opportunity Structure Approach," Ruud Koopmans and Paul Statham eds., *Challenging Immigration and*

Ethnic Relations Politics: Comparative European Perspectives, Oxford: Oxford University Press, 13-56.

Kootstra, Anouk, 2017, "Us versus Them: Examining the Perceived Deservingness of Minority Groups in the British Welfare State Using a Survey Experiment," Wim van Oorschot, Femke Roosma, Bart Meuleman, and Tim Reeskens eds., *The Social Legitimacy of Targeted Welfare: Attitudes to Welfare Deservingness*, Cheltenham: Edward Elgar Publishing, 263-280.

Kornhauser, William, 1959, *The Politics of Mass Society*, Glencoe, Ill.: The Free Press.（辻本明訳，1961，『大衆社会の政治』東京創元社.）

小坂井敏晶，2002，『民族という虚構』東京大学出版会.

Kriesi, Hanspeter, Edgar Grande, Martin Dolezal, Marc Helbling, Dominic Hoglinger, Swen Hutter, and Bruno Wuest, 2012, *Political Conflict in Western Europe*, Cambridge: Cambridge University Press.

Kunovich, Robert M., 2009, "The Sources and Consequences of National Identification," *American Sociological Review*, 74: 573-593.

Kymlicka, Will, 2002, *Contemporary Political Philosophy: An Introduction*, 2nd ed., Oxford: Oxford University Press.（千葉眞・岡崎晴輝ほか訳，2004，『現代政治理論』日本経済評論社.）

Laenen, Tijs, 2018, "Do Institutions Matter? The Interplay between Income Benefit Design, Popular Perceptions, and the Social Legitimacy of Targeted Welfare," *Journal of European Social Policy*, 28(1): 4-17.

Lancee, Bram and Sergi Pardos-Prado, 2013, "Group Conflict Theory in a Longitudinal Perspective: Analyzing the Dynamic Side of Ethnic Competition," *International Migration Review*, 47(1): 106-131.

Laurence, James and Lee Bentley, 2015, "Does Ethnic Diversity Have a Negative Effect on Attitudes towards the Community? A Longitudinal Analysis of the Causal Claims within the Ethnic Diversity and Social Cohesion Debate," *European Sociological Review*, 32(1): 54-67.

李容玲，2009，「日本人と外国人の共生を促す決定要因について――JGSS-2005データに反映する制度と意識の相関性」『日本版総合的社会調査共同研究拠点 研究論文集』8: 121-140.

Levin, Shana, Colette van Laar, and Jim Sidanius, 2003, "The Effects of Ingroup and Outgroup Friendships on Ethnic Attitudes in College: A Longitudinal Study," *Group Processes & Intergroup Relations*, 6(1): 76-92.

Lipset, Seymour M. and Stein Rokkan, 1967, “Cleavage Structures, Party Systems, and Voter Alignments: An Introduction,” Seymore Martin Lipset and Stein Rokkan eds., *Party Systems and Voter Alignments*, New York: Free Press, 1-64.

Lubbers, Marcel and Marcel Coenders, 2017, “Nationalistic attitudes and voting for the radical right in Europe,” *European Union Politics*, 18(1): 98-118.

MacKinnon, David P., Jennifer L. Krull, and Chondra M. Lockwood, 2000, “Equivalence of the Mediation, Confounding and Suppression Effect,” *Prevention Science*, 1(4): 173-181.

Marshall, Thomas H., 1992, *Citizenship and Social Class*, London: Pluto.（岩崎信彦・中村健吾訳，1993，『シティズンシップと社会的階級』法律文化社.）

Martinovic, Borja, Frank van Tubergen, and Ineke Maas, 2009, “Changes in Immigrants' Social Integration during the Stay in the Host Country: The Case of Non-western Immigrants in the Netherlands,” *Social Science Research*, 38(4): 870-882.

丸山真央，2011，「ネオリベラリズム——その多元性と対立軸の交錯」田辺俊介編著『外国人へのまなざしと政治意識——社会調査で読み解く日本のナショナリズム』勁草書房，119-140.

————，2014，「『大きな政府』か『小さな政府』か？——福祉国家とネオリベラリズムをめぐる日本人の意識」田辺俊介編著『民主主義の「危機」——国際比較調査から見る市民意識』勁草書房，137-160.

的場敏博，2003，『現代政党システムの変容——90年代における危機の深化』有斐閣.

松本正生，2001，『政治意識図説——「政党支持世代」の退場』中央公論新社.

松谷満，2015，「どうして『社会は変えられない』のか——政治意識と社会階層」数土直紀編『社会意識からみた日本——階層意識の新次元』有斐閣，144-166.

————，2019，「若者はなぜ自民党を支持するのか——変わりゆく自民党支持の心情と論理」吉川徹・狭間諒多朗編『分断社会と若者の今』大阪大学出版会，91-120.

McCutcheon, Allan L., 1987, *Latent Class Analysis* (*Sage University Paper Series on Quantitative Applications in the Social Sciences*), California: Sage Publication.

Mclaren, Lauren M.（2003）“Anti-Immigrant Prejudice in Europe: Contact, Threat Perception, and Preferences for the Exclusion of Migrants,” *Social Forces*, 81(3): 909-936.

Meuleman, Bart, Eldad Davidov, and Jaak Billiet, 2009, “Changing Attitudes toward Immigration in Europe, 2002-2007: A Dynamic Group Conflict Theory Approach,” *Social Science Research*, 38(2): 352-365.

三船毅，2008，『現代日本における政治参加意識の構造と変動』慶應義塾大学出版会.

Milbrath, Lester M., 1965, *Political Participation: How and Why Do People Get Involved in Politics?* 1st ed. Chicago: Rand McNally and Company.（内山秀夫訳，1976，『政治参加の心理と行動』早稲田大学出版部.）

Miller, David, 1995, *On Nationality*, Oxford University Press.（富沢克・長谷川一年・施光恒・竹島博之訳，2007，『ナショナリティについて』風行社.）

見田宗介，2007，「近代の矛盾の『解凍』――脱高度成長期の精神変容」『思想』1002：76-90.

三谷はるよ，2014，「『市民活動参加者の脱階層化』命題の検証――1995年と2010年の全国調査データによる時点間比較分析」『社会学評論』65(1): 32-46.

三浦展，2010，『愛国消費――欲しいのは日本文化と日本への誇り』徳間書店.

三輪哲，2009a，「調査方法による回答分布の偏りの相対的布置」『SSJ Data Archive Research Paper Series No.42 信頼できるインターネット調査法の確立に向けて』33-48.

――――，2009b，「計量社会学ワンステップアップ講座(3) 潜在クラスモデル入門」『理論と方法』24(2): 345-356.

三宅一郎，1985，『政党支持の分析』創文社.

三宅一郎・木下富雄・間場寿一，1965，「政治意識構造論の試み」日本政治学会『政治意識の理論と実践』岩波書店，1-164.

三宅一郎・西澤由隆，1997，「日本の投票参加モデル」綿貫譲治・三宅一郎編『環境変動と態度変容』木鐸社，183-219.

三宅一郎・西澤由隆・河野勝，2001，『55年体制下の政治と経済――時事世論調査データの分析』木鐸社.

盛マッケルウェイン・ケネス，2015，「株価か格差か――内閣支持率の客観的・主観的要因」『レヴァイアサン』57: 72-95.

Morrison, Mike, Louis Tay, and Ed Diener, 2011, “Subjective Well-being and

National Satisfaction: Findings from a Worldwide Survey," *Psychological Science*, 22: 166-171.

Mouffe, Chantal, 2005, *On the Political*, London: Routledge.（酒井隆史監訳, 2008,『政治的なものについて』明石書店.）

村田ひろ子, 2017,「国際比較調査からみえる対外国人意識――ISSP 国際比較調査「国への帰属意識」から」『中央調査報』714（2019 年 4 月 2 日取得, http://www.crs.or.jp/backno/No715/7151.htm）.

Murray, Douglas, 2017, *The Strange Death of Europe: Immigration, Identity, Islam*, London: Bloomsbury Publishing PLC.（町田敦夫訳, 2018,『西洋の自死――移民・アイデンティティ・イスラム』東洋経済新報社.）

Muthén, Linda K. and Bengt O. Muthén, 2017, *Mplus Statistical Analysis with Latent Variables User's Guide*, 8th ed., Los Angeles: Statmodel.

永吉希久子, 2008,「排外意識に対する接触と脅威認知の効果」『日本版総合的社会調査共同研究拠点 研究論文集』7: 259-270.

――――, 2009, "Whose Size Counts? Multilevel Analysis of Japanese Anti-Immigrant Attitudes Based on JGSS-2006,"『日本版総合的社会調査共同研究拠点 研究論文集』9: 157-174.

――――, 2014,「外国籍者への権利付与意識の規定構造――潜在クラス分析を用いたアプローチ」『理論と方法』29(2): 345-361.

――――, 2016a,「国意識の世代間における同質性・異質性」『社会学年誌』57: 23-43.

――――, 2016b,「グローバル時代におけるナショナリズムの変化」太郎丸博編『後期近代と価値意識の変容――日本人の意識 1973-2008』東京大学出版会, 149-175.

内閣府, 2018,『外交に関する世論調査報告書平成 30 年 10 月調査』（2019 年 5 月 16 日取得, https://survey.gov-online.go.jp/h30/h30-gaiko/index.html）.

中北浩爾, 2014,『自民党政治の変容』NHK 出版.

――――, 2017,「自民党の右傾化――その原因を分析する」塚田穂高編『徹底検証 日本の右傾化』筑摩書房, 88-107.

中野晃一, 2015,『右傾化する日本政治』岩波書店.

中野耕太郎, 2005,「新移民とホワイトネス――20 世紀初頭の「人種」と「カラー」」川島正樹編『アメリカニズムと「人種」』名古屋大学出版会, 140-163.

中瀬剛丸, 2008,「日常生活と政治との新たな接点――若者の意識にみる政治

参加の変容」NHK 放送文化研究所編『現代社会とメディア・家族・世代』新曜社，59-80.
中山茂，1981，『科学と社会の現代史』岩波書店.
中澤渉，2007，「在日外国人の多寡と外国人に対する偏見との関係」『ソシオロジ』52(2): 75-91.
————，2014，『なぜ日本の公教育費は少ないのか——教育の公的役割を問いなおす』勁草書房.
直井道子・徳安彰，1990，「政党支持意識——1985 年まで自民党支持率はなぜ減らなかったのか」原純輔編『現代日本の階層構造 2 階層意識の動態』東京大学出版会，225-242.
NHK 放送文化研究所編，2015，『現代日本人の意識構造（第八版）』NHK 出版.
NHK 放送文化研究所，2019，「第 10 回「日本人の意識」調査（2018）結果の概要」(2019 年 5 月 16 日取得，https://www.nhk.or.jp/bunken/research/yoron/pdf/20190107_1.pdf).
日本経済団体連合会，2004，「外国人受け入れ問題に関する提言」，日本経済団体連合会ホームページ，(2019 年 5 月 6 日取得，http://www.keidanren.or.jp/japanese/policy/2004/029/).
————，2016，「外国人材受入促進に向けた基本的考え方」，日本経済団体連合会ホームページ，(2019 年 5 月 6 日取得，https://www.keidanren.or.jp/policy/2016/110.html).
日本経済新聞，2012，「海外メディアは日本の右傾化警戒 自民圧勝で」(2019 年 5 月 16 日取得，https://www.nikkei.com/article/DGXNASGM16012_W2A211C1000000/).
————，2018 年 11 月「外国人受け入れ、5 年で最大 34 万人 入管法改正案で試算」(2019 年 2 月 27 日取得，https://www.nikkei.com/article/DGXMZO37685340T11C18A1MM0000/).
二階堂裕子，2004.「多民族共同社会の構築と社会保障に関する一考察」『都市文化研究』4: 106-117.
西澤由隆，2004，「政治の二重構造と「関わりたくない」意識——Who said I wanted to participate?」『同志社法學』55(5): 1215-1243.
Nukaga, Misako, 2006, "Xenophobia and the Effect of Education: Determinants of Japanese Attitudes toward Acceptance of Foreigners,"『日本版総合的社会調査共同研究拠点 研究論文集』5: 191-202.
Oesch, Daniel, 2008, "Explaining Workers' Support for Right-wing Populist

Parties in Western Europe: Evidence from Austria, Belgium, France, Norway, and Switzerland," *International Political Science Review*, 29(3): 349-373.
小熊英二, 2002,『〈民主〉と〈愛国〉——戦後日本のナショナリズムと公共性』新曜社.
小熊英二編著, 2013,『原発を止める人々——3.11から官邸前まで』文藝春秋.
小熊英二・上野陽子, 2003,『〈癒し〉のナショナリズム——草の根保守運動の実証研究』慶應義塾大学出版会.
大村華子, 2018,「日本における有権者の経済評価と政党支持の関係」『総合政策研究』57: 47-56.
太田晴雄・坪谷美欧子, 2005,「学校に通わない子どもたち」宮島喬・太田晴雄編『外国人の子どもと日本の教育——不就学問題と多文化共生の課題』東京大学出版会, 17-36.
大嶽秀夫, 1988［2005］,『再軍備とナショナリズム——戦後日本の防衛観』中央公論社［講談社］.
————, 1999,『日本政治の対立軸——93年以降の政界再編の中で』中央公論新社.
————, 2003,『日本型ポピュリズム——政治への期待と幻滅』中央公論新社.
大槻茂実, 2006,「外国人接触と外国人意識——JGSS-2003データによる接触仮説の再検討」『日本版総合的社会調査共同研究拠点 研究論文集』5: 149-158.
————, 2007,「外国人の増加に対する日本人の見解——JGSS-2003 データを用いて」『社会学論考』28: 1-25.
奥田道大・田嶋淳子, 1991,『池袋のアジア系外国人——社会学的実態報告』めこん.
尾野嘉邦, 2009,「空間理論と投票行動」山田真裕・飯田健編『投票行動研究のフロンティア』おうふう, 167-202.
Paluck, Elizabeth L. and Donald P. Green, 2009, "Prejudice Reduction: What Works? A Review and Assessment of Research and Practice," *Annual Review of Psychology*, 60: 339-367.
Paluck, Elizabeth L., Seth A. Green, and Donald P. Green, 2018, "The Contact Hypothesis Re-evaluated," *Behavioural Public Policy*, 1-30.
Pardos-Prado, Sergi and Carla Xena, 2018, "Skill Specificity and Attitudes

toward Immigration," *American Journal of Political Science*, 63(2): 286-304.

Pariser, Eli, 2011, *The Filter Bubble: What the Internet Is Hiding from You*, NewYork: Penguin Press.（井口耕二訳，2016，『フィルターバブル——インターネットが隠していること』早川書店.）

Pehrson, Samuel, Vivian L. Vignoles, and Rupert Brown, 2009, "National Identification and Anti-Immigrant Prejudice: Individual and Contextual Effects of National Definition," *Social Psychology Quarterly*, 72(1): 24-38.

Peterson, Candida C., Jeanette A. Lawrence, and Irene Dawes, 1990, "The Relationship of Gender, Sex Role, and Law-and-Order Attitudes to Nuclear Opinion," *Sex Roles*, 22 (5/6): 283-292.

Pettigrew, Thomas F. and Linda R. Tropp, 2006, "A Meta-analytic Test of Intergroup Contact Theory," *Journal of Personality and Social Psychology*, 90(5): 751-783.

———, 2008, "How Does Intergroup Contact Reduce Prejudice? Meta-analytic Tests of Three Mediators," *European Journal of Social Psychology*, 38(6): 922-934.

Pettigrew, Thomas F., Linda R. Tropp, Ulrich Wagner, and Oliver Christ, 2011, "Recent Advances in Intergroup Contact Theory," *International Journal of Intercultural Relations*, 35(3): 271-280.

Piketty, Thomas, 2013, *Le Capital au XXIème Siècle*, Paris: Éditions du Seuil.（山形浩生・守岡桜・森本正史訳，2014，『21 世紀の資本』みすず書房.）

Piopiunik, Marc and Jens Ruhose, 2017, "Immigration, Regional Conditions, and Crime: Evidence from an Allocation Policy in Germany," *European Economic Review*, 92: 258-282.

Pottie-Sherman, Yolande and Rima Wilkes, 2017, "Does Size Really Matter? On the Relationship between Immigrant Group Size and Anti-immigrant Prejudice," *International Migration Review*, 51(1): 218-250.

Putnam, Robert E., 2015, *Our Kids: The American Dream in Crisis*, New York: Simon & Schuster.（柴内康文訳，2017，『われらの子ども——米国における機会格差の拡大』創元社.）

Quillian, Lincoln, 1995, "Prejudice as a Response to Perceived Group Threat: Population Composition and Anti-immigrant and Racial Prejudice in Europe," *American Sociological Review*, 60(4): 586-611.

参考文献

Raijman, Rebeca, Eldad Davidov, Peter Schmidt, and Oshrat Hochman, 2008, "What Does a Nation Owe Non-Citizens?: National Attachments, Perception of Threat and Attitudes towards Granting Citizenship Rights in a Comparative Perspective," *International Journal of Comparative Sociology*, 49:195-220.

Raijman, Rebeca, Moshe Semyonov, and Peter Schmidt, 2003, "Do Foreigners Deserve Rights? Determinants of Public Views towards Foreigners in Germany and Israel," *European Sociological Review*, 19(4): 379-392.

Rapp, Carolin, 2018, "National Attachments and the Immigrant Participation Gap," *Journal of Ethnic and Migration Studies*, Online First: 1-22（2019年3月4日取得，https://doi.org/10.1080/1369183X.2018.1517596）.

Reeskens, Tim and Wim van Oorschot, 2012, "Disentangling the 'New Liberal Dilemma': On the Relation between General Welfare Redistribution Preferences and Welfare Chauvinism," *International Journal of Comparative Sociology*, 53(2): 120-139.

Reeskens, Tim and Matthew Wright, 2011, "Subjective Well-being and National Satisfaction: Taking Seriously the "Proud of What?" Question," *Psychological Science*, 22: 1460-1462.

Renan, Ernest, 1887, "Qu'Est-Cequ'Une Nation?" Euvres Complètes vol. 1, Calmann-Lévy（鵜飼哲訳，1997，「国民とは何か」E・ルナンほか『国民とは何か』インスクリプト，42-64.）

立憲民主党，2018，「多文化共生社会と外国人の受け入れのあり方に関する将来ビジョン――中間報告」，立憲民主党ホームページ，(2019年5月6日取得，https://cdp-japan.jp/files/download/rFGH/pVm7/DdyS/Ro6u/rFGHpVm7DdySRo6ujg6bcWjc.pdf).

阪口祐介，2014，「自由か安全か？――テロの脅威のなかでどのような国が自由規制を支持するのか」田辺俊介編著『民主主義の「危機」――国際比較調査から見る市民意識』勁草書房，161-178.

――――，2015，「東日本大震災と原発事故以降のリスク意識」友枝敏雄編『リスク社会を生きる若者たち――高校生の意識調査から』大阪大学出版会，166-185.

――――，2016，「原発への態度と世代・ジェンダー・社会階層――価値媒介メカニズムの検証」『桃山学院大学社会学論集』49(2): 47-68.

阪口祐介・樋口耕一，2015，「震災後の高校生を脱原発へと向かわせるもの――

自由回答データの計量テキスト分析から」友枝敏雄編『リスク社会を生きる若者たち——高校生の意識調査から』大阪大学出版会，186-203.
境家史郎，2013，「戦後日本人の政治参加——「投票参加の平等性」論を再考する」『年報政治学 2013-Ⅰ 宗教と政治』，236-255.
Sassen, Saskia, 1988, *The Mobility of Labor and Capital: A Study in International Investment and Labor Flow*, Cambridge: Cambridge University Press.（森田桐郎ほか訳，1992，『労働と資本の国際移動——世界都市と移民労働者』岩波書店.）
————, 1991, *The Global City: New York, London, Tokyo*, Princeton, NJ: Princeton University Press.（伊豫谷登士翁・大井由紀・高橋華生子訳，2008，『グローバル・シティ——ニューヨーク・ロンドン・東京から世界を読む』筑摩書房.）
澤田康幸，2007，「アジア通貨危機と貧困問題——危機後の 10 年間を振り返って」『国際問題』563：39-49.
————，2008，「アジア通貨危機と貧困問題——研究展望」『国際経済』59：59-72.
Schatz, Robert T., Ervin Staub, and Howard Lavine, 1999, "On the Varieties of National Attachment: Blind versus Constructive Patriotism," *Political Psychology*, 20(1): 151-174.
Schlueter, Elmar, Bart Meuleman, and Eldad Davidov, 2013, "Immigrant Integration Policies and Perceived Group Threat: A Multilevel Study of 27 Western and Eastern European Countries," *Social Science Research*, 42(3): 670-682.
Schlueter, Elmar and Peer Scheepers, 2010, "The Relationship between Outgroup Size and Anti-outgroup Attitudes: A theoretical Synthesis and Empirical Test of Group Threat-and Intergroup Contact Theory," *Social Science Research*, 39(2): 285-295.
Schlueter, Elmar, Peter Schmidt, and Ulrich Wagner, 2008, "Disentangling the Causal Relations of Perceived Group Threat and Outgroup Derogation: Cross-national Evidence from German and Russian Panel Surveys," *European Sociological Review*, 24(5): 567-581.
Shayo, Moses, 2009, "A Model of Social Identity with an Application to Political Economy: Nation, Class, and Redistribution," *The American Political Science Review*, 103(2): 147-174.

Sherif, Muzafer, 1966, *Group Conflict and Co-operation: Their Social Psychology*, London: Routledge & Kegan Paul.

島澤諭，2017，「若者は本当に自民党を支持しているのか」BLOGOS ホームページ，（2019 年 5 月 16 日取得，http://blogos.com/article/258374/）.

庄司克宏，2018，『欧州ポピュリズム――ＥＵ分断は避けられるか』筑摩書房.

Smith, Anthony D., 1991, *National Identity*, London: Penguin.（高柳先男訳，1998，『ナショナリズムの生命力』晶文社.）

Sniderman, Paul M. and Louk Hagendoorn, 2007, *When Ways of Life Collide: Multiculturalism and its Discontents in the Netherlands*, Princeton, NJ: Princeton University Press.

Solt, Frederick, 2011, "Economic Inequality and the Formation of National Pride," *The Journal of Politics*, 73(3): 821–830.

Soysal, Yasemin N., 1994, *Limits of Citizenship: Migrants and Postnational Membership in Europe*, Chicago: Chicago University Press.

Stephan, Walter G. and Cookie W. Stephan, 2000, "An Integrated Threat Theory of Prejudice," Stuart Oskamp ed., *Reducing Prejudice and Discrimination*, Psychology Press, 33–56.

Stevens, Daniel and Nick Vaughan-Williams, 2016, "Citizens and Security Threats: Issues, Perceptions and Consequences Beyond the National Frame," *British Journal of Political Science*, 46(1): 149–175.

Stiglitz, Joseph E., 2012, *The Price of Inequality How Today's Divided Society Endangers Our Future*, New York: W. W. Norton & Company.（楡井浩一・峯村利哉訳，2012，『世界の 99% を貧困にする経済』徳間書店.）

菅原琢，2009，『世論の曲解――なぜ自民党は大敗したのか』光文社.

祐成保志，2006，「住宅の所有形態と生活意識」武川正吾編『福祉社会の価値意識――社会政策と社会意識の計量分析』東京大学出版会，63–78.

Sunstein, Cass R., 2001, Republic.com. Princeton, NJ: Princeton University Press.（石川幸憲訳，2003，『インターネットは民主主義の敵か』毎日新聞社.）

Tajfel, Henri, 1981, *Human Groups and Social Categories*, Cambridge: Cambridge University Press.

Tajfel, Henri and John C. Turner, 1979, "An Integrative Theory of Intergroup Conflict," William G. Austin and Stephen Worchel eds., *The Social Psychology of Intergroup Relations*, Monterey, CA: Brooks-Cole, 33–47.

高史明，2015，『レイシズムを解剖する――在日コリアンへの偏見とインターネット』勁草書房．

――――，2017，「在日コリアンへのレイシズムとインターネット」塚田穂高編『日本の右傾化』筑摩書房，34-53．

高原基彰，2006，『不安型ナショナリズムの時代――日韓中のネット世代が憎みあう本当の理由』洋泉社．

――――，2011，「『若者の右傾化』論の背景と新しいナショナリズム論」小谷敏・土井隆義・芳賀学・浅野智彦編『若者の現在 政治』，159-180．

高橋幸市・荒牧央，2014，「日本人の意識・40年の軌跡(2)――第9回『日本人の意識』調査から」『放送研究と調査』8月号：2-23．

高橋幸市・政木みき，2012，「東日本大震災で日本人はどう変わったか」『放送研究と調査』6月号：34-55．

高橋進・石田徹編，2016，『「再国民化」に揺らぐヨーロッパ――新たなナショナリズムの隆盛と移民排斥のゆくえ』法律文化社．

高橋哲哉，2004，『教育と国家』講談社．

武田裕佳，2010，「政治参加におけるジェンダー・ギャップ――JGSS-2003による資源・政治的関与要因の検討」『日本版総合的社会調査共同研究拠点研究論文集』10：323-335．

竹中佳彦，2014，「保革イデオロギーの影響力低下と年齢」『選挙研究』30(2)：5-18．

――――，2017，「有権者の「右傾化」を分析する」塚田穂高編『徹底検証 日本の右傾化』筑摩書房．

――――，遠藤晶久，ウィリー・ジョウ，2015，「有権者の脱イデオロギーと安倍政治」『レヴァイアサン』57：325-346．

田辺俊介，2001，「日本のナショナル・アイデンティティの概念構造」『社会学評論』52(3)：398-412．

――――，2010，『ナショナル・アイデンティティの国際比較』慶應義塾大学出版会．

――――，2011a，「『外国人』と『内国人』――新たな『国民』の構築」田辺俊介編著『外国人へのまなざしと政治意識――社会調査で読み解く日本のナショナリズム』勁草書房，205-220．

――――，2011b，「日韓のナショナル・アイデンティティの概念構造の不変性と異質性の検討――ISSP2003データを用いた多母集団共分散構造分析」『社会学評論』62(3)，284-300．

————，2011c,「ナショナリズム——その多様性と多元性」田辺俊介編著『外国人へのまなざしと政治意識——社会調査で読み解く日本のナショナリズム』勁草書房，21-42.
————，2015,「シンポジウム『排外主義への社会学的アプローチ』を振り返って」『理論と方法』30(2): 319-328.
————，2016a,「ナショナリズムの捉え方——概念図式による整理の試み」『社会学年誌』57: 1-24.
————，2016b,「日本におけるナショナリズムの時点間比較と規定要因——2時点間の測定における等価性の実証的検討」田辺俊介編『現代日本におけるナショナリズムと政治——時点国際比較による実証研究—JSPS科研費基盤研究(B) 成果報告書』，29-48.
————，2018a,「現代日本社会における排外主義の現状——計量分析による整理と規定要因の検討」樽本英樹編『排外主義の国際比較——先進諸国における外国人移民の実態』ミネルヴァ書房，259-287.
————，2018b,「『嫌韓』の担い手と要因——2009年と2013年の二時点のデータ分析による解明」『早稲田大学大学院文学研究科紀要』63: 67-82.
田辺俊介編著，2011,『外国人へのまなざしと政治意識——社会調査で読み解く日本のナショナリズム』勁草書房.
————, 2013, *Japanese Perceptions of Foreigners*, Melbourne: Trans Pacific Press.
田中愛治・三村憲弘，2006,「国民意識における平等と政治——政治経済対立の継続と変化」『年報政治学2006-Ⅰ 平等と政治』，117-147.
谷口将紀，2012,『政党支持の理論』岩波書店.
————，2015,「日本における政治対立（2003～2014年）——政治家・有権者調査を基に」『レヴァイアサン』57: 9-24.
————, 2016, "The Multi-Store Model for Economic Voting: Rome Wasn't Built in a Day," *Electoral Studies*, 41: 179-189.
太郎丸博，2016,「後期近代の価値意識はどう変化したか」太郎丸博編『後期近代と価値意識の変容——日本人の意識1973-2008』東京大学出版会，203-220.
樽本英樹，2009,『よくわかる国際社会学』ミネルヴァ書房.
Taylor, Charles, 1994, "The Politics of Recognition," Amy Guttman ed., *Multiculturalism: Examining the Politics of Recognition*, Princeton, NJ: Princeton University Press.（佐々木毅・辻康夫・向山恭一訳，1996,『マ

ルチカルチュラリズム』岩波書店.）
Tilley, James, 2005, “Libertarian-Authoritarian Value Change in Britain, 1974–2001,” *Political Studies*, 53(2): 442–453.
轟亮，2000，「反権威主義の高まりは何をもたらすのか」海野道郎編『日本の階層システム 2 公平感と政治意識』東京大学出版会，195–216.
――――，2011，「階層意識の分析枠組――価値意識を中心として」斎藤友里子・三隅一人編『現代の階層社会 3 流動化のなかの社会意識』東京大学出版会，79–91.
富永ゼミグループ研究，2017，「日本礼賛番組はなぜ増えたのか」（2019 年 5 月 16 日取得，https://kyokotominaga.com/studyproject1_3/）.
辻大介，2008，「「インターネットにおける「右傾化」現象に関する実証研究」調査結果概要報告書」（2019 年 3 月 4 日取得，http://d-tsuji.com/paper/r04/report04.pdf）.
――――，2017，「計量調査から見る「ネット右翼」のプロファイル――2007 年／2014 年ウェブ調査の分析結果をもとに」『年報人間科学』38: 211–224.
――――，2018，「インターネット利用は人びとの排外意識を高めるか―― 操作変数法を用いた因果効果の推定」『ソシオロジ』63(1): 3–20.
辻竜平，2016，「誰が『集団的自衛権』を容認したのか――2014 年松本市調査と 2015 年長野県調査の比較」『信州大学人文科学論集』3: 65–83.
塚田穂高編，2017，『徹底検証 日本の右傾化』筑摩書房.
筒井淳也，2011，「親との関係良好性はどのように決まるか――NFRJ 個票データへのマルチレベル分析の適用」『社会学評論』62(3): 301–318.
Turner, John C., 1982, “Towards a Cognitive Redefinition of the Social Group,” Henri Tajfel ed., *Social Identity and Intergroup Relations*, Cambridge: Cambridge University Press, 15–40.
United Nations, 2017, “International Migration Report 2017”（2019 年 6 月 30 日取得，https://www.un.org/en/development/desa/population/migration/publications/migrationreport/docs/MigrationReport2017.pdf）.
van der Brug, Wouter, 2010, “Structural and Ideological Voting in Age Cohorts,” *West European Politics*, 33: 586–607.
van Laar, Colette, Shana Levin, Stacey Sinclair, and Jim Sidanius, 2005, “The Effect of University Roommate Contact on Ethnic Attitudes and Behavior,” *Journal of Experimental Social Psychology*, 41(4): 329–345.

van Oorschot, Wim, 2000, "Who Should Get What, and Why? On Deservingness Criteria and the Conditionality of Solidarity among the Public," *Policy and Politics*, 28(1): 33-48.

———, 2006, "Making the Difference in Social Europe: Deservingness Perceptions among Citizens of European welfare States," *Journal of European Social Policy*, 16(1): 23-42.

———, 2007, "Solidarity towards Immigrants in European Welfare States," *International Journal of Social Welfare*, 17: 3-14.

van Oorschot, Wim and Femke Roosma, 2017, "The Social Legitimacy of Targeted Welfare and Welfare Deservingness," Wim van Oorschot, Femke Roosma, Bart Meuleman, and Tim Reeskens eds., *The Social Legitimacy of Targeted Welfare: Attitudes to Welfare Deservingness*, Cheltenham: Edward Elgar Publishing, 3-33.

Verba, Sidney, Norman H. Nie, and Jae-on Kim, 1978, *Participation and Political Equality: A Seven-Nation Comparison*, Chicago: The University of Chicago Press.（三宅一郎・蒲島郁夫・小田健訳，1981，『政治参加と平等——比較政治学的分析』東京大学出版会.）

Verba, Sidney, Kay L. Schlozman, and Henry E. Brady, 1995, *Voice and Equality: Civic Voluntarism in American Politics*, Cambridge: Harvard University Press.

Verkuyten, Maykel and Borja Martinovic, 2015, "Behind the Ethnic-civic Distinction: Public Attitudes towards Immigrants' Political Rights in the Netherlands," *Social Science Research*, 53: 34-44.

Vincent, Andrew, 1992, *Modern Political Ideologies*, 2nd ed., Oxford: Blackwell Publish.（重森広臣訳，1998，『現代の政治イデオロギー』昭和堂.）

Viroli, Maurizio, 1995, *For love of the Country: An Essay on Patriotism and Nationalism*, Oxford University Press.（佐藤瑠威・佐藤真喜子訳，2007，『パトリオティズムとナショナリズム——自由を守る祖国愛』日本経済評論社.）

Waldron, Jeremy, 2012, *The Harm in Hate Speech*, Cambridge, Mass.: Harvard University Press.（谷沢正嗣・川岸令和訳，2015，『ヘイトスピーチという危害』みすず書房.）

Watanuki, Joji, 1967, "Patterns of Politics in Preset-day Japan," S. M. Lipset and S. Rokkan eds., *Party Systems and Voter Alignment: A Cross-*

National Perspective, New York: Free Press, 447-66（1976,「『伝統』と『近代』の対立としての日本政治——1960年代前半までのパターン」綿貫譲治『日本政治の分析視角』中央公論社，181-211）.

綿貫譲治，1997,「出生コーホートと伝統的価値」綿貫譲治・三宅一郎『環境変動と態度変容——変動する日本人の選挙行動』木鐸社，3-29.

Weldon, Steven A., 2006, "The Institutional Context of Tolerance for Ethnic Minorities: A Comparative, Multilevel Analysis of Western Europe," *American Journal of Political Science*, 50(2): 331-349.

Whitfield, Stephen C., Eugene A. Rosa, Amy Dan, and Thomas Dietz, 2009, "The Future of Nuclear Power: Value Orientations and Risk Perception," *Risk Analysis*, 29(3): 425-437.

Whitley Jr, Bernard E. and Gregory D. Webster, 2019, "The Relationships of Intergroup Ideologies to Ethnic Prejudice: A Meta-Analysis," *Personality and Social Psychology Review*, 23(3): 207-237.

Wright, Matthew, Jack Citrin, and Jonathan Wand, 2012, "Alternative Measures of American National Identity: Implications for Civic-Ethnic Distinction," *Political Psychology*, 33(4): 469-482.

薬師寺克行，2017,「若者の自民党支持率が高くなってきた理由——2012年が転機，保守化ではなく現実主義化だ」『東洋経済ONLINE』（2019年5月16日取得，https://toyokeizai.net/articles/-/195199）.

山田久，2018,「なし崩しに移民増加なら日本社会は壊れる——外国人材は労働力ではなく人間」『PRESIDENT Online』（2019年4月2日取得，https://president.jp/articles/-/26940）.

山田真裕，2002,「政党動員——政治的領域からの退出？」樋渡展洋・三浦まり編『流動期の日本政治——「失われた十年」の政治学的検証』東京大学出版会，31-49.

————，2004,「投票外参加の論理——資源，指向，動員，党派性，参加経験」『選挙研究』19: 85-99.

————，2016,『政治参加と民主政治』東京大学出版会.

————，2017,『二大政党制の崩壊と政権担当能力評価』木鐸社.

山田昌弘，1999,『パラサイト・シングルの時代』筑摩書房.

————，2009,『なぜ若者は保守化するのか』東洋経済新報社.

山崎望編，2015,『奇妙なナショナリズムの時代——排外主義に抗して』岩波書店.

参考文献

安田浩一，2010，『ルポ 差別と貧困の外国人労働者』光文社.
———，2012，『ネットと愛国——在特会の「闇」を追いかけて』講談社.
安野智子，2018，「民主主義観と信頼の現在」池田謙一編『「日本人」は変化しているのか——価値観・ソーシャルネットワーク・民主主義』勁草書房，205-233.
安野智子・池田謙一，2002，「JGSS-2000にみる有権者の政治意識」大阪商業大学比較地域研究所・東京大学社会科学研究所編『日本版General Social Surveys研究論文集——JGSS-2000で見た日本人の意識と行動』東京大学社会科学研究所資料第20集，81-105.
米田幸弘，2008，「政党支持行動の変化——1995年と2005年の時点間比較」土場学編『SSM調査シリーズ7 公共性と格差』，175-189.
———，2011，「政権交代——二大政党間を揺れ動く層の特徴とは？」田辺俊介編著『外国人へのまなざしと政治意識——社会調査で読み解く日本のナショナリズム』勁草書房，158-180.
———，2016，「スウィング・ボーターの投票行動と政策争点」田辺俊介編『現代日本におけるナショナリズムと政治——時点国際比較による実証研究——JSPS科研費基盤研究(B) 成果報告書』，144-154.
———，2018，「自民党支持層の趨勢的変化——その「保守」的性格の変質」石田淳編『2015年SSM調査報告書8　意識I』，165-185.
吉野耕作，1997，『文化ナショナリズムの社会学——現代日本のアイデンティティの行方』名古屋大学出版会.
Zajonc, Robert B., 1968, "Attitudinal Effects of Mere Exposure," *Journal of Personality and Social Psychology*, 9(2): 1-27.

Acknowledgment／謝辞

The data utilized in this book were documented and made available by the ZENTRALARCHIV FUER EMPIRISCHE SOZIALFORSCHUNG, KOELN. The data for the 'ISSP' were collected by independent institutions in each country (see principal investigators in the study-description-schemes for each participating country). Neither the original data collectors nor the ZENTRALARCHIV bear any responsibility for the analyses or conclusions presented here.

本研究はJSPS科研費JP20730326，JP25285146，JP16HO3702の助成を受けたものです。